装备科技译著出版基金

低烈度冲突和国土安全中的光电技术

Optoelectronics for Low−intensity Conflicts and Homeland Security

[印度] 阿尼尔·K. 马伊尼 （Anil K. Maini） 著

王玉恒 瞿谱波 刘斯琦 译

李 涛 程光华 校

国防工业出版社

·北京·

著作权合同登记　图字：01-2022-7030 号

图书在版编目（CIP）数据

低烈度冲突和国土安全中的光电技术／（印）阿尼尔·K. 马伊尼（Anil K. Maini）著；王玉恒，瞿谱波，刘斯琦译. -- 北京：国防工业出版社，2025.5. --ISBN 978-7-118-13171-0

Ⅰ. D035.3

中国国家版本馆 CIP 数据核字第 2024YF2416 号

※

国防工业出版社出版发行

（北京市海淀区紫竹院南路 23 号　邮政编码 100048）

北京虎彩文化传播有限公司印刷

新华书店经售

*

开本 710×1000　1/16　印张 16¼　字数 285 千字

2025 年 5 月第 1 版第 1 次印刷　印数 1—1300 册　定价 138.00 元

（本书如有印装错误，我社负责调换）

国防书店：(010) 88540777　　书店传真：(010) 88540776

发行业务：(010) 88540717　　发行传真：(010) 88540762

译 者 序

当前，国际局势正在发生深刻的变化，和平与发展仍是当今时代的主题。世界多极化和经济全球化在曲折中继续发展，总体和平、局部战争，总体缓和、局部紧张，总体稳定、局部动荡，将是今后一个时期国际局势的基本态势。和 20 世纪相比，如今国际冲突与国土防卫过程中，多呈现低烈度、非杀伤的特征，从之前杀伤有生力量，转变为使敌丧失作战能力、尽量不造成人员死亡。与传统动能手段相比，光电技术在低烈度冲突过程中有极大应用潜力，光速传输、精准打击、电力驱动等特点十分契合当今国际冲突特征，因此在探测、监视，乃至武器等多领域均有应用。不同于资深的从业者，新入门的学者难以从专业文献、资料中对光电技术及其应用建立直观认识，而本书恰好能够通过深入浅出的原理分析和切合实际的案例介绍帮助初学者尽快建立对光电技术的宏观印象。

建议想全面了解低烈度冲突与国土安全中光电技术的研究人员学习此书，并结合光电技术基础原理等相关书籍，以加强对相关技术的掌握力度。

本书的第 1、8 章由王玉恒翻译，第 2、5、6 章由瞿谱波翻译，第 3、4、7 章由刘斯琦翻译，最后由李涛、程光华统校全书。感谢我们的家人、朋友和同事在翻译过程中所给予的支持与帮助。

由于译者能力有限，本书的翻译难免出现错漏，望读者批评指正。

王玉恒

2024 年 9 月 1 日

前　言

低烈度冲突对国土安全构成严重威胁，是当今国际社会关注的热点领域。低烈度冲突的范畴广泛：从应急准备、国内情报活动到暴乱及暴民控制；从打击贩毒到保护国家关键基础设施；从处理反叛乱和反恐行动到检测核威胁；从检测和鉴别生化武器战剂、探测爆炸材料到侦查藏匿的武器等。本书讨论的低烈度冲突和国土安全主要包括侦查、观察/监视行动，暴乱/暴民控制行动，平叛/反恐行动，爆炸物探测/中和，化学、生物、放射性和核（Chemical，Biological，Radiological and Nuclear，CBRN）威胁检测以及与关键基础设施保护有关的行动。光电子技术在应对上述冲突威胁方面发挥着重要作用，此外，本书还介绍了与电气、化学、动力学、声学、激光和光电子学相关的多种替代性技术。

激光与光电技术在处理低烈度冲突和国土安全方面发挥着重要作用。激光具有近零附带损伤以及光速传输特性，在非致命、高精度武器应用中极具潜力。本书涵盖的光电技术和装备主要包括低损伤激光设备、瞄准/观察/监视设备、夜视技术及装备、定向能激光器以及用于爆炸物的探测和识别、CBRN威胁的检测和鉴定等相关技术。

第1章综述了非光学和光电技术在国土安全中的应用；第2章概述了激光基础知识、装备和光传感器，为国防工业和武装部队专业人员提供参考；第3章全面介绍了杀伤力较低的激光武器：首先概述了相似应用场景下的非光学技术，其次详细讨论激光眩目器并简要介绍了针对不同部署模式的代表性激光眩目系统；第4章重点介绍了定向能激光武器在损毁光电传感器、弹药处理和卫星碎片清除方面的应用；第5章讨论了瞄准、观察与监视设备，包括不同类型的武器瞄准器、监控摄像头、用于隐蔽监听的激光传声器、光学狙击手定位器、激光测距仪和隐藏武器探测器；第6章全面介绍了夜视技术和设备，包括图像强化和热成像技术；第7章介绍了探测和识别爆炸材料的非光学与光学技术，主要介绍相关的光学探测技术；第8章聚焦CBRN威胁，重点讨论CBRN威胁的类型以及不同检测和鉴定技术面临的挑战。本书引入大量的表格、照片和实用信息支撑内容，并附参考文献。

　　本书旨在为国防电子、激光和光电子学专业的研究生、工程师、武装部队、军事专家、业余爱好者等相关人员提供现有技术参考，全面了解装备操作、场景部署、应用说明以及相关激光和光电子技术在低烈度冲突中的最新进展，评估各种技术的利弊。希望本书能得到读者的好评，并希望读者在阅读过程中提出建设性的建议和意见，以使本书在未来的版本中更加完善。

目　　录

第1章　用于国土安全的光电子学概述

本章介绍了应用于低烈度冲突和国土安全领域不同类型的激光与光电子技术，概述了低烈度冲突及其相关的安全影响，并简要介绍了低烈度冲突中应用的激光和非激光技术。本章介绍的低致命武器，涵盖用于控制暴乱/暴民，对抗叛乱分子、恐怖分子和非对称威胁的多类型激光眩目器、监控技术、夜视装置、生化和爆炸剂的探测设备，以及用于消除潜在威胁的定向能激光器探测和检测隐蔽武器的技术。本章讨论过的主题将在后续章节中详细介绍。

1.1　低烈度冲突

低烈度冲突是当今及未来很长一段时间内最常见的战争方式。相关数据表明，自第二次世界大战以来，75%以上的武装冲突是低烈度冲突。低烈度冲突军事行动是军事术语，用于在常规战争以外的局势中部署与使用部队和（或）资源。与常规战争相比，低烈度冲突中参与武装部队的行动节奏大大降低，士兵更少，战术装备射程更小，军事作战范围有限。在城市地区发生冲突时也可避免使用火炮，空中力量的使用通常限于人员和设备的监视与运输。低烈度冲突内涵多变：从应急准备和应对国内情报活动，到暴乱和暴民控制；从打击非法贩毒到保护关键基础设施；从处理叛乱和反恐行动到探测核威胁；从侦测和识别生化战与爆炸剂到侦测隐蔽的武器。对国家安全构成极大威胁，是当今国际社会关注的重点领域之一。

1.2　国土安全技术

本书讨论的低烈度冲突和国土安全行动主要包括侦查、观察/监视、暴乱/暴民控制、平叛和反恐、爆炸物探测及中和、化学/生物/放射性和核（CBRN）制剂的探测，以及与保护关键基础设施有关的行动。

可用于上述场景的技术有多种，如在暴乱/暴民控制行动中，除了使用激光眩目器，还可使用橡胶子弹、钝性冲击弹、泡沫警棍、胡椒喷雾和传导能量装置

（Conducted Energy Device，CED），使用辣椒油树脂（Oleoresin Capsicum，OC）或氯苯甲醛腈（Chlorobenzalma lononitrile，CS）气体等化学品；此外，在爆炸物探测中，除了激光和射频技术，探地雷达（Ground Penetration Radar，GPR）技术、X 射线背向散射技术（X-ray Backscatter Technology，XBT）、振动测量技术和激光测深等技术在探测埋设地雷方面均有巨大的应用潜力；离子迁移谱（Ion Mobility Spectrometry，IMS）、电子鼻、毫米波成像、太赫兹光谱和基于激光光谱的探测设备等也可用于地面爆炸物的探测；除此之外，微波、红外和激光等多种技术可用于保护军事设施、核设施装置、商业中心和工业厂房等关键基础设施。

激光和光电子技术类低致命武器，具有近零损害、光速传输等优点，在处理低烈度冲突情况中发挥着重要作用。成熟的激光装备包括：用于近距离作战行动，暴民/暴乱控制，对抗非对称威胁的激光眩目器；保护关键基础设施免受空中威胁的激光入侵检测系统；用于探测化学、生物和爆炸物的激光雷达传感器；隐蔽武器检测的太赫兹成像技术；用于狙击手和枪手位置识别的光学目标定位器等激光装备。此外，基于激光测振和电子斑点干涉测量技术来探测埋设地雷以及使用高功率激光处理未爆炸弹药（Unexploded Ordnance，UXO），是激光技术在国土安全方面的新兴应用。

1.3 低致命性激光武器

非致命性，更准确地说，低致命性激光武器是友军阻碍、延迟或阻止敌对行动的有力武器。在不宜使用致命武力的情况下，此类武器是限制冲突升级和战术瘫痪的有效手段。激光眩目器是基于激光的新型非致命武器，其有效性和低损害已被证明，可用于镇压叛乱、反恐、暴乱/暴民控制和基础设施保护等。该武器在执法、国土安全、边境巡逻、海岸保护、基础设施保护和其他低烈度冲突应用中，通常作为致命武器的替代品出现，在国际上崭露头角。

1.3.1 激光眩目器

激光眩目器在可见光波段（通常在蓝绿色区域）发射高强度的激光束，可暂时干扰目标者视力，不会对眼睛造成永久性或持续性的伤害。由于人眼在蓝绿色波段响应最强，激光眩目器通常采用二极管泵浦（即"抽运"）固体激光器，利用非线性光学器件将激光波长变换到可见光谱部分。直接发射可见光谱的半导体二极管激光器，通常采用激光二极管阵列的形式实现。虽然任意可见波长均可实现暂时致盲，但是，处于眼睛响应峰值的绿色波长效果更佳。通常来讲，利用大发散角激光束照射物体时，将在预期目标处产生更大的斑点，更容易实现远距离或多目标瞄准。

激光眩目器是一种非致命武器，光照充足环境下，可在几十米到几千米的距离内造成视觉障碍。手持激光眩目器的功率通常为几百毫瓦，而用于远程（最长 10km）平台的设备功率可达几十瓦，一般使用激光二极管或倍频钕钇铝石榴石（Neodymium Yttrium-Aluminum-Garnet，Nd-YAG）激光模块产生532nm 绿光。

1.3.2　激光眩目器的应用

激光眩目器在近战（Close Quarter Battle，CQB）行动中有诸多应用，包括平叛和反恐行动、防暴、防止潜在危险车辆过于接近安全部队、警告禁飞区的潜在恶意入侵者，保护关键资产免受空中威胁。可通过在友军舰艇上使用激光眩目器来应对海上非对称威胁，并在友军空中平台上使用眩目武器对抗单兵便携式防空系统（Man-Portable Air-defense System，MANPADS）。

1.3.3　参数选择

性能指标（如激光功率、目标处的光斑尺寸或激光功率密度）由部署的性质决定。光束整形和定向光学器件的设计目标一方面要到标称眼部危险距离（Nominal Ocular Hazard Distance，NOHD），另一方面要不超过美国国家标准协会（American National Standards Institute，ANSI）眼睛安全标准规定的最大允许曝光（Maximum Permissible Exposure，MPE）的激光功率密度数值。MPE 与波长和曝光时间有关。在 532nm 波长下，曝光时间为 0.25s 时，MPE 值为 $2.5mW/cm^2$；曝光时间为 10s 时，MPE 值为 $1.0mW/cm^2$。为获得更好的效果，设备采用直流电源，发射 10~20Hz 的随机脉冲，直流强度通常保持在峰值强度的 30%~50%。夜间最大工作距离通常是白天的 3~4 倍。

1.3.4　典型激光眩目装备

许多公司可提供短程到中程激光眩目器，其工作距离从几十米到几千米不等，适用于各种场景。此类装备特别适用于叛乱镇压和国土安全领域。大多数装备具有多种封装和安装配置，配有工作波长为 532nm 的倍频 Nd-YAG 激光模块，在靶面产生 $0.2~0.6mW/cm^2$ 的功率密度。为防止在目标距离太近的情况下对目标眼睛造成任何持久伤害，大多装备的高级版本内置了安全措施：一种是根据目标距离控制激光光斑直径，使激光功率密度保持在规定的安全范围内；另一种是当目标进入 NOHD 范围内时，激光就会自动关闭。

据报道，首次使用激光眩目器是在 1982 年英阿马岛战争期间，由英国皇家海军军舰使用。此外，俄罗斯人还在胡安·德富卡海峡对美国空中平台使用了激光眩目器。B. E. Meyers 开发了一个流行的短程激光眩目器系列，包括 GLARE MOUT（图 1.1）、GLARE MOUT PLUS、GLARE GBD-ⅢC、GLARE LA-9/P 和 GLARE RECOIL，该系列眩目器可作为一种非致命性威慑武器，可以暂时干扰嫌疑人的视力而不会造成任何眼部损伤。GLARE MOUT 是一种非致命的视觉干扰激光器，有效射程为 150m~2km，该设备非常适合小型武器集成以及移动机组人员应用。GLARE GBD-ⅢC 发射功率是 GLARE MOUT 的两倍，并且可产生更集中的光束，从而提供 4000m 范围的最大射程。B. E. Meyers 设计的 GLARE LA-9/P 型和 GLARE RECOIL 型激光眩目器具有内置安全开关，可在目标进入指定 NOHD 范围内时关闭激光束，一旦目标离开 NOHD，激光输出将恢复。另一个短程激光眩目器是 LE Systems 开发的紧凑型高功率（Compact High Power，CHP）激光眩目器，由美国国防高级研究计划局（Defense Advanced Research Projects Agency，DARPA）赞助开发。该眩目器发射 500mW 闪烁绿色耀眼激光束，能够击中 200m 距离处的目标。其他一些具有类似性能的便携式激光眩目设备包括 Laser Energetics 的 Dazer Laser（它有两种型号，即 Defender 和 Guardian，Saber-203），美国 Wicked Lasers 的威胁评估激光照明器（Threat Assessment Laser Illuminator，TALI），阿拉伯联合酋长国 Passive Force 的 Medusa 和 Hydra 激光眩目器，以及英国 Thales Group 的绿光光学警告器（Green Light Optical Warner，GLOW）。

图 1.1　出自 B. E. Meyers 的 GLARE MOUT 激光眩目器（图片来源：维基共享）

用于防暴、暴民和人群控制应用的激光眩目系统也在开发中。现已开发出针对不同人群控制的激光眩目系统，其白天和夜间工作距离为 250~500m，如图 1.2 所示。此类系统通常是车载系统，将激光集成在万向节平台中，并配有操纵杆控制装置，通常位于副驾驶座椅前方，用于查看、扫描和控制目标上的激光束位置。电子控制的激光束整形发射模块用来控制目标处的激光束光斑大小。

图 1.2　车载激光眩目器

中短程手持或武器集成的激光眩目器被广泛用于反恐和反叛，此外，专为镇压暴力人群而设计的车载系统也已出现。其他应用方面主要包括海事港口安全、禁区执法、核电站周边安全、航空机场周边安全、石油和天然气关键基础设施保护以及工业石化厂周边安全。最近，安装在云台平台上的远程激光眩目系统引起人们的浓厚兴趣。该系统配备了电光跟踪器，并与雷达网络集成，为战略资产提供全天候保护，防止空中平台侵犯空域。在不久的将来，我们将看到具备全球覆盖能力的激光眩目器的部署，该系统将采用一个远程控制的薄膜反射器来接收来自源站的耀眼的激光束，并将其引导到预期的目标位置。图 1.3 展示了这个设计概念。

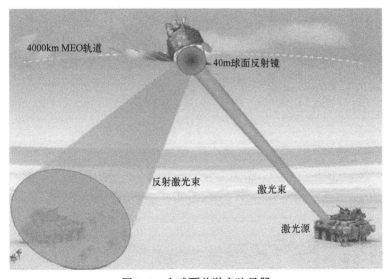

图 1.3　全球覆盖激光眩目器

5

1.4 定向能激光器

定向能激光系统主要使用相干激光束定向能打击敌人的电光系统、设施甚至人员。打击目标中的电光系统主要包括瞄准和观测设备，如夜视设备、热像仪、电荷耦合器件（Charge-Coupled Device，CCD）或互补金属氧化物半导体（Complementary Metal-Oxide Semiconductor，CMOS）传感器为基础的监控摄像机，以及激光测距仪。激光定向能武器（Directed Energy Weapons，DEW）可对敌人的武器系统和平台造成结构性损害。虽然高功率定向能激光武器对于低强度的冲突行动没有太多意义，但低功率的激光 DEW 将在国土安全应用中发挥作用，相关内容将在后文中简述。1.3 节中讨论的激光眩目器也使用激光束的定向能实现目标打击，作用于人眼时，可视为反传感器激光器，相关内容将在第 4 章进一步讨论。

1.4.1 激光对抗

反传感器系统通过暂时性损伤前端光学设备和光电传感器，使敌方杀伤性武器失去作战能力。此类系统不会对运载武器的平台造成物理或结构损坏，也称为软杀伤系统。相对应地，硬杀伤系统能够对任何光电系统的前端光学器件造成物理损坏，此类系统通常是车载的，体积大，重量比软杀伤系统重。硬杀伤激光器的脉冲能量水平约为几千焦耳，而软杀伤系统则为几百毫焦耳到几焦耳。

光电设备和光电传感器的应用，使得现今的军事平台，无论是陆基、空中还是舰载，免于遭受激光辐射的风险。因此，如果这些设备和传感器在战场上失效，将对一个国家的战场反应能力产生巨大影响。部署光电干扰（Electro-Optical Counter Measures，EOCM）设备和系统，使敌方传统的激光系统失效，激光装备瘫痪，通过此消彼长，实现我方力量倍增，大大提高武装部队的生存能力。在低烈度冲突或国土安全应用的背景下，毁伤电光器件和光电传感器，如瞄准和观察装置，包括夜视设备，热像仪，基于 CCD 和 CMOS 传感器的监视设备，叛乱分子、恐怖分子和其他不法分子使用的激光测距仪，对于安全机构和准军事部队来说是一个巨大的战术优势。值得一提的是，使用安装在小型武器上的激光模块，可以对基于光电二极管、CCD 或 CMOS 传感器的观察和监视设备造成不可逆转的损害。例如，Q 开关 Nd-YAG 激光模块产生 1mJ、10ns 脉冲或一个波长为 1064nm 的 1W 连续激光器，当在光电二极管传感器上聚焦成一个 100μm 的光斑时，可产生大于损伤阈值的能量密度或功率密度。

夜视设备中使用的 CCD/CMOS 传感器阵列和图像增强传感器的损伤阈值要低得多。

1.4.2　用于军械处理的激光器

在安全距离范围内使用高功率激光束处理未爆炸弹药，包括地埋地雷、简易爆炸装置（Improvised Explosive Devices，IED）、手榴弹、火炮或迫击炮弹、集束炸弹等，是 DEW 类定向能激光系统在国土安全中的新兴应用。在此之前，处理未爆炸弹药需要训练有素的拆弹专家穿上防弹衣和防护服，以确保操作安全。此外，出于安全原因，在执行行动之前，需要清理大部分相邻区域。随后，高可靠性、高机动性的机器人平台被开发用于爆炸物处理，可识别和拆除饵雷、烟花、简易爆炸装置和封闭区域、建筑物和车辆中的其他危险物体。极端条件下可对物体进行侦察、监视和调查。图 1.4 展示了一张名为 EOD-5 的爆炸物处理机器人平台的照片。

图 1.4　EOD-5 机器人（图片来源：维基共享）

在国土安全应用中，激光处理系统可快速、安全、可靠地在超过 150m 的安全对峙距离内使路边炸弹失效。由于全面常规战争不会随时发生，弹药库中储存的大量弹药已经超过其保质期，正在等待被销毁。销毁如此大量的弹药不仅是一项烦琐的工作，而且还会造成安全隐患。

激光处理系统可用于处理过期炸药。激光器连续输出功率在 1~5kW 的范围内；相比之下，定向能武器系统激光功率一般为 100kW~1MW。将高功率激光束聚焦在弹壳上加热，直至弹壳背板的温度超过炸药填料的点火温度，炸药填料会被点燃并开始燃烧。该过程与目标炸药使用的引信类型无关。这会导致低水平爆炸或爆燃，而不是全功率爆炸。用于军械处理的激光系统优点包括：

弹药储备量大、精度高、效果可控、附带损害小，以及能在安全的对峙范围进行有保障和快速的处置。

使用激光处理实弹的概念于 1994 年首次在野外得到证实。移动军械干扰系统（Mobile Ordnance Disrupter System，MODS）的开发和现场测试，采用了 1.1kW 弧光灯驱动的固态激光器，安装在 M113 A2 装甲运兵车上。目前使用的一些更知名的激光武器失效系统包括：ZEUS-HLONS（HUMMWV 激光武器失效系统），该系统配有一台安装在改装过的悍马平台顶部的 2kW 光纤激光器；波音战斗系统的"激光复仇者"使用一台安装在改装过的防空车辆上的 1kW 固体激光器及拉斐尔的 THOR 系统。美国陆军和空军也测试了一种类似的高功率激光系统，名为"恢复被武器阻绝的空军基地"（Recovery of Airbase Denied by Ordnance，RADBO），用于快速清除空军基地的未爆炸弹药（图 1.5）。

图 1.5　RADBO UXO 清除系统

1.5　关键基础设施保护

出于战略、经济和社会需求，每个主权独立的国家或地区都有需要保护的关键基础设施，以抵御自然灾害、恐怖分子入侵和恐怖袭击。激光和光电子技术在关键基础设施保护方面发挥着重要作用，如短波红外（Short - Wave Infrared，SWIR）、中波红外（Mid-Wave Infrared，MWIR）和长波红外（Long-Wave Infrared，LWIR）热像仪，用于建立周界保护的激光围栏；激光扫描仪或激光雷达传感器，用于入侵检测并创建定制的红外屏障；以激光为基础的定向能武器，用于抵御火箭、火炮、迫击炮（Rocket Artillery Mortar，RAM）威胁、精确打击武器和小型无人机（Unmanned Aerial Vehicle，UAV）；激光碎片清除以保护空间资产。

近红外摄像机用于检测隐蔽的战场激光器（激光测距仪、激光指示器和激光笔）；中红外摄像机可以穿透雾和烟，穿透伪装的颜色和图案，检测枪闪光和远程监视应用；长波红外摄像机用于热成像。近红外摄像机可以透过雾霾和烟雾进行观察，在白天和黑夜识别人或物体，而红外热像仪可以在很远的距离和黑暗中进行探测。这些摄像机可以安装在车辆、船舶和机载平台等移动平台上，也可作为固定监控点，安装在屋顶和立柱上的固定监控位置。

激光围栏，也称为激光墙，使用多对激光源和传感器，沿着被保护的基础设施周边创建一个隐形的激光围栏。入侵源和传感器之间的这一视距被用来触发警报或将信息实时转发到附近的哨所。安全部队可以使用这一概念来阻止边境的渗透。

激光扫描仪，也称为激光雷达传感器，可以创建定制的红外（Infrared IR）屏障，或沿某些景观和周围环境的轮廓布置。激光雷达传感器技术非常适用于保障发电厂、核反应堆、核材料和废物处理场、桥梁和水坝、饮用水和水处理设施、化工厂以及武器和弹药库等关键基础设施的安全。这些扫描仪采用飞行时间原理，创建不可见的红外屏障，并在红外平面损坏后触发警报或指定事件。多回波技术和高科技过滤器即使在恶劣天气条件下也能提高安全系统的可靠性。在雨、雾或雪等恶劣天气条件下，激光扫描仪脉冲能量的一部分可能会被附近的物体（如雨）反射，而光束的其余部分继续传播并被实际障碍物反射。采用多回波技术的激光扫描仪可评估多个回波，并忽略由环境因素引起的噪声。激光扫描仪与其他安全设备一起使用时，可及时自动响应安全威胁。例如，当与自动跟踪摄像头和 GPS 集成时，该系统可跟踪入侵者的位置和移动，如美国的 Laser-Guardian 入侵检测系统，将激光扫描技术，与安全摄像头和软件工具相结合，为任意设施提供可靠的入侵检测和安全保障。

能够消除 RAM 威胁的定向能武器、无人机、单兵携带防空系统、制导武器和在其飞行路径上的弹道导弹等常规战争中部署的武器，很少被用于国土安全或低烈度冲突行动。然而，全球恐怖主义网络和尖端走私技术的出现，使恐怖分子和其他不法分子能够获得导弹技术及精确打击武器，从而使关键基础设施极易受到精确导弹的攻击。与其他技术相比，定向能武器经济、精确、安全、迅速，可以非常有效地对抗短程导弹对关键基础设施的威胁。诺斯罗普·格鲁曼公司的战术高能激光器（Tactical High Energy Laser, THEL）是著名的基于激光的 DEW 系统，已成功进行了现场测试。激光器有两种配置：基线静态 HEL（图 1.6）和 Mobile-THEL。THEL 系统是点防御武器系统，旨在攻击和摧毁火炮火箭、炮弹、迫击炮弹和低空飞行的飞机。该系统使用 3.8μm 的氟化氘（Deuterium Fluoride，DF）激光器。尽管围绕化学激光器（如 DF、化学氧碘激光器（Chemical Oxygen Iodine Laser，COIL）、高功率固态和光纤激光器）配置的 DEW 系统原型已经建成并进行了现场测试，但可部署的 DEW 系统将围绕高功率固态激光器和高功率光纤激光器进行配置。

图 1.6　静态战术高能激光器（图片来源：维基共享）

空间资产主要包括各类卫星，是最重要、最关键的基础设施之一，其不间断的可操作性对国家安全至关重要。这些空间资产为军队所必需的导航、通信、侦察和监视、天气预报以及许多其他军事行动的关键功能提供支持，必须保护它们免受各种可能的威胁。例如，使用反卫星武器的威胁，包括磁暴、高能粒子辐射和与流星碰撞等自然威胁，以及主要由退役卫星和火箭级及其部件引起的空间碎片构成的人为威胁。激光技术能够保护关键的基础设施免受空间碎片的破坏，有着很大的前景。超过 2 亿个直径大于 1mm 的物体构成空间碎片，总重约 6500t，呈指数级增长。其中，近 80% 位于近地轨道上，大多集中在离地 900km 和 1400km 轨道上。直径 1cm 以下的小型碎片可以通过加固卫星或使用其他风险缓解措施应对，但直径大于 10cm 的大型碎片则需地面站跟踪，以便能够使用防撞机动。中等大小的碎片很难应对，因此，可用于清除近地轨道危险碎片的激光技术变得尤为关键。

1.6　瞄准、观察和监控设备

不同类型的瞄准具、夜视设备、激光测距仪、光学目标定位器以及基于激光的隐蔽监听设备和监视摄像机等瞄准、观察和监视设备，是武装和准军事部队打击暴乱人群、叛乱分子、恐怖分子和其他不法分子的重要装备组成部分。瞄准装置包括不同类型的瞄准具，用于从突击步枪、狙击枪和卡宾枪等小型武器到机枪、高射炮、迫击炮、装甲车和主战坦克等武器的对准与瞄准。瞄准具种类繁多，包括结构简单的机械瞄准具，如铁瞄准具，和结构相对复杂的光学瞄准具，如望远镜、反射镜或反射瞄准具、全息瞄准具以及激光瞄准具等。

机械瞄准具包括一个成形的对准标记系统，由块状或柱状前瞄准具和带有凹槽的后瞄准具组成。瞄准时，前瞄准具和后瞄准具中的凹槽对齐，并对准目标。望远镜瞄准具（图 1.7）通常由金属套筒内的透镜和反射面组成，望远镜远端的透镜称为物镜，近端的透镜称为目镜。望远镜瞄准具的放大倍率有固定和可变两种，物镜越长，目镜越短，放大倍率越高。物镜的放大倍率和直径是望远镜瞄准具的重要规格，但光学薄膜（保护透镜，增加透过率）、风力偏差调节量以及分划板的高度和类型等参数同样重要。一些望远镜瞄准具还包括电子元件，以协助弹道学计算。

图 1.7　Swift 687M 望远镜瞄准具（图片来源：维基共享）

在反射镜或反射瞄准具中，射手一方面透过部分反射的玻璃元件，可看到无限远处反射或发光瞄准点的投影图；另一方面可同时看到放置在透镜或成像曲面镜焦点位置的辅助图像。焦点上的所有图形看起来都好像位于观察者前方无穷远处。使用红色发光二极管来创建明标线时，称为内红点瞄准具。

全息瞄准具是一种非放大的射击瞄准具，射击者可透过内置有十字线图像激光透射全息图的玻璃窗观察。当记录的全息图被激光二极管的准直光束照亮时，射击者将看到叠加在远距离视场上的标线图像。在传统的望远镜瞄准具中，射击者的眼睛必须与望远镜对齐才能将标线放在目标上，不同于此，使用

11

全息瞄准具，标线始终位于武器所指目标上的瞄准点内。在望远镜瞄准具中，如果射击者的头部没有完全对齐，那么瞄准具的标线和枪的瞄准点将不一致。与此相反，对于全息瞄准具，在武器左右移动时，标线始终保持在瞄准点上。内红点瞄准具和全息瞄准具的瞄准距离不限制瞄准点能见度，被广泛用于手枪、射击运动，甚至军事应用。全息瞄准具在最远300m的距离内仍可保持极高的精度，尤其在封闭式战斗（Closed-Quarter Battle，CQB）中，速度及周边视觉对于处理多种威胁情况非常重要，全息瞄准具表现最佳。

激光瞄准具也称为激光瞄准辅助装置，是一种使用小型、低成本、低功耗的半导体二极管激光模块实现瞄准和目标指向的瞄准设备，尤其适合夜间行动。激光瞄准具通过提高单发命中率和减少附带伤害来提高武器效能。可见光和红外光均可用于激光瞄准具，可见光波段主要包括红光和绿光，红光激光瞄准器相对能耗较低，结构更加紧凑。但红光光斑在强烈的日光下，距离超过8m时能见度较低。相对来说，人眼对绿色光斑响应度更高，强光下，100m距离仍然可见。但是，绿光激光器能耗高、体积大、成本相对较高。但在该条件下红外激光瞄准器的光斑不可见，需通过夜视设备观察，二者使用皮卡汀尼导轨或通用导轨与武器集成。激光瞄准具通常具有精确的 X-Y 运动，保持激光束与武器枪管对齐。激光瞄准具通常可作为一个或多个瞄准具和观察设备（如光学瞄准具、闪光灯和激光瞄准具）的集成包。图1.8所示为此类激光瞄准具、战术瞄准具和手电筒一个组合的照片。

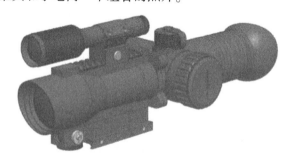

图1.8 BSA激光瞄准具-战术瞄准具-手电筒组合

激光技术在战术军事行动中最常见的应用是作为监视和火控应用的激光测距仪与用于弹药制导的激光目标指示器。现代装甲战斗平台或战场坦克火控系统离不开激光测距仪。突击步枪和轻机枪等小队武器同样多配有短程激光半导体二极管测距仪。测距仪测量技术多样，包括飞行时间技术、相移技术、三角测量技术和频率调制连续波（Frequency Modulated-Continuous Wave，FM-CW）技术。激光测距仪作为独立设备广泛用于敌方的瞄准、观察和监视、侦察，以及对敌方人员和军事资产动向的态势感知。图 1.9 显示了一个手持式轻量级全天候昼夜系统，该系统内置 GPS、热成像和测量范围长达 5km 的激光测距仪。这种激光测距仪来自英国泰雷兹公司，称为监视系统和测距仪（Surveillance System and Range Finder，SSARF），可使士兵快速确定敌军的确切位置和距离，并决定使用最合适和最准确的迫击炮或火炮火力。紧凑型激光测距仪模块可作为原始设备制造商（Original Equipment Manufacture，OEM）产品与其他系统集成。测距仪不但可用于查找目标范围，当与数字磁罗盘和测斜仪结合使用时，还可用于确定目标坐标。激光测距仪的另一个重要应用是装甲战斗平台的集成火控系统。激光测距仪与火控计算机配合使用，可显著提高目标精度。当与夜视、热成像和日间光学辅助设备配合使用时，激光测距仪将为战场上的观察、监视和态势感知带来许多有用与有效的应用。目标指示器中的高重复率激光测距仪用于弹药制导，同时也是间隙测量装置、接近传感器、激光雷达传感器和激光跟踪仪的核心器件。

图 1.9　SSARF（图片来源：维基共享）

随着激光制导弹药变得像大口径弹药一样窄，激光目标指示器变得像手枪一样小，这些弹药能够以极高精度发射到预定目标，在此之前只有大型精确制导导弹和笨重的炸弹才能做到这一点。基于此制导弹药技术已应用于低烈度冲突行动，派克弹药是典型的应用案例。派克是雷声公司设计的 40mm 制导弹药，使用数字半自动激光导引头。它可以像标准 40mm 榴弹一样从 Heckler & Koch M320 榴弹发射器模块和增强型榴弹发射器模块（Enhanced Grenade Launcher Module，EGLM）的枪管发射。当一名士兵指定目标时，另一名士兵发射弹药。该弹药由火箭发动机提供动力，推动其扩展射程至 2000m。

安全摄像机是另一种重要的监视设备，可为家庭、办公室、关键的民用、工业和军事基础设施（如高速公路、港口、机场、发电厂、炼油厂、水坝、桥梁、核中心和弹药库）、公园、购物中心和餐馆等公共场所提供全天候监控。战略性放置的摄像机可以针对盗窃、犯罪和其他非法活动以及不良事件与叛乱等提供重要证据。完整的安全系统通常由一个或多个安全摄像机、数字视频录像机（Digital Video Recorder，DVR）和监视器组成。根据尺寸、形状、安装方式以及分辨率、视场、光学变焦、数字变焦、有线或无线、在微光或夜间条件下操作的能力、在恶劣环境条件下操作的能力和远程操作等主要性能规格，安全摄像机可分为子弹式摄像机（图 1.10）、间谍摄像机和半球摄像机（图 1.11）。子弹式摄像机特别适合家庭和小型办公室。间谍摄像机通常安装在衬衫纽扣、计算器、钢笔、车钥匙甚至手表等常用物体上，可随身携带而不易被发现。半球摄像机以其形状命名，带有安装在半球内的摄像头，可移动或安装在墙壁或天花板上。此外，还有高清（High-Definition，HD）摄像机、云台变焦（Pan-Tilt-Zoom，PTZ）摄像机、无线摄像机、IP 摄像机和热像仪等。

图 1.10　子弹式摄像机
（图片来源：维基共享）

图 1.11　半球摄像机
（图片来源：维基共享）

　　高清安全摄像机可以提供高分辨率影像，识别关键细节。除了提供更好的场景清晰度，较高的像素量还提供了更强的数字变焦能力，可以在较高图形质量下，实现远距离观测及放大。目前的高清摄像机分辨力可达 4K 和 8K，分别表示水平线上的像素数量为 4000 像素（3840 像素×2140 行，即 830 万像素）和 8000 像素（7680 像素×4120 行，即 3320 万像素）。

PTZ 摄像机（图 1.12）具有平移/倾斜和变焦功能，可使用单个安防摄像机监控大面积区域。平移和倾斜功能以及连续的 360°旋转，使 PTZ 摄像机能够快速移动到场景中的预期区域和目标。这些摄像机通常为子弹形和半球形摄像机，具有高清分辨率和各种光学变焦，可实现人脸或车牌等细节识别。无线安全摄像机安装灵活且具备有线摄像机，包括高清分辨率、红外夜视和运动检测等所有高级功能。IP 摄像机借助摄像机软件远程查看目标或监控区域。热像仪检测物体散发的热量，可在白天或夜间以及不同的天气条件下监测，从而使得伪装隐藏变得极其困难，运动中的物体（如风中的树木）的误报率也大大降低。

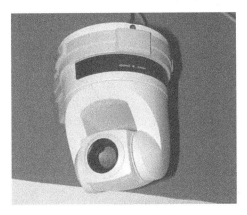

图 1.12 PTZ 摄像机（图片来源：维基共享）

激光技术的另一个新兴应用是探测和识别武器瞄准器、双筒望远镜、夜视设备、热像仪和基准光学标记、配备光学反射器的水准尺、激光测距仪和目标指示器等战场光电瞄准系统。这些设备通常称为狙击手探测系统，其工作原理是猫眼效应。利用激光束照亮目标光学设备，由灵敏的接收器接收反向散射能量，探测狙击手使用的光学瞄准镜，该技术在国土安全方面极具应用潜力。另一个与国土安全相关的应用是对包括城市在内的敏感地区进行监视。图 1.13 所示为此类设备在城市环境中用于区域安全典型部署。狙击手探测器发射的高发散激光束照亮可疑区域（本例中为多层建筑），根据反射回的激光束确定目标位置。

大量具有不同工作或探测范围规格的便携式狙击手探测器系统已实现商业化。例如，来自法国 CILAS 的 SLD-500 型激光狙击探测器，最大工作距离大于 2000m；Torrey Pines 公司的 Mirage-1200 型反狙击镜，最大工作距离可达 1200m；Newcon Optik 公司的 LAS-1000 型，最大工作距离可达 1000m；GCU-

图 1.13　狙击手探测器部署

OCD10 型光学探测器（图 1.14）和 JSC Sekotech 的 GCU-OCD20 激光狙击探测器，最大工作范围为 1000m；FidusCrypt GmbH 的 OCELOT-3，能够探测100mm~2000m 的范围。即使有灌木、窗户玻璃和挡风玻璃的干扰，多数设备仍能检测其视线范围内的光学元件，广泛应用于狙击手探测、周边入侵检测和边境巡逻、关键基础设施保护、反监视和反间谍行动以及特种部队作战行动。

图 1.14　GCU-OCD10 型光学探测器

　　激光传声器可在几百米的距离内窃听嫌疑人和不法分子的谈话，这是另一种隐蔽而强大的监控设备，通过向目标房间的窗户发射一束不可见的红外光束来工作（图 1.15）。设备的工作原理如下：房间内交谈而产生的压力波会在窗玻璃上引起微小的振动，光接收器收集从窗玻璃反射回来的激光束，利用干涉测量原理，将窗玻璃振动引起的传输时间上的微小差异转换为强度变化，实现监控。该设备可实现实时音频监控和录音。理想条件下，窃听距离可达 1000m，实际使用中可达 500m。代表性设备有 Electromax International公司的激光 EMAX-3500 型、激光 EMAX-3100 型和激光 EMAX-2510 型等。

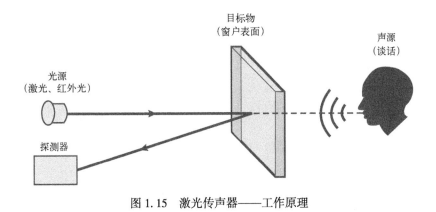

图 1.15 激光传声器——工作原理

1.7 夜 视 技 术

夜视仪被军方广泛用于定位敌方目标、监视和导航，在提高武装部队的夜间作战能力方面发挥着至关重要的作用，此外，执法和安全机构也使用此类设备进行监视。除军事机构外，私营企业和民用住宅也使用夜视摄像机来监控其重要资产的周围环境。夜视技术和相关的夜视设备使用户能够在弱光条件下观测目标。现代设备甚至可以在近乎完全黑暗的情况下观看。在弱光条件下的视力取决于足够的光谱范围和足够的强度范围两个基本要求。由于人眼的光谱范围和强度范围较低，限制了在弱光条件下的观测水平，通过图像强化（或增强）和热成像技术，使夜视成为可能。

1.7.1 夜视的基本方法

图像强化或增强的工作原理是收集从目标场景反射的少量光，以便在弱光条件下实现可见光和近红外波段观察。收集到的光子通过图像增强管的光子-电子转换、电子倍增和电子-光子转换过程被放大。基于图像增强管的夜视设备其他重要组成部分还包括用于收集光子的物镜，用于观察增强图像的目镜以及产生电子加速所需的直流电压的电源。主动照明通常与图像增强管结合使用，称为主动夜视技术，可在极低光照条件下提高图像分辨率。主动夜视技术的缺点是容易暴露位置，这在战术军事行动中尤其不可取。在传统夜视设备中，自然光线通过物镜收集并聚焦在增强器上。数字夜视设备是传统夜视设备的一种变体，通过高灵敏度的 CCD 图像传感器处理光学图像并将其转换为电信号。数字夜视设备在光电阴极上没有图像畸变，在磷光屏幕上没有瑕疵，不受强光照射的损害，并能提供图像记录功能。

热成像夜视技术的工作原理是检测目标与背景物体之间的温差，这种温差不仅存在于目标物体和周围环境之间，也存在于物体本身的不同点之间，再加上红外区域的辐射，使得热成像设备能够在近乎完全黑暗的环境中看到物体。热成像设备本质上是一种热传感器，以红外能量的形式收集温差信息，并转换为电子图像。热成像夜视设备广泛用于军事和执法机构的目标检测和获取、监视和监测、搜索和救援、消防等领域。

1.7.2　不同时代的夜视技术

一代技术，一代设备。图像增强器和热成像技术在其存在的 40 多年里都经历了几代的演变。从第 0 代算起，目前的图像增强器和热成像技术都处于第四代。

第 0 代设备基于图像转换而不是图像强化。第 1 代夜视设备是第 0 代技术的改进，因为它既使用光电阴极又使用阳极，前者用于光子到电子的转换，后者用于光电子加速。第 1 代夜视设备与第 0 代设备的主要差异在于，后者没有使用红外光源来提供场景照明。20 世纪 70 年代推出的第 2 代夜视设备是第一个使用微通道板（Micro Channel Plate，MCP）进行电子倍增的设备，显著提高了设备灵敏度。与第 2 代设备相比，第 3 代夜视设备有两个独特的变化，包括在 MCP 上使用砷化镓光电阴极和离子阻隔涂层。砷化镓光电阴极能够在更远的距离和较暗的条件下检测目标。第 3 代+设备提供了比第 3 代设备更好的性能指标。第 3 代+夜视设备有两个重要特征，分别是自动门控电源系统和变薄的离子阻隔层。离子阻隔层的缺失或变薄可以提高光敏性，但会略微降低像增强管的寿命。

热成像传感器已经发展了数代。每一代产品不仅在探测器的类型上发生了重大变化，而且还在将目标成像到探测器上的光学系统中进行了重大改进。基于过去 35 年中开发的红外探测器技术，设计了 4 代不同的热像仪，并根据每组中包含的元件数量进行分类。第 1 代热像仪包含单元件探测器或只有少数元件（1×3）的探测器。通常使用二维机械扫描仪来生成二维图像。第 1 代热成像传感器的灵敏度受到背景辐射的限制。在第 2 代热成像传感器中，通过使用经过改进的前端光学元件，减少了不必要的光通量，从而克服了这个问题。但是，这导致所有视场都有一个固定的 F 数。第 2 代热像仪是矢量探测器，通常包含 64 个或更多的元件。二维扫描仪在垂直方向上简化为隔行扫描运动。第 3 代热像仪包含双波段二维阵列，带有几列元件和双/可变 F 数光学系统。这些热像仪仍然沿一个方向进行扫描，并在扫描方向上对信号进行延时积分，以提高信噪比。第 4 代热像仪包含称为焦平面阵列的二维阵列探测器（160×120、320×240、680×480），不需要任何扫描装置即可获取二维图像。

1.8　爆炸物的探测和识别

当今时代，恐怖主义对人类构成极大挑战。恐怖威胁手段多样，包括使用常规炸药、化学、生物、放射性和核制剂，但常见的恐怖主义袭击通常使用常规炸药，更普遍的是简易爆炸装置（IED）。最近 10~15 年来，世界各地的恐怖主义爆炸造成了巨大的生命损失和公共财产的广泛破坏。根据美国国务院的一份报告，因化学、生物和放射性武器袭击而死亡的人数只有几十人，但因爆炸袭击而死亡的人数却高达数万人。代表性的爆炸事件包括：1974 年 9 月 8 日在 TWA 841 航班上的爆炸事件，造成 80 名乘客和机组人员死亡；1988 年 12 月 21 日在洛克比上空爆炸的泛美航空公司 103 航班，造成 270 人死亡；1993 年 2 月 26 日世界贸易中心爆炸事件，造成 6 人死亡，1000 多人受伤；1995 年 4 月 19 日的俄克拉何马城爆炸案，造成 170 人死亡，680 人受伤；2001 年 3 月 24 日车臣边境袭击事件，造成 20 人死亡，100 人受伤；2004 年 3 月 11 日马德里的三列通勤列车爆炸，造成 190 人死亡和 1500 人受伤；2005 年 7 月 7 日在伦敦地铁列车上发生的一系列连环自杀式炸弹袭击，造成 52 人死亡，数百人受伤；2008 年 11 月 26 日孟买恐怖袭击事件造成 164 人死亡，308 人受伤；2016 年 3 月 22 日在布鲁塞尔发生 3 起有组织的自杀式爆炸事件，造成 32 名平民死亡，300 人受伤。因此，探测、识别和消除爆炸威胁的设备，成为保护公共交通系统、机场、港口、关键基础设施和其他战略资产、防止路边炸弹和监测集装箱运输的重要组成部分。及时发现爆炸物并对爆炸物进行销毁可挽救生命并防止公共财产损失，在爆炸后也要了解爆炸物的类型，有助于查明爆炸物的来源。

用于探测爆炸物的设备有两大类，其检测方法包括批量检测方法和痕量检测方法。批量检测方法是旨在检测爆炸装置中存在的大量爆炸物，而痕量检测方法则只需要微量的气相或粒子形式的爆炸物即可进行检测。X 射线散射、基于中子和 γ 射线的技术、磁性技术、毫米波成像和太赫兹光谱是重要的批量探测方法。重要的痕量检测方法包括 IMS、电子鼻、腔衰荡光谱、表面等离子体共振（Surface Plasmon Resonance，SPR）和表面增强拉曼光谱（Surface-Enhanced Raman Spectroscopy，SERS）。

实际操作中，在安全距离探测爆炸物尤为重要。虽然批量探测方法可远距离探测爆炸物，但痕量探测技术已成为主流。特别是激光痕量探测法是目前国际上研究最广泛的技术之一。该技术已转化为在国土安全相关应用中的成熟产品，但仍然存在挑战。其主要问题在于波长依赖性吸收和散射损失导致反向散射光信号强度降低，并随距离平方成反比下降。更加复杂的是，与普通爆炸物有关的痕量水平极低，在十亿分之几（10^{-9}）到百万分之几（10^{-6}）的范围内（普通爆炸物）。第二个主要问题在于干扰物背景下对目标爆炸剂的独特识别。许多化学制剂除了存在于有机分子中的氮、氧、氢和碳，还具有硫、磷、氟和氯等原子成分。因此，检测方法需具有高灵敏度和选择性。基于激光的光谱测量方法具有快速、灵敏、选择性、能够检测和识别各种爆炸剂并可升级以应对新威胁的潜力。

在评估给定的防区外探测方法的适用性时，探测波长的大气透射是一个重要因素。常用的痕量检测技术有激光诱导击穿光谱（Laser-Induced Breakdown Spectroscopy，LIBS）、拉曼光谱及其变体、激光诱导荧光（Laser-Induced Fluorescence，LIF）光谱和红外光谱。批量检测方法有毫米波成像和太赫兹光谱。

激光诱导击穿光谱将高能激光束聚焦在痕量样品上，将样品的一小部分分解成激发态离子和原子组成的等离子体。等离子体发出的光是离子、原子和小分子组分发射的特征。用分光计检测发射光谱，可确定元素的组成。使用LIBS的挑战之一是评估其在诸多干扰物的真实环境中检测和识别爆炸性物质的准确度。在双脉冲LIBS中，第一个脉冲用于形成激光诱导真空，第二个脉冲在几微秒后发射产生返回信号。除了增强识别度，还观察到双脉冲LIBS可以提高灵敏度。通过向LIBS添加时间分辨，可以进一步提高识别度。1064nm波已被广泛用于LIBS系统。由于1064nm会对眼睛造成损害，科学家们也尝试266nm，在系统中增加拉曼光谱的功能。值得注意的是，266nm的MPE极限比1064nm高出600倍。

拉曼光谱是爆炸剂远距离检测的另一种方法，作为实验室环境中化学制剂鉴定的标准分析工具被广泛使用。拉曼光谱检测的基础是由目标分子的非弹性拉曼散射引起的波长频移。在光子非弹性散射中，光子损失一部分能量给目标分子，导致散射光波长更长，或者光子从目标分子获得一部分能量，导致散射光波长更短，这取决于从目标分子是获得还是损失能量。这种差异由目标分子的振动模式能量决定，构成了指纹图谱或识别的基础。使用模式识别算法来识别复杂的混合物。图1.16显示了以色列 Laser Detect Systems 公司生产的G-SCAN Pro 型拉曼爆炸性传感器。LDS G-SCAN Pro 是一款高灵敏、高识别、低漏报的手持式拉曼光谱探测器。可供执法、军事和安全机构检测各种各样的液体、散装或粉末形式的爆炸性物质和可疑毒品。

图 1.16　G-SCAN Pro 型拉曼爆炸性传感器

拉曼技术的一个主要缺点是灵敏度差，这是由于大约 10^7 个光子中就有一个发生拉曼散射。因为它对环境光和来自样品本身或附近其他化学物质的荧光很敏感，背景光会掩盖信号光，所以拉曼光谱较弱的信号强度限制了其在痕量检测方面的应用。使用共振拉曼光谱可以克服上述问题。使用可调谐激光器，选择波长以匹配或接近匹配目标分子中的共振吸收，从而使强度增强约 10^6 倍。利用红外或紫外激光可以克服荧光掩蔽拉曼信号的问题。红外辐射没有足够的能量引起荧光，而紫外线辐射会在可见光波段引起荧光，可以较好地与拉曼信号分离。

LIF 在燃烧诊断和研究爆炸物分解方面是有效的工具，但不适用于检测爆炸物。当与脉冲激光光解离（Pulsed Laser Photo，PLP）（也称为光裂解（Photo Fragmentation，FP））相结合时，可以通过检测光解离产生的一氧化氮（NO）自由基来检测硝基化合物炸药。248nm 激光用于裂解 LIF 光谱，通过探测电子基态中的振动能级来监测 NO。

基于红外激光光谱的远距离爆炸物探测技术是另一种具有潜在应用的探测技术，几乎所有爆炸性材料在中红外光谱范围内都表现出强烈的特征吸收。此外，中红外波段处于大气窗口，对几米或几十米的远距离探测非常有利。红外激光光谱可利用可调谐的中红外激光源获得。检测样品散射激光能量随波长的变化，提供痕量爆炸物的指纹特征。在称为红外光热光谱学的红外激光光谱学变体中，爆炸痕量物质的共振吸收引起的热对比可采用红外摄像机捕获。

另一种远距离检测技术是非线性波混频，有望成为一种高灵敏度检测技术，能够达到千万亿分之一（10^{-15}）水平。其原理是，两束激光束在炸药存在的区域重叠，重叠区的分子与激光束相互作用，化学信息以类似激光的光束传输到探测器上，目前仍处于研发阶段。

几乎所有基于激光的远程探测方法都有探测限制，难以探测气相或颗粒形式的痕量物质，使其不适用于在野外条件下探测爆炸物。此外，在存在干扰物的情况下对识别目标爆炸物的识别度不够。目前，还没有一种基于激光的光谱方法可以用于全功能的原型设备制造。无论是在检测灵敏度方面还是识别度方面，都有很大的研究空间。采用多传感器、多技术集成，集合各技术优势，有望成为最终解决方案，如结合了拉曼高光谱成像和 LIBS 对远程爆炸传感器的技术设想。该方法结合了 LIBS 元素分析的高灵敏度和拉曼分子分析的高特异性，为高灵敏度、低误报率检测和表面爆炸物识别提供了一种潜在的技术。

1.9　CBRN 材料的检测和鉴定

化学、生物、放射性和核（Chemical，Biological，Radiation，Nuclear，CBRN）材料可以武器化或非武器化，如被恐怖分子和其他非法分子获得，将严重威胁国家安全。武器化材料可以使用常规炸弹、改进的爆炸材料和增强型爆炸武器投放。非武器材料在传统上被称为危险材料。虽然武器化 CBRN 材料引起 CBRN 事件，与因为人为错误、自然或技术原因意外发生的 CBRN 事件是相同的，但前者会对国家安全和国际关系产生独特的影响。CBRN 材料的生产很容易，而且 CBRN 事件有可能在短期内造成大规模伤亡，并造成具有长期影响的危险环境，因此需要有专门的探测设备，并且需要在短时间内建立净化和对抗系统。

在化学材料中，包括氰化钠或氰化钾、芥子气等糜烂性毒剂，塔崩、沙林和 VX 等神经毒剂，氯和光气等有毒工业化学品，以及对硫磷等有机磷酸盐农药。常见的生物制剂包括引起炭疽的炭疽杆菌、肉毒杆菌毒素和蓖麻毒素。放射性扩散装置（Radiological Dispersal Device，RDD）是一种常规炸弹，用于扩散放射性物质，使材料产生的辐射造成污染、破坏和伤害。RDD 有不同的变体，包括被动 RDD，即将未屏蔽的放射性物质扩散或手动保存在目标处，爆炸性 RDD 使用爆炸的爆发力将放射性物质分散在目标区域周围，大气 RDD 中放射性物质的形式是很容易通过气流传输的。RDD 中常用的放射性物质包括铯-137、锶-90 和钴-60。不能完全排除恐怖分子使用简易核装置（IND）的可能性，核威胁时刻存在。放射性扩散装置可用任意放射性物质制造，而 IND 需要高浓缩铀或钚等裂变材料产生核当量。

1.9.1　化学制剂的检测和鉴定

用于检测和鉴定化学战剂和有毒工业化学品的技术有多种，大致可分为点探测技术和远距离探测技术，或者基于激光的技术和非光学方法。其主要包括红外光谱、拉曼光谱、IMS、火焰光度法、声表面波（Surface Acoustic Wave，SAW）、比色、光电离检测（Photo Ionization Detection，PID）和火焰电离检测（Flame Ionization Detection，FID）等技术。接下来将概述上述技术，光电技术在第8章中有更详细的讨论。

红外光谱常应用于化学制剂的点式和远距离探测器中。通常采用处于2.5～15μm的中红外光谱照射样品。通过检测吸收或透射谱，获得样品的指纹谱。红外光谱法技术主要包括光声光谱、被动红外检测、红外高光谱成像以及差分吸收激光雷达（Differential Absorption Lidar，DIAL）等。

拉曼光谱通过光谱指纹来检测化学成分。在拉曼光谱中，用单色激光照射样品，检测到的散射光是波长的函数。拉曼散射强度是散射与入射波长的频率或波长差的函数，对应的图形即为拉曼光谱。这种差值称为拉曼频移，它与入射光的频率无关。

IMS是为执法和安全机构开发麻醉品、毒品、化学战和爆炸物点探测器的最常用技术之一。可根据气相中的质量、电荷和迁移率来区分电离分析物分子。含有可疑组分的少量空气样本被定期收集到IMS系统，放射源将样本中的分子电离。电离分析物漂移到漂移池内的电场中，根据不同类型分子特有的漂移速度，实现检测目的。

火焰光度法是一种原子光谱技术，利用原子的特征发射光谱进行指纹图谱识别。火焰光度法是一种重要的化学战剂探测技术，已在世界各地的武装部队和民间机构中得到成功使用。在实验室检测中，通常将火焰光度探测器（Flame Photometric Detector，FPD）与气相色谱仪（Gas Chromatograph，GC）集成在一起。GC用于测量样品中各组分的浓度。在化学战剂鉴别和实验室样品确认及浓度性分析中，GC-FPD是最有用的方法之一。

SAW装置是化学战剂传感器的重要组成部分。通常，SAW器件将沿压电晶体表面（或在压电晶体板涂有化学选择性聚合物）引导的声波所产生的应力和应变耦合到电场。施加于输入叉指换能器（Interdigital Transducer，IDT）的交流信号会产生表面声波，输出IDT将其转换成电信号。样品通过预浓缩器导入SAW传感器，预浓缩器在给定时间内吸附测试蒸气，随后被加热，在更短的时间内释放蒸气，从而增加蒸气的有效浓度。蒸气中存在的化学物质被压电衬底表面的聚合物吸附，改变了衬底上表面波的振幅和频率。通过信号处理，可以识别从样品中吸附的化学物质，并通过假设达到吸附平衡来确定化学物质的浓度。探测器要经过完整的吹扫循环，以确保有效释放吸附的化学物质。

比色化学制剂传感器使用吸附剂基底，如涂敷制剂的纸张或纸质票据等，识别目标制剂。当目标化学制剂与基底接触时，与制剂反应产生特有的颜色变化。此外，还可以根据给定曝光时间内显影颜色的强度来确定目标化学物质的浓度。

PID 技术依靠分子电离来检测化学制剂。紫外线辐射源用于电离被分析样品中的分子。为实现电离，紫外线辐射中的光子能量必须大于从物质中去除电子所需的能量。电离分子中的正离子被吸附到带负电荷的电极上，产生可测量的电流。电流大小与目标分析物的浓度成正比。PID 传感器通常用于提供有关化学物质的初步信息，可用来检测某些无机化合物释放的蒸气，而其他探测器则无法检测。

FID 技术在原理上类似于 PID 技术，分析物均为电离物质，不同之处在于 FID 传感器是使用氢火焰而不是紫外线辐射作为电离源。在 FID 传感器装置中，样品可以直接引入或通过 GC 柱引入。试样蒸气在燃烧室中与氢气和空气混合并燃烧，蒸气中的有机物质被分解成碎片，随后被电离。沿电场向电极移动的离子产生电流信号。由于 FID 传感器对任何含有碳氢键的分子都有反应，具有非选择性，所以不具备识别所测化合物的能力。

1.9.2 生物制剂的检测和鉴定

在 CBRN 威胁背景下，生物战剂不仅具有破坏性的潜力，还会对全体人类产生心理、经济和社会影响，对国家安全构成威胁。及时发现和识别生物危害，对采取正确和有效的应对措施至关重要。有许多检测和识别技术可用于远程检测生物危害。不仅有既能探测又能识别生物战剂的特异性点探测装置，也有只能探测生物制剂但不能识别的非特异性点探测装置。此外，还有一些远程探测系统，能够在远离释放点的距离探测到生物战剂。

非特异性点检测技术主要包括粒度计、荧光系统、活性粒度采样器和虚拟压实器等技术。常用的特异性点检测技术包括分子生物学、流式细胞术、质谱和免疫分析等技术。远距离探测系统通常基于激光雷达技术。本节将重点概述各种光电子和非光电子技术，光电子技术将在第 8 章中详细讨论。

粒度仪的工作原理是在预定的粒度范围内确定相对的颗粒数。其中一类粒度仪的原理是加速恒定流速浓缩空气中的气溶胶颗粒，粒子的大小不同，加速度不同，较小的粒子可获得更高的加速度。另一类粒度仪是采用激光测量颗粒的数量、大小和分布，捕获生物制剂信息。粒度仪无法区分生物和非生物气溶胶。荧光技术采用激光激发生物制剂分子，基于荧光的装置利用内源性荧光团（即从生物体内生长或产生的荧光团）的特性，通过生物发光检测生物制剂，通常工作在光谱的紫外（Ultravioler，UV）区域。不同的荧光生物传感器在光源的性质、工作波长、测量通道数等方面有所不同。活性粒度采样器或撞击器的工作原理是在将气流偏转撞击固定距离的撞击面之前，通过喷管来加速气流。不同大小的粒子在通过采样器中的不同级时分离，从而实现不同尺寸的粒子在特定撞击面上扩散和收集。其中，小颗粒将脱离采样器。经过培育期（通常为 24~48h）之后，即可评估每个培养皿生长的菌落数量，提供某些特定生物制剂的存在信息。虚拟撞击器也属于活粒度采样器的广义范畴。虚拟撞击器将颗粒按大小分离成两股气流，传统撞击器的撞击表面将由停滞或缓慢移动的空气构成的虚拟空间所取代。大颗粒被收集探头捕获，而不是撞击到表面上。

聚合酶链反应（Polymerase Chain Reaction，PCR）是临床实验室中最常用的分子生物学技术之一，用于鉴定微生物，检测细菌、细菌孢子或病毒等生物制剂。PCR 将 DNA 片段的单个复制或几个复制扩增到几个数量级，产生数千到数百万个特定 DNA 序列的复制，使研究人员能够获得分子生物学、法医分析和医学诊断中各种调查程序所需的大量 DNA。该技术的主要局限性是需要对正在分析的生物制剂有先验知识，因为需要特定的引物序列进行核酸扩增。尽管多重 PCR 允许同时分析几种制剂，但每种制剂有其特定反应。适合在野外条件下操作的 PCR 便携式设备已在市场上出售。

流式细胞术是一种广泛用于分析通过激光束的流体中粒子的物理和化学特性的技术。细胞组分被荧光标记，从而被激光激发，发射不同波长的荧光。流式细胞仪通过激光衍射系统计算和测量液相浓缩后分散的颗粒。利用光电转换系统记录粒子发射荧光和散射入射光的信息。流式细胞仪由流体、光学元件和电子元件组成。流体系统的用途是将流体中的颗粒输送到激光束中检测。光学系统包括对流体中存在的粒子进行照明的激光器，当粒子通过时散射激光束，滤光片和分束器将光信号引导到相关探测器，探测器产生与光信号相对应的电子信号。粒子的特性是根据其荧光和光散射特性确定的。

质谱分析可以提供有关生物制剂的结构和化学性质的信息，所需的样品量最少为毫微克量级。质谱是离子信号随质荷比变化的曲线。样品转化为气态离子，无论是否发生碎片化，经由其质荷比和相对丰度来表征。质谱仪由三个主要组件组成：用于从被分析样品中产生气态离子的离子源、用于根据其质荷比将离子分解为其特征质量成分的分析仪，以及用于检测离子并记录每种已分辨离子组分的相对丰度的探测器系统。

免疫分析是一种依靠生物化学原理来测量分析物的存在和/或浓度的检验手段。免疫分析技术允许使用特异性抗原/抗体相互作用的原理检测和鉴定生物制剂。对免疫分析中使用的抗体必须仔细选择，因为它们的亲和力和特异性是这些技术的限制因素。基于该技术的一种常见设备是使用比色法显示其结果的免疫层析测定设备。这种设备在2001年炭疽紧急情况下得到了重要的应用，证明了其在筛查方面的有效性。此外，还有其他利用荧光特性的免疫分析技术来检测生物制剂。

激光雷达技术是从相对于释放点的安全距离检测生物战剂的最常用技术。采用红外激光雷达系统远程探测化学战剂和有毒工业化学品。但红外光谱的使用不能区分生物制剂与非生物气溶胶。UV-LIF激光雷达利用生物分子固有荧光，可粗略区分生物制剂和背景噪声，快速远程检测生化战剂。如何区分危险生物制剂与自然生物制剂以及有机气溶胶和无机气溶胶是目前可用或正在开发的远程系统检测面临的主要问题。

1.9.3　辐射探测器

辐射探测器是可以检测和识别特定类型辐射（包括 α、β、γ 和中子辐射）的设备或仪器。辐射无处不在：在有外部污染时对人体的表面辐射，在有内部污染时对人体的内部辐射，以及人们暴露时接受到的辐射。当放射性物质沉积在皮肤、头发、眼睛或其他外部结构（如泥土或灰尘）上时，会产生外部污染。外部污染可能覆盖整个或部分身体。放射性弹片可通过伤口污染渗透。通过脱掉受污染的衣服和/或完全洗掉污染物，可以消除全部或部分身体污染。内部污染是由通过吸入、摄入或开放性伤口将放射性物质带入体内引起的。放射性同位素在器官内部沉积导致该位置的局部暴露。内部污染会一直持续到放射性物质衰变、或通过自然过程从体内冲洗掉、或通过医疗手段去除为止。当人整体或部分吸收来自外部辐射源的穿透性电离辐射时，人就会受到辐射危害，而当人离开辐射源区域或辐射源被完全屏蔽或照射停止时，辐射就会停止。

辐射探测器种类繁多，每种探测器都适用于特定情况：有些设备适用于检测特定辐射的设备，如 α、β、γ 或中子辐射；有些设备是为测量特定水平或范围的辐射能量而设计；有些设备以单位时间的伦琴数为单位测量 X 射线或伽马辐射的暴露量；有些设备分别以戈瑞和单位时间的戈瑞测量累积量和当前剂量。

辐射测量仪和剂量计是两种常见的辐射探测器。辐射测量仪是便携式辐射探测和测量设备，用于探测和测量外部或环境电离辐射场，在监测人员、设备和设施的辐射与放射性污染方面有着广泛的应用。大多数辐射测量仪采用手持式、电池供电，便于携带和使用。常见类型的辐射测量仪包括用于测量 α、β 和中子粒子的闪烁计数器，用于检测 β 粒子和 γ 射线的盖革计数器，以及用

于 β、γ 和 X 射线检测的离子室。闪烁计数器由响应入射辐射产生光子的闪烁器、将光子转换为电信号的光电倍增管和提取所需结果的处理电子电路组成。盖革计数器由一根装满惰性气体的管子组成。当暴露于电离辐射时，高能粒子穿透电子管并与气体碰撞，释放大量电子，电子被吸引到高压中间导线上，当积聚到阈值时就会产生电脉冲。电离室型辐射探测器类似于盖革计数器，由充满气体的圆柱形容器组成，带有阳极和阴极。在大多数情况下，圆柱形容器的壁充当阴极。阳极是沿着圆柱形容器轴线的导线。通过施加电压来保持两个电极之间的电场，容器壁相对于导线带负电。当光子或带电粒子进入腔室时，气体分子被电离为正离子和电子。正离子和电子分别迁移到容器壁与导线上，产生可观察到的电流脉冲。

剂量计测量在给定时间段内电离辐射沉积的能量，用于评估人体在辐射区域暴露于外部电离辐射而接收的有效剂量。剂量计不能评估由于放射性物质进入体内而受到的辐射剂量。个人剂量计，早期也称为胶片标记剂量计、操作剂量计和极限剂量计、法定剂量计和被动剂量计，仅供个人使用，不可转让。个人剂量计有胶片式辐射剂量计、热致发光剂量计和离子室剂量计三种类型。胶片卡是封装在塑料里由不透光纸包裹的相片或牙科用的 X 光胶片，需进行定期检查，根据胶片的曝光程度确定佩戴者受到的累积辐射量。热致发光剂量计是非金属晶体固体，当暴露于电离辐射时会捕获电子，通过校准，用来估计辐射水平。离子室剂量计可重复使用，具有自读数功能，实时确定暴露量。操作剂量计有时也称为主动剂量计、电子剂量计或 DMC 等。

操作剂量计通常在限制停留区或高辐射管控区工作时使用，经由辐射防护小组建议，也可用于这些区域以外的特定活动或加强保护。操作剂量计具有直接剂量显示、辐射水平声音指示以及超过剂量或剂量率阈值时的报警功能。操作剂量计可以永久分配给个人，也可以共用。当手、脚或眼睛等极有可能受到高局部剂量时，通常会使用肢体剂量计。

1.10 检测隐藏武器

全球发生的一系列恐怖袭击事件使公众认识到机场和其他公共场所的安全危机，引入人体和行李扫描仪作为额外安全措施十分必要。随着自杀式袭击成为恐怖袭击的常见模式，为安全机构配备侦查隐藏武器的装备已成为重要的安全力量加持。上述地点关键基础设施和战略资产地点的安全基础设施需求，使得探测隐藏武器和爆炸装置的传感器技术成为研究热点。传感器技术可使执法机构在对个人和团体进行非接触式、可靠和快速筛查的同时，不会对其活动造成重大干扰。

枪支、刀具和爆炸物是常见的潜在威胁，通常由恐怖分子和反社会分子藏在衣服或行李里携带。使用先进的传感器技术，可以对个人和行李安检以及区域安检。

近年来，来自恐怖分子和反社会分子的威胁日益增加，促使检测隐藏武器、违禁品、爆炸物和其他此类物品的技术快速发展。这些技术包括 X 射线扫描仪、痕量探测系统（包括点探测系统以及远距探测系统，能够探测处理时遗留的爆炸性蒸气或粒子）、中子激活和其他基于高能辐射的系统。毫米波（Millimeter Wave，MMW）成像和太赫兹（THz）光谱技术是检测隐藏武器和爆炸物的有效技术。电磁波谱的毫米波区域（1~10mm，30~300GHz）能够穿透衣服和许多其他材料，可对衣服下的物体成像。中等强度的 MMW 辐射对人体安全，然而，该波段无法用于识别材料。

太赫兹波段介于红外波段和微波波段之间，在较短的波长（0.1~1.0mm，300GHz~3.0THz）可获得光谱信息。太赫兹辐射在自然界中是非电离的，在中等强度下对人体安全。3.0THz 以上的频率仍然可以获得良好的光谱信息，但由于潮湿空气的大量吸收，几乎不透明，不适合远距离探测。使用太赫兹成像技术要求成像分辨率较高，能够将手枪、刀具或爆炸带与手机、钱包和笔等常用物体区分开。目前，太赫兹成像技术分辨率已经满足应用需求。图 1.17 展示了使用太赫兹成像的安全扫描。

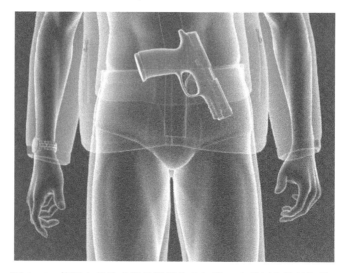

图 1.17　使用太赫兹成像的模拟安全扫描（由美国宇航局提供）

太赫兹可以穿透许多非金属材料，如纸张、布料和皮革，可用来有效构建成像系统，适用于在机场、火车站和其他类似公共场所检查个人与行李中是否有武器、违禁品、爆炸物等。图 1.18 展示了一种太赫兹成像安全摄像机——来自 M/s ThruVision 公司的 T5000 型。该摄像机可以在人移动时，探测到隐藏在衣服下，从表层到 25m① 处的武器、毒品或爆炸物。该筛查技术对人体使用是安全的，且不会显示身体细节，可用于军事和民用领域。

图 1.18　THz 安全摄像机型号 T5000

参 考 文 献

［1］ Accetta, J. S. , and D. L. Schumaker, in *The Infrared and Electro-optic Systems Handbook*, Volume 7, J. S. Accetta（ed.）, Bellingham, WA：SPIE International Society for Optical Engineering Optical Engineering Press, 1993.

［2］ Baudelet, M.（ed.）, *Laser Spectroscopy for Sensing：Fundamentals, Techniques and Applications*, Waltham, MA：Woodhead Publishing Limited, 2014.

［3］ Cremers, D. A. , and L. J. Radziemski, *Handbook of Laser Induced Breakdown Spectroscopy*, Hoboken, NJ：Wiley-Blackwell, 2006.

［4］ Demtröder, W. , *Laser Spectroscopy Volume 1：Basic Principles*, Berlin：Springer, 2008.

［5］ Demtröder, W. , *Laser Spectroscopy, Volume 2：Experimental Techniques*, Berlin：Springer, 2008.

［6］ Hecht, J. , *Understanding Lasers：An Entry Level Guide*, Third Edition, Piscataway, NJ：IEEE Press, 2011.

［7］ Lee, Y. , *Principles of Terahertz Science and Technology*, New York：Springer, 2009.

［8］ McAulay, A. , *Military Laser Technology for Defense*, Hoboken, NJ：Wiley-Interscience, 2012.

［9］ Perram, G. , *An Introduction to Laser Weapon Systems*, Albuquerque, NM：Directed Energy Laser

① 原文为 25m，疑为 25cm。——译者

Society, 2009.

[10] Sayeedkia, D., *Handbook of Terahertz Technology for Imaging*, *Sensing and Communications*, Cambridge, UK: Woodland Publishing Limited, 2013.

[11] Waynant, R., and M. Ediger, *Electro-optics Handbook*, Second Edition, New York: McGrawHill, Inc., 2000.

[12] Webb, C. E., and J. D. C. Jones, *Handbook of Laser Technology and Applications*, Volume Ⅲ3, Boca Raton, FL: CRC Press, 2003.

[13] Weitkamp, C., *Lidar: Range Resolved Optical Remote Sensing of the Atmosphere*, New York: Springer, 2005.

[14] Wilson, C., *Improvised Explosive Devices (IEDs) in Iraq and Afghanistan: Effects and Counter-measures*, Congressional Research Service Report for Congress, 2007.

[15] Woolard, D. L., J. O. Jens, R. J. Hwu, and M. S. Shur, Terahertz Science and Technology for Military and Security Applications, Hackensack, NJ: World Scientific, 2007.

第 2 章 　激光与光电子学原理

本章将简要探讨激光原理、激光器件和光传感器，以便国防工业与国土安全相关从业人员了解激光、光电器件与系统在低烈度冲突和国土安全护卫行动中的应用。本章涵盖激光产生原理、基本特性、激光类型以及与低烈度冲突直接相关的内容。此外，本章对多种光电传感系统中使用的不同类型传感器的基本原理，包括与安全和监控摄像相关的成像传感器的工作机理与分类也进行了介绍。

2.1 　激 光 原 理

本节将简要探讨激光器工作原理中涉及的部分量子力学知识，主要内容包括激光器的工作原理和其他相关概念。

由激光器的英文缩写"LASER"展开形式[①]，我们可以看出激光器的工作原理是受激辐射而产生的光放大。太阳或电灯泡等普通光源的发光过程，是处于高能级的粒子自发地跃迁到低能级并发射性质不同的光子，该过程称为自发辐射；而处于高能级的粒子受自发辐射光子激发，跃迁到低能级并发射与激发光子性质相同的光子，该过程称为受激辐射。受激辐射发生的一个必要条件是粒子数反转。为理解粒子数反转对受激辐射及激光产生的影响，此处将简单介绍光子作用下粒子能级跃迁的量子机制。粒子在两个能级之间的跃迁过程涉及光子的吸收和辐射两种情况，其满足共振条件 $\Delta E = h\nu$，其中 ΔE 为两个相关能级之间的能量差，h 为普朗克常数 （$6.6260755 \times 10^{-34}$ J/s 或 $4.1356692 \times 10^{-15}$ eV/s），ν 为辐射或吸收的光子频率。受激吸收、自发辐射，以及受激辐射均遵循上述规则。

2.1.1 　受激吸收、自发辐射和受激辐射

在受激吸收跃迁过程中，粒子从低能级跃迁到高能级的前提条件包括：①必须处于低能级；②入射光子能量 （$=h\nu$） 等于跃迁能量，即两个相关能级

---

① 　激光的英文名称"LASER"是"Light Amplification by Stimulated Emission of Radiation"的缩写。

之间的能量之差（即 $\Delta E = h\nu$）。如果满足上述条件，粒子可以通过受激跃迁由低能级跃迁到高能级（图2.1（a）），跃迁发生的概率与低能级的粒子数以及爱因斯坦系数成正比，其中爱因斯坦系数是一个表征吸收概率的参数。

粒子由较高的激发能级跃迁到低能级会导致自发辐射和受激辐射两类辐射过程。粒子在不受任何外界干预或激发的情况下，自发从高能级跃迁到低能级，并发射一个光子（图2.1（b）），这一现象称为自发辐射，该过程的速率与爱因斯坦系数成正比。处于激发态的粒子受到一个能量等于共振能 $h\nu$ 的激发光子的影响，跃迁到低能级，并发射一个与激发光子具有相同频率、相位以及偏振态的光子（图2.1（c）），这一现象称为受激辐射，该过程的速率与高能级上的粒子数和爱因斯坦系数成正比。根据量子力学规则，受激吸收与受激辐射是类似的过程，可以类似地处理。

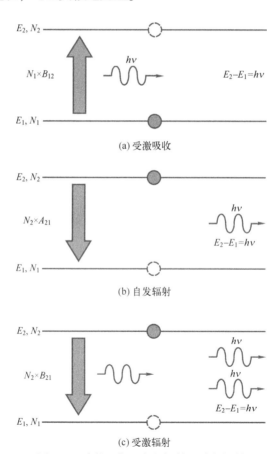

图 2.1　受激吸收、自发辐射和受激辐射

2.1.2　二、三、四能级激光

影响激光特性的另一个重要因素是激光介质的能级结构，特别是与粒子数反转和激光产生过程相关的能级，会显著地影响激光性能。

在二能级系统中，只有两个能级参与激光产生的全部过程。位于低能级（同样是激光跃迁的下能级）上的粒子，通过泵浦或激发机制被激发到高能级（同样是激光跃迁的上能级）。一旦形成粒子数反转（上能级的粒子数多于下能级的粒子数），并且超过反转阈值，就会产生激光。然而，二能级系统对于激光的产生仅仅是一个理论构想，没有激光器是以二能级系统的方式工作的。

三能级系统的工作原理如图 2.2 所示，激光跃迁的下能级为基态（最低能级），粒子被激发到比激光跃迁的上能级（亚稳态）更高的一个能级（激发态）上。通过激励源，基态的粒子被泵浦到激发态，由于激发态上粒子寿命很短，很快就会以无辐射跃迁的方式落到亚稳态上。当超过一半的粒子被泵浦到寿命很短的激发态，然后落到寿命较长的亚稳态时，亚稳态和基态能级之间就形成粒子数反转，并产生激光。红宝石激光器就是一种典型的三能级激光器。

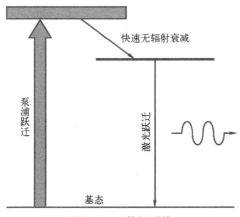

图 2.2　三能级系统

如果激光的下能级不是基态，在热力学平衡理想状态下，激光下能级的粒子数就会少得多，更容易形成粒子数反转。这将有效解决三能级系统中下能级即基态粒子较多的问题。这一理想的情况能够在图 2.3 所示的四能级系统中实现，其中激光跃迁的下能级高于基态能级。

在四能级系统中，粒子从基态被泵浦到激发态，激光跃迁的下能级并不是基态能级，激光下能级的粒子数比基态粒子数要少很多，因此为实现粒子数反转，需要被泵浦到激发态的粒子数将会少得多。此外，激发态能级和激光下能

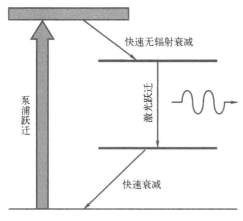

图 2.3　四能级系统

级寿命都很短，而激光上能级（亚稳态能级）寿命较长，使得激光上能级粒子数快速增加，激光下能级粒子数则快速减少，将更有助于实现并保持粒子数反转的状态。

2.1.3　典型激光器的结构

　　典型的激光器包括增益介质、泵浦源和谐振腔（图 2.4）。在固体激光器中，增益介质是一种在晶体或玻璃基质材料中掺杂了激活粒子①的固体材料。在气体激光器中，增益介质由多种气体组成，除了实际的发光气体，其他气体能够发挥各种作用，如作为泵浦源到激活粒子之间能量转移的中间载体（氦氖激光器中的氦和二氧化碳激光器中的氮），协助传热（二氧化碳激光器中的氦）以及降低激光下能级粒子数（氦氖激光器中的氦）。半导体二极管激光器中增益介质则为半导体材料。

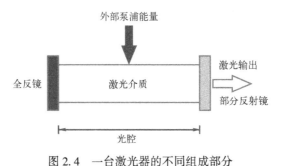

图 2.4　一台激光器的不同组成部分

---

①　即激光晶体中的激活离子。——译者

泵浦机制用于形成激活粒子的粒子数反转。通常采用的泵浦机制包括光泵浦、电泵浦和其他机制，如通过化学反应或电子束泵浦等。对于所有的泵浦机制来说，泵浦能量/功率必须大于激光输出能量/功率。当采用光泵浦时，光泵浦波长必须要小于激光输出波长。光泵浦通常被用于泵浦具有透明增益介质的激光器，典型的例子为固体和液体染料激光器。脉冲固体激光器中通常采用闪光灯泵浦，连续波固体激光器中通常采用弧光灯作为泵浦源。半导体二极管激光器泵浦是另一种被经常采用的光泵浦方法，相比于宽带输出的闪光灯，使用窄带输出的二极管泵浦具有更高的效率。

气体激光器中放电泵浦很常见。气体放电等离子体中的激发态电子通过其他元素的原子或分子，直接或间接地将能量转移给实际发光气体。二极管激光器同样采用电泵浦，但与气体激光器的工作方式不同。在二极管激光器中，正向偏置二极管中的电流会释放电子，进而形成电子-空穴对，当电子和空穴复合时会发射光子，同时电子回到低能态。

其他形式的泵浦或者形成粒子数反转的方法限定在特定类型的激光器中，包括燃烧反应激发，用于气体动力二氧化碳激光器；化学反应激发，用于化学激光器（如氟化氢（HF）激光器、氟化氘（DF）激光器和氧碘（COIL）激光器）；以及电子加速激发，可用于自由电子激光器。

如图 2.5 所示，当激光增益介质被限制在两面反射镜形成的封闭路径中时，在特定条件下会构成一个基本的谐振腔。当然，绝大多数实用激光器的谐振腔结构要比图 2.5 中过分简化的结构复杂得多。如前所述，利用这些反射镜，使受激辐射产生的光子在谐振腔内来回反射，能有效增加增益介质作用长度。谐振腔中的一面镜子是全反射的，另一面则为部分透射，以形成稳定的激光输出。显然，若想使受激辐射过程产生的光子持续地增加发射强度，激发与被激发光子必须相位相同。当往返长度（$=2L$）等于 $n\lambda$ 时，即可满足上述条件，其中 L 为谐振腔长度，λ 为波长，n 为整数。

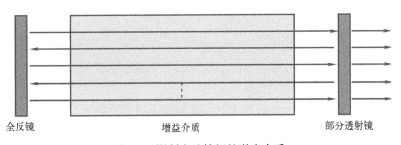

全反镜　　　　　　　　　　增益介质　　　　　　　　　　部分透射镜

图 2.5　限制在腔镜间的激光介质

2.2 激 光 特 性

激光由于其特殊的性质以及产生的效果，可与传统光源发出的光区分开来，其特性：①单色性；②时间、空间相干性；③方向性。

2.2.1 单色性

单色性是指光波长或频率的单一特性。在前面所述的受激辐射过程中可知，受激辐射的光子和激发光子本身拥有相同的频率、相位以及偏振态，这使得激光有很好的单色性。

此外需注意，虽然所有的单色辐射不一定都是相干的，但是相干的辐射必定是单色的。

2.2.2 相干性

相干性可分为激光与普通光源。当不同的光子（或者与光子有关的波）有相同的相位，并且该相位关系不随时间而变化（图 2.6）时，我们就说光是相干的。相干性可分为时间相干性和空间相干性两种类型。

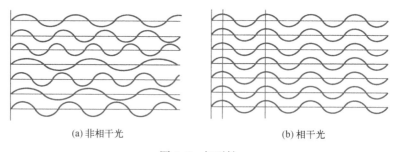

(a) 非相干光   (b) 相干光

图 2.6 相干性

2.2.2.1 时间相干性

时间相干性是光子之间的相位与时间的变化关系，空间相干性是光子之间的相位与光束位置的变化关系。

时间相干性用相干长度或相干时间测量。二者相互关系由下式给出：

$$相干长度 = c \times \tau_c \tag{2.1}$$

式中：τ_c 为相干时间；c 为光速。

相干长度同样能用波长/线宽和波长/频宽的形式来表达，由下两式[①]给出：

$$相干长度 = \frac{\lambda^2}{\Delta\lambda} \tag{2.2}$$

$$相干长度 = \frac{c}{\Delta f} \tag{2.3}$$

相干长度与激光频宽或线宽成反比。普通光的相干长度在数微米量级，而主动稳频 CO_2 激光器的相干长度可达数十千米。

2.2.2.2　空间相干性

空间相干性是指不同光子沿同一方向传输时，在与传播方向垂直的平面区域内，相位与光束位置的变化关系。空间相干性依赖于激光谐振腔横模的模式。以基横模（TEM_{00}）工作的激光比多模激光空间相干性要优异得多。

2.2.3　方向性

激光的方向性源于受激辐射过程的相干性。所有受激辐射产生的光子具有相同的频率、相位、方向和偏振，这些光子发射时并未携带受激粒子的位置信息，这就使得所有的光子看起来都像是从一个尺度为波长量级的小体积内发射出来的。如果光子是离轴发射的，则空间相干性会使其看起来像是从轴上发射出来的；同样，对于在同一轴线上从束腰远离处发射的光子，时间相干性使其看起来像是从束腰发射出来的。

2.3　特 征 参 数

激光的特征参数主要包括波长、连续波（CW）功率（CW 激光）、峰值功率（脉冲激光）、平均功率（脉冲激光）、脉冲能量（脉冲激光）、重复频率（脉冲激光）、脉冲宽度（脉冲激光）、占空比（脉冲激光）、上升与下降时间、辐射照度、辐射亮度、光束发散角、光斑尺寸、M^2 值以及电光转换效率。

2.3.1　波长

波长是激光器输出激光光束的重要参数，在某种程度上为激光所特有。Nd-YAG 激光器通常发射 1064nm 波长的激光，也有发射不止一种波长的激光器，如氦氖激光器（He-Ne），可在 632.8nm、543nm、1150nm 和 3390nm 波

---

① 公式有误，原文为 $\lambda^2/(2\Delta\lambda)$ 和 $c/(2\Delta\lambda)$，译稿已做更正。——译者

长处输出激光。还有一类激光器可在一个宽带范围内进行波长调谐，如电子振动固体激光器、染料激光器和自由电子激光器。

2.3.2　功率

激光功率是指激光器连续输出的功率。典型的激光器输出功率可从几分之一毫瓦（如用于指示的氦氖激光器或半导体二极管激光器）到数百千瓦甚至数兆瓦（用作定向能武器的高功率激光器）。平均功率和峰值功率均属脉冲激光器的特征参数。如图 2.7 所示，峰值功率等于平均功率除以占空比。占空比是脉冲宽度与两相邻脉冲时间间隔之比。平均功率为脉冲能量与重复频率的乘积。

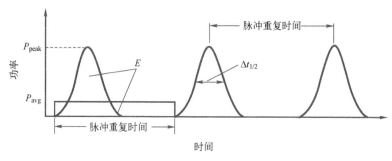

图 2.7　激光脉冲参数

2.3.3　脉冲能量

脉冲激光中的脉冲能量可表示激光脉冲功率与时间曲线所围成的面积。假设激光脉冲为矩形脉冲且幅值为峰值功率，脉冲能量即为峰值功率与脉宽的乘积。同样，若激光脉冲为高斯型，可近似看作一个等腰三角形，如图 2.8 所示，脉宽为峰值功率一半处对应的全宽，则曲线所围成的面积为峰值功率与脉冲宽度的乘积。

2.3.4　重复频率

脉冲重复频率为每秒发射激光脉冲的数量。见图 2.7，脉冲重复频率为两相邻激光脉冲时间间隔的倒数。

2.3.5　脉冲宽度

脉冲激光的脉冲宽度或脉冲持续时间通常用半高全宽（Full Width at Half

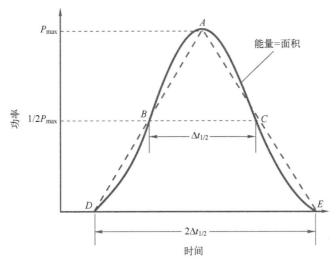

图 2.8　高斯脉冲的脉冲能量计算

Maximum，FWHM）表示，见图 2.7。脉冲宽度与带宽密切相关，脉冲信号的脉宽越窄，信号带宽越宽。对于给定的激光带宽值，海森堡不确定性原理限制了激光脉宽的允许最小值，关系式由式（2.4）给出：

$$最小脉宽 = \frac{0.441}{带宽} \tag{2.4}$$

在某些锁模激光器中，脉冲宽度可以从数飞秒到数百飞秒；在调 Q 固体激光器中，脉冲宽度可以从数纳秒到数十纳秒不等；而在自由运转激光器中，脉冲宽度可以从数十微秒到数百微秒。峰值功率、平均功率、脉冲宽度、脉冲能量、重复频率以及占空比之间都是相互关联的。

2.3.6　上升与下降时间

脉冲信号的上升时间是指从脉冲峰值功率的 10% 升到 90% 的持续时间，下降时间是指从脉冲峰值功率的 90% 降到 10% 的间隔时间。设计前端光电电路将激光脉冲信号转换为等效电信号时，脉冲上升时间变得尤为重要，电流–电压转换器的带宽要与之相匹配。

2.3.7　辐射照度

辐射照度也称为功率密度，表征了物体表面单位面积内受激光辐照的功率大小（辐射通量），单位为 W/m^2，也可用 lx（勒克斯）表示。当激光辐射用于照射接收系统时，该参数尤其重要。

2.3.8 辐射亮度

辐射亮度也称为辐亮度，通常根据激光光源来定义，表示单位面积单位立体角上辐射出的能量，单位为 $W/(m^2 \cdot sr)$，也可用 nit（尼特）表示。小角度条件下，平面角 θ 与立体角 Ω 的关系为 $\Omega = (\pi/4)\theta^2$。当出射光束直径和发散角较小时，激光光源具有较高的辐射亮度。

2.3.9 光束发散角

光束发散角是用来衡量激光在传输过程中光束从束腰向外发散的程度，为波长 λ 与输出光束直径 d 的函数，表达式由下式给出：

$$\theta = \frac{1.27\lambda}{d} \tag{2.5}$$

式中：θ 为弧度制的发散角。该值是发散角的最小值，可假设为激光以基横模（TEM_{00}）模式传输，当激光中有高阶横模存在时，光束的发散角迅速增大。

2.3.10 光斑尺寸

光斑尺寸或者光束直径是指垂直光轴平面内到光斑中心的距离，如图 2.9 所示，其测量点处的辐射照度为光斑中心峰值的 0.135（$1/e^2$）倍。这表明当激光照射到一个圆形光阑上时，即使此光阑直径与光束直径相同且光束中心与光阑中心完全重合，也不是所有激光功率都能通过光阑。通过光阑的功率可由式（2.6）给出：

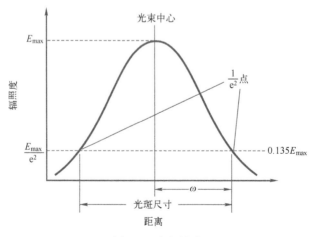

图 2.9 光斑尺寸

$$T = 1 - \exp\left[-2(r/w)^2\right] \qquad (2.6)$$

式中：r 为光阑半径；w 为光斑半径。

2.3.11　M^2 值

M^2 值是衡量激光光束质量的常用物理量。当理想激光光束在自由空间中传播时，非聚焦高斯光束的发散角为 $4\lambda/\pi D$，其中 D 为束腰直径。对于实际光束，由于各种因素（如存在其他模式），其发散角要更大，通常写为 $M^2 \times 4\lambda/\pi D$，其中 M^2 值大于 1。因此，M^2 定义为实际与理论衍射极限光束（具有相同束腰尺寸的高斯光束，TEM_{00} 模）的发散角之比。

2.3.12　电光转换效率

电光转换效率是指激光系统中总的电功率转化成光功率的效率，即输出激光功率（适用于连续波功率或脉冲平均功率）与电源输入电功率之比。

2.4　固体激光器

激光器可以根据各种不同的参数进行分类，如增益介质的性质（固体激光器、半导体激光器和气体激光器）、泵浦机制（光泵浦激光器、气体动力激光器、电泵浦激光器）、激光输出功率或能量以及波长（可见光激光器、红外激光器、连续波激光器、脉冲激光器、调 Q 激光器）等。较为常见的分类方式是按照增益介质的性质，可分为固体激光器、半导体激光器和气体激光器三类。此外，还有不属于上述任一类型的其他激光器，包括染料激光器、准分子激光器、金属蒸气激光器、自由电子激光器、X 射线激光器、化学激光器和气体动力激光器。

2.4.1　工作原理

固体激光器和其他激光器一样，由增益介质、泵浦源和谐振腔组成。固体激光器中的增益介质是掺杂激活粒子的晶体或玻璃材料。玻璃基质有硅酸盐和磷酸盐玻璃等，晶体基质有 YAG、氟化钇锂（YLF）和钒酸钇（YVO_4）等，均为常见的基质材料。钕离子和铬离子是最常用的激活粒子。铬离子常用于以下增益介质中：红宝石（掺铬氧化铝，$Cr:Al_2O_3$）、翠绿宝石（掺铬金绿宝石，$Cr:BeAl_2O_4$）、掺铬钆钪镓石榴石（$Cr:GSGG$）。钕离子常用在 Nd:YAG

以及掺 Nd 玻璃激光器中。钛离子常用于钛宝石（Ti：Al$_2$O$_3$）激光器中。铒离子为另一种用于 YAG 和玻璃基质中的激活粒子，掺铒激光器是一种新兴固体激光器，被称为人眼安全激光器。掺铒激光器的常规输出波长为 1540nm，该波段的激光具有较高的水吸收系数，对人眼的损伤阈值较高，相比于 1064nm 波长的掺钕激光器，掺铒激光器对眼睛的危害小得多，因此具有人眼安全特性。

在电子振动激光器一类的特殊固体激光器中，得益于激活粒子与基质材料之间的相互作用，即激活粒子的电子能级与基质的振动能级相互作用，构成准连续的能带。因此，激光能级不是单一的能级，而是转变为上下激光能带，使得此类激光器输出可在一定波长范围内调谐。钛宝石（基质为蓝宝石）激光器及翠绿宝石（掺铬金绿宝石）激光器均属于这一类型。

固体激光器中最常用的泵浦源为闪光灯（作为脉冲激光器的泵浦源）和弧光灯（作为连续激光器的泵浦源）。半导体二极管激光器泵浦是另一种常采用的光泵浦方式，使用窄带输出的半导体激光器泵浦比宽带输出的闪光灯泵浦，更容易获得高效率激光输出。

2.4.1.1 固体激光器的组成

图 2.10 展示了典型固体激光器各部分结构的组成情况，包括增益介质（通常为棒状或板条状）、泵浦源（闪光灯、弧光灯、激光二极管）和谐振腔。泵浦源作用于激光增益介质，在增益介质两端放置一组反射镜以构成谐振腔。用于驱动泵浦源的电源设备属于固体激光器中的电子学领域，超出了本书的讨论范围，此处不再描述。

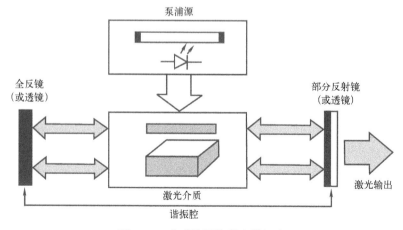

图 2.10　典型的固体激光器组成

2.4.1.2　工作模式

工作模式是指激光谐振腔的不同设计导致的不同输出模式。基于不同工作模式或不同工作方式，激光器可在输出端产生以下任一种激光输出形式：①连续波输出；②自由运转输出；③调 Q 输出；④腔倒空输出；⑤锁模输出。

（1）连续波输出：连续波工作模式是激光器最简单的工作模式，当激光器被持续泵浦时，增益介质形成粒子数反转，增益大于损耗，激光在腔内振荡，在输出端产生稳定连续的激光。低功率连续波半导体激光器通常用作轻武器上的激光瞄准装置，以提高瞄准精度。

（2）自由运转输出：一种准连续工作模式，是指激光器间歇性地在连续波模式下工作数百微秒到数毫秒的时间，该时间周期通常等于或略长于增益介质的储能时间，增益介质的储能时间与泵浦脉冲具有相同的数量级。

（3）调 Q 输出：调 Q 是一种产生脉宽为数纳秒的短脉冲激光调制机制。调 Q 技术是指改变谐振腔的品质因子，即每个周期内储存的能量与损失的能量之比，使其快速地由一个较小值变为较大值。通过引入某种光学开关，如普克尔盒和偏振片等，来改变谐振腔的品质因子。泵浦激励刚开始时，谐振腔的 Q 因子保持在一个非常小的值，激光器由于损耗过高而不能产生激光振荡，于是增益介质亚稳态可实现比连续波激光器更高的粒子数反转密度或增益。当反转密度几乎达到其峰值时，调节谐振腔的 Q 因子使其快速增大，损耗值急剧下降，进而产生短脉冲激光输出。

（4）腔倒空输出：腔倒空技术与调 Q 技术略有不同，差别主要体现在前者的谐振腔腔镜反射率均为 100%。初始阶段，与调 Q 技术相同，能量储存在粒子数反转状态下[①]，此时腔内损耗值非常小。由于两谐振腔镜都是 100% 全反射，所以被放大的光子依然被限制在腔内。当达到峰值辐照度时，损耗变大，从而以脉冲的形式释放腔内振荡的能量。

（5）锁模输出：激光器能获得的最小脉宽与其频率带宽密切相关。根据海森堡不确定性原理，最小脉宽由式（2.7）获得：

$$t_p = \frac{0.441}{B} \tag{2.7}$$

式中：t_p 为最小脉宽；B 为带宽。

但并非每种脉冲形成技术都能达到这一极限，如调 Q 技术所能获得的最

---

① 此处实际与调 Q 技术不同，激励开始时，谐振腔损耗极小，能量以光子形式存储于腔内。——译者

小脉宽约为 10ns，主要受脉冲建立时间的限制。腔倒空技术在一定程度上克服了这一缺点，所获得的脉冲宽度在 1~2ns，远没有达到固体激光器理论上可获得的最小脉宽极限。例如，均匀展宽的 Nd:YAG 激光器频率带宽约为 150GHz，对于高斯脉冲，其能获得的理论最小脉宽为 0.441/150ns ≈ 3ps，通过锁模技术往往有助于获得接近理论极限的脉冲宽度。

锁模过程使不同的纵模以固定的相位关系进行振荡，从而产生一个具有确定振幅时间函数的超短脉冲。在理想锁模激光脉冲情况下，不同纵模的强度服从高斯分布，并且光谱相位恒等于零。

锁模脉冲的重复频率等于谐振腔往返一次所需的时间的倒数，即

$$PRF = \frac{1}{\Delta T} = \frac{c}{2L} \tag{2.8}$$

此外，可将调 Q 与锁模或者腔倒空与锁模过程结合起来，即除了锁模元件，还可以在腔内引入 Q 开关元件，从而同时实现调 Q 与锁模运转。这种情况下输出的脉冲包络是包含若干个锁模短脉冲的调 Q 脉冲。

2.4.2 典型的固体激光器

固体激光器包括红宝石激光器、掺钕激光器（Nd:YAG、Nd:YLF、Nd:YVO₄ 和掺 Nd 玻璃激光器）和人眼安全掺铒激光器。此外，可调谐电子振动激光器（包括钛宝石激光器和翠绿宝石激光器）也属于固体激光范畴。在国土安全领域，掺钕激光器和掺铒激光器具有广泛应用，下面将进行简要介绍。

2.4.2.1 掺钕激光器

掺钕激光器不仅是在固体激光的研究应用领域，也是所有激光应用领域中使用最广泛的激光器。在国防和国土安全领域中，运用最多的就是掺钕激光器和半导体激光器。掺钕激光器具有多样化的基质材料，如钇铝石榴石（YAG）、氟化钇锂（YLiF₄）和钒酸钇（YVO₄）都是常用的晶体基质材料，硅酸盐、磷酸盐和熔融石英则是常用的玻璃基质材料。无论掺钕基质材料是晶体还是玻璃，都与 Nd:YAG 具有相似的能级结构，钕离子与基质之间的相互作用可能导致输出波长略微发生变化，不同基质之间的波长变化幅度约 1%。例如，Nd:YAG、Nd:YLF、Nd:YVO₄、掺 Nd 硅酸盐玻璃、掺 Nd 磷酸盐玻璃和掺 Nd 熔融石英激光器的常规输出波长分别为 1064nm、1047nm/1053nm、1064nm、1062nm、1054nm 和 1080nm。

掺钕激光器中 Nd:YAG 和 Nd:YLF 激光器既可以在脉冲模式也可以在连续

模式下运转。由于玻璃基质材料的热导率较低，所以掺钕玻璃激光器一般以较低重复频率的脉冲激光方式运转。钕玻璃的荧光寿命长，易于积累高能级粒子（具有高能量储存能力）数，又容易制成光学均匀性优良的大尺寸材料，因此可用于大能量大功率激光器。直径 5~6cm、长度 100cm 的钕玻璃棒现已非常成熟，且大能量钕玻璃激光器的输出能量已达上千焦耳。由于其荧光线宽较宽，适用于锁模激光器产生超短脉冲激光输出。

掺 Nd:YA 晶体中，Nd^{3+} 离子部分取代了 Y$_3$Al$_5$O$_{12}$ 晶体中 Y^{3+} 离子，具有高增益、良好的热性能和机械性能，成为使用最多的一种增益介质。该材料具有硬度高、结构稳定（低温到熔点温度区间）、光学质量佳以及热导率高（YAG基质）的特点。此外，YAG 基质的立方结构有利于形成窄线宽激光输出，增益高且激光阈值低。较好的热性能和光学性能使得 Nd:YAG 激光器能够在连续与高重复频率调 Q 脉冲模式下运转。目前，Nd:YAG 连续激光器的最大输出功率已超 1kW，每秒十数次重复频率的调 Q 激光器峰值功率可达几百兆瓦。高重复频率 Nd:YAG 调 Q 激光器（重复频率 20Hz，脉冲宽度 5~20ns）在传统战争和国土安全领域中作为目标观测与瞄准装置已得到大量应用，如最常见的激光测距仪与目标指示器等。

掺 Nd 玻璃激光器仅次于 Nd:YAG 激光器，是另一种重要的掺钕固体激光器。Nd:YAG 增益高，热性能和机械性能良好，而 Nd 玻璃则能生长出近衍射极限光学质量的大尺寸材料。Nd:YAG 激光器被广泛应用于需要连续波或者高重复频率脉冲激光的场景中，Nd 玻璃激光器则多用于以单脉冲或者低重复频率运转的大能量和高峰值功率激光应用场景中，如激光核聚变研究领域。涉及国防安全相关的应用时，Nd:YAG 激光器显然比 Nd 玻璃激光器更具有适用性。20 世纪 70 年代和 80 年代基于掺 Nd 玻璃激光器的武器系统大多已被 Nd:YAG 激光器所取代。

2.4.2.2　掺铒激光器

掺铒激光器在医学、军事和国土安全等领域具有潜在应用，通过在 YAG和玻璃基质中掺杂铒离子，可实现两种波长激光输出，分别为 2940nm（通常由掺铒 YAG 激光器产生）和 1540nm（通常由掺铒玻璃激光器产生）。这两种波段位于水的吸收带，因此具有特殊的重要应用，如波长为 2940nm 的激光在组织细胞中极易被水吸收，可用于整形手术等医学领域，1540nm 激光器作为人眼安全激光器可替代掺钕 YAG（或玻璃）激光器用于制造激光目标指示器和军用激光测距仪。波长为 1064nm 的掺钕激光器会造成严重的人眼损伤，因此使用激光测距仪和激光目标指示器进行训练及军事演习时，选用人眼安全激光器更为合适。掺铒激光器产生的 1540nm 人眼安全波长与国防和安全应用领域息息相关，下面将作进一步探讨。

掺铒玻璃激光器可输出 1540nm 波长的激光。由于铒离子（Er^{3+}）为三能级结构，加上其对泵浦光的吸收效率较小，因此激光器的能量转换效率较低。为提高激光转换效率，通常将镱离子（Yb^{3+}）和铬离子（Cr^{3+}）共同掺入基质材料中。铒离子在 $0.9 \sim 1.0 \mu m$ 波长范围内几乎是透明的，镱离子可作为敏化剂，辅助增强铒离子对泵浦光的吸收。铬离子也具有同样的作用，增强铒镱共掺玻璃材料在闪光灯发射波段内的吸收。

调 Q 掺铒玻璃激光器的主要应用是手持式人眼安全激光测距仪，属于低重复频率激光，每分钟输出典型脉冲数为 $5 \sim 20$ 个，某些情况下重复频率可达 2Hz。已有许多制造商提供手持式掺铒玻璃激光测距仪，如南非 Eloptro 公司的 LH-40 型人眼安全测距仪以及来自加拿大 Newcon Optik 公司的 LRB-21K 型和 LRB-25000 型人眼安全激光测距仪。此类设备在工作距离、测量精度以及脉冲重复频率等方面都具有相似的性能指标，如 LRB-25000 型激光测距仪的最大工作距离为 25km，测量精度为 ±5m，脉冲重复频率为 0.15Hz。目前，人眼安全波段的军用高重复频率激光器多为 Nd:YAG 激光器，其人眼安全波长是采用光参量振荡（Optical Parametric Oscillator，OPO）技术将波长进行频移获得的，如德国 Carl Zeiss 光电公司生产的 LDM-38 型激光测距仪，以及瑞典 SAAB 公司生产的 G-TOR 型激光测距仪。这两种激光测距仪均使用了 OPO 频移 Nd:YAG 激光器，发射波长为 1570nm。其中，G-TOR 型激光测距仪能提供高达 25Hz 的脉冲重复频率。

2.5　光纤激光器

光纤激光器是以掺入稀土离子的光纤（非棒状或板条结构）为增益介质的一种固体激光器。在工业和军事应用领域中，与传统的块状固体激光器相比，结构坚固、紧凑且可实现高功率、高光束质量激光输出的光纤激光器已成为首选。光纤激光器固有的结构设计和运转方式使其具有免调节性、高光束质量、结构紧凑与高稳定性等特点。此外，较大的表面积与体积比使得光纤激光器表现出优异的热光性能。

2.5.1　基本的光纤激光器

光纤激光器最简单的结构包括一段稀土离子掺杂的光纤作为增益介质、光纤耦合的半导体二极管激光器或其他光纤激光器作为泵浦源，以及由介质镜或光纤布拉格光栅构成的谐振腔。稀土掺杂光纤激光器的增益介质可以是掺钕（Nd^{3+}）、铒（Er^{3+}）、镱（Yb^{3+}）、铥（Tm^{3+}）、钬（Ho^{3+}）或者镨（Pr^{3+}）离子的玻璃光纤。图 2.11 所示为典型的光纤激光器基本结构，泵浦光与激光共同在单包层光纤的纤芯和包层组成的波导结构中传输，由介质镜与单包层光纤共同组成谐振腔。而在实际的光纤激光器中，多数情况下选用光纤布拉格光栅来替代介质镜。光纤布拉格光栅是在小段光纤上制作的一种分布式布拉格反射器，通过纤芯折射率的周期性变化而形成光栅，可以反射特定的波长并透射其他所有波长。在稀土离子掺杂的光纤纤芯中导光则需要泵浦光是空间相干的。

图 2.11　光纤激光器的基本结构

　　由于单模半导体激光器的功率通常只有几瓦，因此单包层光纤结构的激光器输出功率较低。为获得高功率输出，人们设计了一种双包层光纤，有源掺杂纤芯被内包层包围，内包层同时作为第二波导结构。双包层光纤激光器的设计可使用多模半导体激光器作为泵浦源，泵浦光在内包层中传输，并在增益光纤的整个长度上逐渐被吸收，最终转化为单模高亮度激光输出。与通过衍射将光强限制在瑞利长度内的固体激光器不同，双包层光纤激光器里泵浦光和激光被限制在内包层中，在整个光纤长度内强度保持不变。显然，光纤激光器激活介质的增益（定义为增益介质中的光强与相干长度的乘积）高于固体激光器的增益，这使得光纤激光器具有较高的单程增益和较低的泵浦阈值。常见的光纤激光器有发射波段为 $1.0\sim1.1\mu m$ 的掺镱激光器，$1.52\sim1.57\mu m$ 波段的掺铒激光器以及 $1.9\mu m$ 掺铥和 $2.1\mu m$ 掺钬激光器。

2.5.2　应用

　　平均功率为数十瓦到数千瓦水平的高功率光纤激光器在工业与军事领域具有广泛的应用。高功率光纤激光器在工业领域中的各种具体应用包括切割、焊接、折弯、压焊、烧结、退火表面粗化等，另一个主要应用是作为国防领域中的定向能武器。与化学激光器和体块材料的固体激光器相比，光纤激光器能够在军事应用领域备受青睐在于其输出功率高、光束质量高、结构坚固紧凑、可靠性好和可光纤传输。目前，光纤激光器已被用于多个定向能武器技术演示及系列应用，包括反爆炸装置、反卡车和反无人机等。未来，有望用于弹道导弹防御和反卫星应用的定向能武器中。

2.6 气体激光器

不同于固体激光器和半导体激光器，气体激光器特性差异很大，包括波长范围、功率水平，甚至是泵浦机制。气体激光器的输出功率可从数毫瓦（用于光学校准的小型氦氖激光器）到兆瓦（用于武器的大型高功率化学激光器）水平不等。波长范围也几乎覆盖了从紫外到远红外的整个光谱范围，在此区间内被发现有数千种激光波长。

2.6.1 工作原理

本节将从增益介质的性质、参与激光作用的能级跃迁和泵浦机制等方面来探讨一般气体激光器的工作原理。

2.6.1.1 增益介质

气体激光器中的增益介质多为几种气体的混合物，除了作为激活粒子外，气体分子还起到一些其他作用，如作为辅助气体完成泵浦源到激活粒子之间的能量转移过程（氦氖激光器中的氦、二氧化碳激光器中的氮），帮助热传导（二氧化碳激光器中的氦），以及减少激光下能级粒子数（氦氖激光器中的氦）。气体混合物被填充到放电管中，其压强与一系列参数相关。在连续激光器中，混合气体处于低于一个大气压的低压情况，非常适合长时间稳定放电。在脉冲激光器中，需要时间相对较短的放电稳定性，气体混合物可以在接近大气压强，有时超过一个大气压下填充。对于给定类型的激光器最佳气体压强也取决于激光器的设计。不同气体激光器的增益介质具有不同的形式，如氩离子与氪离子激光器中，增益介质为稀有气体氩和氪的电离原子；金属蒸气激光器中如铜蒸气和金蒸气激光器，其增益介质为热金属蒸气；但在氦镉激光器中，金属蒸气则是电离的。

2.6.1.2 能级间跃迁

绝大多数气体激光器的能级跃迁都是电子跃迁，但二氧化碳激光器、HF激光器、DF激光器和一氧化碳激光器中还包含振动跃迁。一些发射波长超过

$30\mu m$ 的远红外激光器的能级跃迁也属于振动或转动跃迁。

2.6.1.3　泵浦机制

气体激光器大都采用放电激励方式。沿管道长度方向的放电电流激励方式，称为纵向激励（图 2.12（a）），垂直于激光管长度方向的放电电流激励方式，称为横向激励（图 2.12（b））。前者多用于输出功率相对较低的连续激光器，后者多用于输出功率较高的脉冲激光器或连续激光器。在连续激光器中，初始阶段需要高直流电压将气体电离，一旦电离发生，直流电压便会降到仅需维持等离子体状态的值。在脉冲激光器中，一个大电容器先被充电到所需的直流电压，然后通过激光增益介质进行放电。此外，一些产生远红外波长的气体激光器则是采用光泵浦的方式，泵浦源通常为短波长的气体激光器，如二氧化碳激光器。

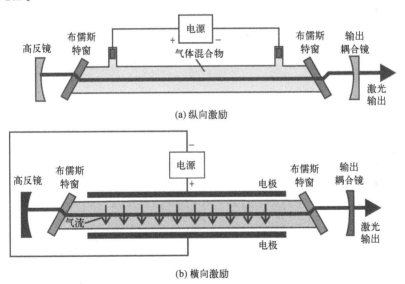

图 2.12　通用气体激光器

2.6.2　类型与应用

本节将讨论两种最常用的气体激光器：氦氖激光器和二氧化碳激光器。

2.6.2.1　氦氖激光器

氦氖激光器是一种最常用的气体激光器。除熟悉的 632.8nm 红光发射外，氦氖激光器同样可以发射 $1.153\mu m$ 和 $3.391\mu m$ 的红外波长以及 543.5nm 的可见光波长。继 Maiman 首次在红宝石激光器中获得激光运转之后，贝尔实验室的 Javan Benett 和 Herriott 实现了首个连续波激光输出，即波长为 3.391μm 的氦氖激光器。一般情况下，氦氖激光器以红光输出为主，但其跃迁的最大增益在 3.391μm 处。增益介质为氦气和氖气的混合气体，其中氦气占主导地位，氖气仅占 10%~20%，采用放电激励的泵浦方式。

通过改变运转条件以及选择不同的光学元件，氦氖激光器可以产生可见光（543.5nm 或 632.8nm）或者红外（1.153μm 或 3.391μm）波长的激光输出。632.8nm 已变成氦氖激光器的标准波长，也是应用最广泛的一个波长。

氦氖激光器的输出功率取决于几个参数，其中放电管长度、气体压力、放电孔径为主要因素。气体压力（单位：托（torr））与孔径（单位：毫米（mm））的乘积为品质因数，其最佳值为 3.5~4。氦氖激光器既可做成封闭式的激光管，也可做成封装定型产品。其中，封装型可作为带有独立电源的激光器或用于 OEM 的独立激光器。氦氖激光器正不断地被半导体激光器所替代，尤其是在一些不需要高光束质量的应用中，如与警用武器配合用于目标瞄准的可见光和红外波段激光，均为半导体激光器；而用于激光眩目器的可见光输出激光器除使用半导体激光器外，多为半导体激光器泵浦的固体激光器。

2.6.2.2　二氧化碳激光器

气体激光器中，二氧化碳（CO_2）激光器是目前研究最多且使用最广泛的激光器。在工业、医学诊断和治疗、科技以及战争领域得到了大量应用。

二氧化碳激光器以二氧化碳、氦气和氮气的混合气体作为工作物质，其中二氧化碳是激活气体。与氦氖激光器这一类气体激光器不同的是，二氧化碳激光器中对激光作用有贡献的能级并不是基于电子的激发，而是基于原子的相对振动方式（振动能级），即二氧化碳分子的反对称拉伸振动、对称拉伸振动、弯曲和转动振动。二氧化碳激光器混合气体中，氦气的作用和氦氖激光器中氦气的作用相似，作为一个中间载体参与"粒子数反转"的形成过程，氦气有助于减少激光下能级的粒子数。氮气分子则将能量转移给二氧化碳分子（能量转移发生在激光上能级）。激光跃迁过程对应于二氧化碳分子从反对称拉伸振动的高能级跃迁到对称拉伸振动或弯曲振动的低能级。从高能级跃迁到对称拉伸的下能级产生波长为 10.6μm 的激光输出，跃迁到另一个对称弯曲的下能级产生 9.6μm 波长的激光。在 9.6μm 和 10.6μm 输出波长附近，还有大量紧密排列的谱线。

二氧化碳激光器的结构形式按照气体状态可分为封闭型和流动型两类。气体混合物的激励方式为放电激励，直流和射频激励已成功并广泛应用于 CO_2 激光器中。封闭型 CO_2 激光器在放电过程中，一部分 CO_2 分子会分解为一氧化碳和氧气分子，因此需要添加催化剂促使氧气和一氧化碳重新结合为二氧化碳。气体流动型 CO_2 激光器又可分为纵向流动型或横向流动型，前者气体分子沿腔轴线方向流动，后者垂直于腔轴线方向流动。纵向流动型激光器中，压强为低气压，输出功率也相对较低且以连续波方式运转；而横向流动型激光器常用于获得更高的输出功率，且激光器中气压较高。

另一种类型的 CO_2 激光器为横向激励 CO_2 激光器，压强约为一个大气压。如前所述，低压二氧化碳激光器通常产生连续波输出，这是由于当气压超过约 1/10 的大气压时，激光器无法稳定地连续放电，因此连续波激光器一般不采用高压气体混合物作为激光介质。然而脉冲放电的激励方式常在高压下进行，并且放电方向与激光轴垂直，且能够获得较好的运转效果。图 2.13 所示为横向激励一个大气压下的 CO_2 激光器（TEA 激光器）的结构和激光产生过程示意图。TEA 激光器是一种高功率脉冲 CO_2 激光器，气压约为一个大气压，以垂直于激光器轴线的方向进行放电，并采用预电离的方法使电极之间的空间均匀电离。其主要优势在于可产生较强的短脉冲以及具备从单位体积的激光气体混合物中获得更高功率的能力。TEA 激光器的脉冲持续时间可从数十纳秒到数微秒，脉冲能量可从数毫焦到数百焦，重复频率高达数百赫。波导型二氧化碳激光器是一种紧凑型二氧化碳激光器，射频激励的密封波导二氧化碳激光器有望产生数瓦至数十瓦的连续波输出。

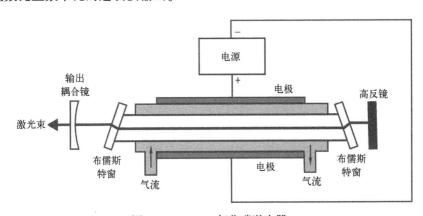

图 2.13　TEA 二氧化碳激光器

二氧化碳激光器早期在工业领域被广泛用于激光切割、焊接、材料加工以及医疗领域的软组织切割手术中。此外，20 世纪 70 年代和 80 年代初期，密闭式二氧化碳激光器在军事领域的应用逐渐受到重视，包括测距仪、目标指示器、激光雷达、激光束制导、激光通信和激光对抗，以及采用气体动力二氧化碳激光器制备的定向能武器。如今，在上述绝大多数应用中，二氧化碳激光器几乎完全被掺钕固体激光器和半导体激光器所取代。需要高功率光源的激光对抗和定向能武器中，高功率的固体激光器和光纤激光器最具应用潜力。这类激光器结构紧凑坚固、光束质量高、运输方便以及无毒的特性，使得高功率气体动力二氧化碳激光器和化学激光器（包括用于定向能武器的 HF/DF 激光器和氧碘激光器）已被淘汰。

2.7 半导体二极管激光器

半导体激光器大多为电流泵浦的二极管激光器，也称为注入式二极管激光器。此外，也存在光泵浦的半导体激光器，包括直接耦合的单发射器和光纤耦合的激光二极管阵列，以及采用带内跃迁的量子级联激光器和非带间跃迁的传统半导体激光器。本节讨论主要集中于半导体激光器，其发射光谱覆盖可见到近红外的部分。

2.7.1 工作原理

本节将阐述半导体激光器工作原理，包括半导体激光器中的激光作用，激光二极管和发光二极管之间的相似性与区别，半导体激光器的特征参数，以及使用半导体激光器时的注意事项。

2.7.1.1 激光作用

半导体激光器中的增益介质是半导体材料。尽管某些具有间接带隙的化合物半导体可用于制作发光二极管，但直接带隙的半导体材料更适合构建半导体激光器和发光二极管。半导体激光器所涉及的半导体材料有很多种，包括砷化镓（室温下激光波长通常为 905nm）、氮化镓（激光波长通常为 405nm）、砷铝化镓（激光波长通常为 785nm 和 808nm）、砷化铝镓（激光波长通常为 1064nm）、砷化镓铟（激光波长通常为 980nm）、氮化镓铟（激光波长通常为 405nm 和 445nm）、砷锑化镓（激光波长通常为 1877nm、2004nm、2330nm、2680nm、3030nm 和 3330nm）、磷化砷镓铟（激光波长通常为 1310nm、1480nm、1512nm、1550nm 和 1625nm），以及磷化铟镓铝（激光波长通常为 635nm、657nm、670nm 和 760nm）。半导体激光器的光学增益通常由导带中高载流子密度触发的带间跃迁引起的受激辐射过程实现，导带中的高载流子密度是注入电流引起的。通过正向偏置 PN 结二极管中空穴和电子的复合而产生激光发射。在实际应用中最为普遍的半导体激光器多为电流驱动的注入型激光器而非光泵浦形式的激光器。

当注入电流超过阈值电流后，用于复合的电子与空穴数量变得足够多，使得自发辐射的光子能量等于电子-空穴对复合释放的能量，从而激励电子-空穴对通过复合作用发射与激励光子同样频率、相位和偏振的光子。用合适的光学谐振腔包围复合区，即增益区，从而为有效地进行受激辐射放大提供有利的条件。半导体激光器中，通过切割晶体的两端得到完全光滑、平行的两个表面以构成法布里-珀罗谐振腔，由于半导体激光器中的晶体材料具有高折射率，切割端形成的光滑表面约有 30%的光反射回材料中，以在高增益半导体激光材料中获得持续的激光作用。光子在谐振腔的两个端面之间来回振荡，使受激辐射产生光放大，当增益超过吸收、不完全反射或者其他情况的损耗时，将产生连续稳定的激光输出。

2.7.1.2　激光二极管与发光二极管

发光二极管（Light-Emitting Diode，LED）与激光二极管的工作方式一致，主要区别在于正向偏置电流。LED 中的电流为几毫安量级，而几毫瓦输出功率的激光二极管中的电流为 80~100mA 量级。激光二极管光功率与驱动电流的关系如图 2.14 所示。在低驱动电流下，自发辐射占主导地位，工作原理与 LED 相似。当驱动电流超过激光阈值电流时，输出光以受激辐射为主，同激光器一样输出激光。当 LED 或者激光二极管的正向偏置电压超过或等于开启电压时，通过器件的电流几乎为零。在激光二极管中，尽管器件开启且弱电流开始流动，但只有当正向电压超过激光阈值电压时，才开始产生激光。

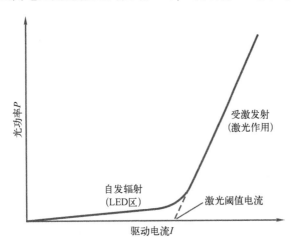

图 2.14　激光二极管光功率与驱动电流关系

2.7.1.3　特征参数

半导体激光器的重要特征参数与其伏安特性或输出光束特性相关。伏安特性相关的主要参数包括阈值电流、斜效率和激光工作的线性度；与输出光束特性相关的主要参数包括光束发散角、线宽和光束偏振性。大多数特征参数对温度的变化较为敏感。下面简要阐述不同参数及其受温度变化的影响。

阈值电流是获得连续激光输出的最小正向偏置注入电流。当注入电流低于阈值时，输入的电能绝大多数以热量的形式耗散，转化为光输出的效率可忽略不计。高阈值电流意味着更多的电能以热能的形式耗散。阈值驱动电流是温度的强函数，并且随温度的升高而快速增加。阈值电流的变化 $I_s(\Delta T)$ 与温度的变化 ΔT 的关系由式（2.9）给出：

$$I_s(\Delta T) = I_s(T) \times (e^{\Delta T/T_0} - 1) \tag{2.9}$$

式中：$I_s(T)$ 为绝对温度 T 时的阈值电流；T_0 为基底的特征温度。

温度的升高会影响激光器的使用寿命，并且会导致阈值电流密度的增加。通过给芯片安装散热装置可延长激光器的使用寿命，芯片温度每降低 10℃，寿命接近增加 1 倍。

斜效率由阈值电流以上的特征 $I\text{-}V$ 曲线的斜率确定，单位为 mW/mA（或者 W/A）。光纤耦合的半导体激光器中，斜效率因耦合的引入会有所降低，降低的程度取决于激光功率耦合进光纤中耦合效率的大小。此外，斜效率受温度的影响也较大，表现为随温度的上升而减小。

半导体激光器输出激光的光束发散角主要受输出光从芯片耦合发射的衍射效应的影响。除了面发射型激光二极管，其他激光二极管的光束发散角都比较大。此外，由于矩形有源发光区域的边长不同，两个垂直面的发散角也不同，平行于有源层表面的发散角比垂直于有源层表面的发散角相对要小得多。因此，激光束在远离激光器一定距离处呈现为椭圆形的光斑。有特别需求时，可用一个沿平行方向折射光的柱透镜将椭圆光斑整形为一个圆形光斑。

线宽指的是激光束的频率或波长的谱线宽度。在增益导引激光器中，其增益曲线包络典型值为 3dB 时的线宽为 2~3nm，对应于 800nm 波长处的频率范围约为 1000GHz。在折射率导引激光器中，单个谱线占主导地位，线宽较窄，通常为 0.01nm，对应于 800nm 处的频率间隔为 GHz 量级。在分布反馈式（Distributed Feedback，DFB）半导体激光器中，同为折射率导引型，其线宽更小，约为 10^{-4}nm，对应于 800nm 处的频率间隔为 MHz 量级。

半导体激光器的光谱分布受温度变化的影响也较大。增益分布与各独立谱线随着温度的升高向长波方向移动。温度系数的典型值如下：

$$温度系数(GaAlAs 激光器) = 0.24nm/K(包络变化)$$
$$= 0.12nm/K(独立谱线变化)$$
$$温度系数(InGaAs 激光器) = 0.3nm/K(包络变化)$$
$$= 0.08nm/K(独立谱线变化)$$

光束偏振是半导体激光器的另一个重要参数。当驱动电流超过阈值电流时，半导体激光器输出的激光几乎为线偏振光，这与晶体发射表面会影响反射光的偏振状态有关。

2.7.1.4　操作注意事项

半导体激光器具有较高的可靠性以及超过 100000h 的使用寿命，但在操作以及设计驱动电路为其供电时，需要采取一些防范措施。半导体激光器对静电放电、电压瞬变，如电流尖峰、超过规定极限的注入电流以及超过击穿极限的反向电压特别敏感。其损坏通常表现为输出功率降低、阈值电流偏移以及输出激光无法聚焦成一个清晰的光斑。由人体接触引起的静电放电是导致半导体激光器过早受损的最常见原因。

为保护半导体激光器免受上述误操作的影响，需仔细设计驱动电路，同时也需要激光器制造商对其所有特点进行全面介绍。半导体激光器的驱动电路应为恒流驱动源且具备内置软启动、瞬态保护机制、连接电缆与激光器之间的内锁控制以及注入电流的安全调节限制等。若激光器在脉冲模式下运转，则注入电流应高于激光阈值电流而不是处于截止电流和阈值电流之间。

2.7.2　类型

根据半导体激光器涉及的半导体材料的结构差异，可将其分类如下。

（1）同质结和异质结激光器；

（2）量子阱激光器；

（3）分布式反馈（DFB）激光器；

（4）垂直腔面发射激光器（VCSEL）；

（5）垂直外腔面发射激光器（VECSEL）；

（6）外腔半导体激光器；

（7）光泵浦半导体激光器；

（8）量子级联激光器；

（9）铅盐半导体激光器。

2.7.2.1 同质结和异质结激光器

若组成 PN 结的 P 型和 N 型半导体属同一种材料，则称为同质结。典型的同质结激光器有 GsAs/GaAs 激光器，这种简单的激光二极管结构往往效率较低，只能用于脉冲模式下运转。在异质结激光器中，有源层与 1~2 个相邻层为不同材料，若只有一个相邻层是不同材料，则称为单异质结，若两个相邻层都是不同材料，则称为双异质结。一些应用较多的半导体激光器结构类型以及对应的发射波长范围如下：

（1）AlGaInP/GaAs：异质结 620~680nm。

（2）$Ga_{0.5}In_{0.5}P/GaAs$：异质结 670~680nm。

（3）GaAlAs/GaAs：异质结 750~870nm。

（4）GaAs/GaAs：同质结 904nm。

（5）InGaAsP/InP：异质结 1100~1650nm。

2.7.2.2 量子阱激光器

对于厚度只有几纳米的半导体层，材料是连续体的假设将不再成立，原子与电子的量子效应变得重要起来。量子阱结构是由较薄的窄带隙半导体层和两个宽带隙半导体层形成的三明治结构。电子通过半导体时被约束在薄层内，尽管这些电子有足够的能量从窄带隙量了阱层中挣脱束缚，但依然不足以进入宽带隙的厚层中，因此，厚层有助于将捕获的电子约束在量子阱中。如果量子阱位于半导体结中，则密度较高的电子与空穴复合发射光子时，即使较少的载流子数目也能获得较高的发射效率以及较低的激光阈值。同时，得益于量子阱层和较厚的外部层所用半导体材料的折射率不同，即形成波导层，使得发射光场也被约束在一个较窄的区域内。

2.7.2.3 DFB 激光器

半导体激光器具有较宽的增益带宽，通常比纵模间隔宽得多。在传统半导体激光器中，由于温度和其他工作条件的变化，主纵模可能从一个模式跳到下一个相邻的模式，输出功率与波长的不稳定。DFB 激光器提供了一种获得窄线宽激光输出的方式，这是因为在其接近有源区处蚀刻了一段衍射光栅（图 2.15），该光栅可为增益区提供波长的选择性反馈，而这种反馈使得有源区的前向波和后向波发生相干耦合，且仅维持在相长干涉的窄波长区域内，只有满足布拉格光栅条件的光才能在腔内往返传输放大形成激光。DFB 激光器可以以单纵模或单横模的模式运转。

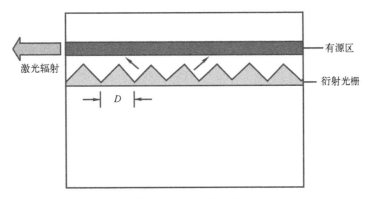

图 2.15　DFB 激光器

2.7.2.4　垂直腔面发射激光器

到目前为止所讨论的半导体激光器结构中，光腔均垂直于电流方向。而在垂直腔面发射激光器（Vertical Cavity Surface Emitting Laser，VCSEL）中，光腔则是沿着注入电流的方向，如图 2.16 所示。这种结构中，激光束从薄片的

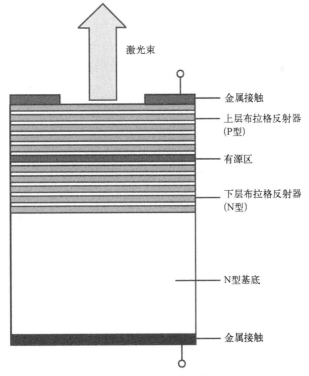

图 2.16　VCSEL 结构

表面而不是边缘发射出来。增益介质两端放置反射镜以形成谐振腔结构。与边缘发射激光器相比，此类激光器的输出功率水平相对较低。但垂直腔面发射激光具有非常小的芯片面积，通常为数十平方微米，因此该激光器能够以阵列结构紧密封装在单个芯片上，且拥有较小的阈值电流（通常不足 $1\mu A$）。

2.7.2.5　垂直外腔面发射激光器

垂直外腔面发射激光器中，两腔镜以外延生长的分布结构作为二极管结构的一部分，或独立生长再连接到具有有源区的半导体芯片上。垂直外腔面发射激光器是垂直腔面发射激光器的一个变型，其中谐振腔由放置在二极管结构外的反射镜形成，从而在谐振腔内引入自由空间区，如图 2.17 所示。与其他类型的半导体激光器相比，VECSEL 能输出相对更高的激光功率，同时保证较好的光束质量。

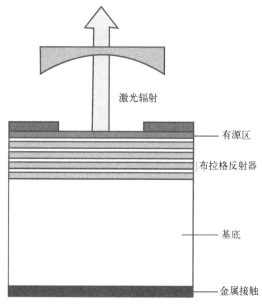

图 2.17　VECSEL 结构

2.7.2.6　外腔半导体激光器

外腔半导体激光器属于半导体激光器的一种，其谐振腔由半导体激光器芯片外的一个或多个光学元件构成。以最简单的结构为例，从一个镀有增透膜的端镜输出的发散光束，通过外部透镜进行准直，准直后的光再入射到一个部分反射镜上，以提供光学反馈，同样也作为输出耦合镜输出激光。外腔激光器可以使用较长的谐振腔，这将有效地降低相位噪声，另外，腔内光子衰减时间的增加也有益于实现较窄的激光发射线宽。此外，外部谐振腔中也可引入合适的波长选择、调谐、锁模等所需的内腔光学元件，以实现特定模式运转的激光器。

2.7.2.7　光泵浦半导体激光器

光泵浦半导体激光器（Optically Pumped Semiconductor Laser，OPSL）是采用光泵浦方式的简单垂直外腔半导体激光器。该激光器的有源区由二元半导体材料的交替层和三元半导体材料的量子阱构成。发射波长取决于量子阱的化学计量比和物理尺寸。

2.7.2.8　量子级联激光器

量子级联激光器（Quantum Cascade Laser，QCL）是一种结构紧凑的高功率波长可调半导体激光器，其发射波长覆盖中红外至远红外波段，上限甚至可以延伸到太赫兹区域。前几节所描述的半导体激光器均为带间器件，由导带中的电子与价带中的空穴在半导体材料的带隙间复合而产生激光辐射。最早的双异质结激光器工作波长仅取决于带隙能，如图 2.18（a）所示。在量子阱结构中，如图 2.18（b）所示，载流子被约束在这些势阱的能级上，从而获得了向更低能带跃迁的可能性，并扩展了激光器的辐射波长范围。半导体激光器是双极性器件，量子级联激光器则是单极性器件，激光辐射发生在子带间，也称为导带中电子的带内跃迁，如图 2.18（c）所示。

量子级联激光器可发射中红外到远红外甚至可扩展至太赫兹光谱区的激光，其高功率、可调谐和室温运转的特性，非常适用于环境气体遥感、大气污染物检测、车辆巡航控制、低能见度条件下的防撞、医学诊断、工业过程控制以及国土安全等领域。

2.7.2.9　铅盐半导体激光器

铅盐半导体激光器在中红外波段可实现波长可调的脉冲或连续激光输出，在高分辨吸收光谱学中有重要的作用，特别是在微量气体探测与识别中体现出其高灵敏度与高分辨度的特性。铅盐半导体激光器是一种 PN 结二极管激光器，由碲化铅（PbTe）、硒化铅（PbSe）、硫化铅（PbS）单晶或者它们与硒化锡（SnSe）、碲化锡（SnTe）、硫化镉（CdS）等其他材料的复合结构构成。铅盐半导体激光器的谐振腔结构与传统半导体二极管激光器类似，均使用两个平行端面构成法布里–珀罗谐振腔。注入电流的电子填充在近乎为空带的导带中，在带隙上通过受激辐射过程产生激光。铅盐半导体激光器中的带隙能非常小，为 $0.25 \sim 0.30 \mathrm{eV}$，需要低温冷却以形成粒子数反转和激光输出。

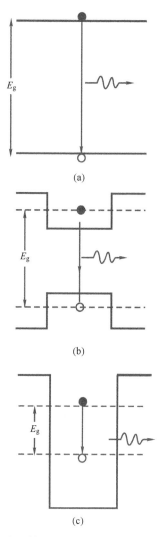

图 2.18　半导体激光器中的带间与带内激光跃迁

2.7.3　应用

二极管激光器在商业、工业、医疗、军事和科研等领域均有广泛的应用。不同的应用利用了激光的一个或多个固有特性，其中包括由低发散性、相干性以及单色性（或者发射光谱的窄带宽）共同组成的定向能特性。

使用激光定向能特性的应用领域，主要包括激光打印、条形码读取、图像扫描、光学数据存储、激光手术、目标照明与指示、燃烧以及爆炸反应的激光点火等。夜视设备中通常采用红外激光二极管作为目标照明器，以提升其性能。利用激光相干特性的应用包括干涉式测距仪、距离传感器、激光雷达传感器、激光测距仪、全息技术以及相干通信等。单色性的应用主要包括通信、光谱学以及大量的生物医学诊断和医疗应用。通过测量激光材料的吸收和发射波长，有助于研究其光谱特性。此外，激光光谱学还应用于化学、生物和爆炸物的探测与识别等相关安全领域。

2.8　光传感器

光传感器是多种系统的核心部件，从简单的小型装置如测光仪到极其复杂的军用系统，如精确制导武器、激光测距仪、目标跟踪器、遥感系统、导航传感器、狙击与爆炸物探测器、光纤光学与激光通信系统、夜视设备、激光雷达和光谱传感器等。因此，了解光传感器和相关传感器系统对于理解大量防御系统的设计与工作机理是至关重要的。诸如 PIN 光电二极管和雪崩光电二极管等单个光传感器已在军事光电系统中得到应用，包括激光测距仪和目标指示器、激光雷达传感器、导航传感器等，而如 CMOS、CCD 和 APD 阵列传感器则为激光雷达传感器、夜视设备和激光与红外成像导引等图像传感器系统的核心器件。

2.8.1　光传感器的类型

光传感器主要分为光电传感器与光热传感器两大类。光电传感器可进一步分为两种：依靠外光电效应工作的器件和利用内光电效应工作的器件。这些器件包括光发射传感器、光电导管和结型光传感器，如光电二极管和光电晶体管。

光发射传感器是基于外光电效应的一种光电传感器，光电导管与结型光传感器则利用内光电效应。常见的光发射传感器包括非成像传感器，如真空光电管、光电倍增管，以及成像传感器，如图像增强管等。光电导管是体材料半导体器件，其电阻随入射光强的增大而减小，也称为光敏电阻、光敏电阻器及光电池。结型光传感器可分为放大型与非放大型两种。放大型的结型光传感器包括光电三极管、光电闸流管以及场效应晶体管。非放大型的结型光传感器包括光电二极管、太阳能电池、CMOS 传感器和 CCD 传感器，CMOS 和 CCD 都属于成像传感器。光热传感器又分为热电偶（或者热电堆）型传感器、热辐射型传感器和热释电传感器。光热传感器是根据其吸收光辐射产生的温度上升而进行相应的工作，而光电传感器则是基于量子效应。相比于光电传感器，光热传感器虽然对入射辐射的响应相对迟缓，但能够提供更宽的工作波段。

2.8.2 特征参数

用于表征光传感器性能的主要特征参数包括响应度、噪声等效功率（Noise Equivalent Power，NEP）、灵敏度（通常以探测率和 D^* 来衡量）、量子效率、响应时间和噪声。

响应度定义为工作曲线线性区输出的电信号与入射光信号之比，单位为安培/瓦（A/W），若光传感器输出的是电压信号而不是电流信号，则其单位为V/W。响应度是入射辐射波长与带隙能量的函数。光谱响应表示为响应度随波长的变化而变化。大多数光电传感器具有较窄的光谱响应，而大多数光热传感器则具有较宽的光谱响应。响应度可用式（2.10）表示：

$$NEP = \frac{I_N}{R_v}$$ (2.10)

式中：I_N 为总的噪声电流（A）；R_v 为响应度（A/W）。

NEP 是传感器产生的信号输出电流，等于器件总的内部噪声电流时（即输出信噪比为 1 时）的入射功率。换言之，它是传感器的最低可探测辐射水平。噪声功率与噪声等效功率均与探测带宽相关。

在引入探测带宽计算 NEP 时，若参数使用器件的全部探测带宽，则将不同带宽的传感器进行比较是不公平的。因此，通常的做法是采用一个远低于实际带宽的值（如 1Hz）来进行计算。NEP 的单位通常为 $W/\sqrt{Hz}$，而非 W。

传感器的可探测率是其 NEP 的倒数。可探测率与 NEP 一样，取决于噪声带宽与传感器面积。为了消除这些因子，通常使用 D^* 作为可探测率的归一化系数，定义为 $1cm^2$ 面积和 1Hz 噪声带宽下的归一化可探测率。D^* 由下式给出：

$$D^* = D\sqrt{A\Delta f}$$ (2.11)

式中：D^* 为可探测率的归一化系数（$W^{-1} \cdot cm \cdot Hz^{1/2}$）；$D$ 为可探测率（W^{-1}）；A 为传感器面积（cm^2）；Δf 为带宽（Hz）。

量子效率为释放的光电子数与吸收的入射光光子数之比，也是入射辐射功率转化为光电流的百分比。

响应时间在光电传感器中用上升/下降时间表示，在光热传感器中是时间常数。上升与下降时间分别是输出振幅从 10% 变为 90%，以及从 90% 变为 10% 的响应所需持续时间，它决定了传感器能响应的最高信号频率。时间常数定义为输出从初始值零变为最终响应振幅 63% 时所需的时间。

　　噪声是设计反应灵敏的辐射探测系统的最关键指标。这些系统噪声是由光传感器、辐射源和后端探测电路产生的。光传感器噪声主要来源包括约翰逊噪声、散粒噪声、产生-复合噪声以及闪烁噪声。约翰逊噪声也称为奈奎斯特噪声或热噪声，是由电阻元件中的带电粒子热运动引起的。噪声电压的均方根（RMS）值取决于电阻值、温度和系统带宽，可用下式表示：

$$V_{\text{RMS}} = \sqrt{4KRT\Delta f} \tag{2.12}$$

式中：V_{RMS} 为 RMS 噪声电压（V）；R 为电阻值（Ω）；T 为绝对温度（K）；Δf 为系统带宽（Hz）。

　　光传感器中的散粒噪声是由产生光电子的离散特性引起的。这与暗电流和光电流二者的统计波动有关，主要取决于通过光传感器的平均电流和系统带宽。散粒噪声是工作在光电导模式下的光电二极管的主要噪声来源，由下式给出：

$$I_{\text{SRMS}} = \sqrt{2eI_{\text{av}}\Delta f} \tag{2.13}$$

式中：I_{SRMS} 为 RMS 散粒噪声电流（A）；I_{av} 为通过光传感器的平均电流（A）；e 为电子电量（1.60×10^{-19} C）；Δf 为探测带宽（Hz）。

　　产生-复合噪声由光传感器中光生电流与载流子复合速率的波动变化引起，这种噪声在工作于红外波长范围内的光电导型传感器中占主导地位，由下式给出：

$$I_{\text{GRMS}} = 2eG\sqrt{\eta E A \Delta f} \tag{2.14}$$

式中：I_{GRMS} 为 RMS 产生-复合噪声电流（A）；e 为电子电量（1.60×10^{-19} C）；Δf 为探测带宽（Hz）；E 为辐射强度（W/cm^2）；A 为传感器接收面积（cm^2）；G 为光导增益；η 为量子效率。

　　闪烁噪声或 $1/f$ 噪声发生在所有非金属导体中，在需要偏置电流工作的所有半导体器件中都存在，其幅值与频率成反比。闪烁噪声在低于 100Hz 频率的情况下通常占主导地位。

2.8.3　光电导体

　　光电导体是体材料半导体器材，又称为光电导管、光电导元件或光敏电阻，其电阻随入射光强度的增加而减小。光电导体中的电阻变化范围从黑暗环境下的数十兆欧姆变到明亮条件下的数十或数百欧姆大约经历了 60 年的发展时间。其特性包括宽动态响应、光谱覆盖范围宽（从紫外到远红外）以及生产成本低等。光电导体是响应时间为数百毫秒的慢速器件。

2.8.4　光电二极管

光电二极管是结型半导体器件，半导体中的 PN 结在能量足够的光照下会产生光生电流或光生电压。光电二极管的光谱响应是其构成材料的带隙能量的函数。上截止波长由下式给出：

$$\lambda_c = \frac{1240}{E_g} \qquad (2.15)$$

制作光电二极管的典型材料是硅、锗、镓铟砷、硫化铅和碲化汞镉。图 2.19 给出了这些光电二极管的光谱特性曲线。根据其结构，光电二极管可分为 PN 结光电二极管、PIN 光电二极管、肖特基型（Schottky-type）光电二极管，以及雪崩光电二极管（Avalanche Photodiode，APD）。

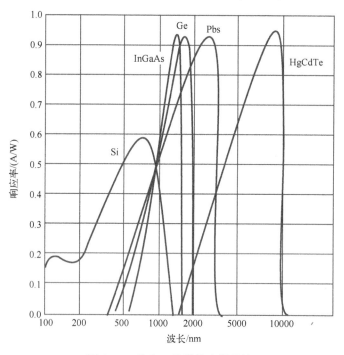

图 2.19　光电二极管的光谱特性

PN 结型光电二极管由 PN 结组成。当足够能量的光击中光电二极管时，电子跃迁到导带成为自由电子，同时在价带中留下空穴，这些电子-空穴对在 P 型层、耗尽层和 N 型层材料中都会产生。当光电二极管处于反向偏置时，光生电子将会从 P 端漂移到 N 端的势垒中，类似地，光生空穴会移动到 P 端，这些载流子的移动会增加电流。较短的波长在二极管表面被吸收，而长波长会深入二极管内部。PN 结光电二极管被广泛用于精密光测量学中，如医学仪器、分析仪器、半导体工具和工业测量系统等。

PIN 光电二极管中，在 P 型层与 N 型层之间加入了一层超高电阻本征层，具有减小光生电子-空穴对的跃迁或扩散时间的作用，进而可以改善响应时间。PIN 光电二极管具有低电容的特点，能提供高带宽，使其适用于高速测光以及光通信领域。单晶型 PIN 光电二极管、象限光电二极管以及一维和二维光电二极管阵列在各种军用传感器系统中均有广泛的应用。其中，主要应用包括装甲战斗车辆和机载平台上所用的激光告警传感器、激光制导武器中的激光导引器、激光通信系统上的激光接收器以及雷达传感器上的焦平面阵列等。光电二极管采用多种封装类型，包括定制类型。在肖特基型光电二极管中，在 N 型材料上溅射薄金涂层，以形成肖特基效应的 PN 结，具有增强 UV 响应的作用。

雪崩光电二极管是采用内部增益机制的高速、高灵敏度光电二极管，相比于 PIN 光电二极管上所加的电压，雪崩光电二极管上需要施加相对更高的反向偏置电压。雪崩光电二极管与 PIN 光电二极管类似，具有响应速度快的特性。硅 PIN 光电二极管的响应度在 $0.4\sim0.6A/W$，而雪崩光电二极管的响应度则在 $40\sim80A/W$，约为 PIN 光电二极管的 100 倍。此外，它们可提供非常优异的信噪比，其数量级与光电倍增管相当。因此，雪崩光电二极管和 PIN 光电二极管均被用于需要高灵敏度的多种应用场合，如长距离光通信以及光学测距。基于飞行时间原理的军用激光测距仪，根据其使用的是 Nd∶YAG 激光还是人眼安全激光，其接收器的前端总是采用硅或者砷化镓铟的雪崩光电二极管。与 PIN 光电二极管一样，雪崩光电二极管同样可以作为单个探测器以及类似封装结构的线性或二维阵列使用。

光电二极管能以光伏模式和光电导模式工作。在光伏模式下，无须偏置电压，在入射光作用下，光电二极管两端会产生正向电压。在光电导模式下，在光电二极管上需施加反向偏置电压，这可以加宽耗尽区，实现更高的响应速度。所有要求带宽低于 10kHz 的应用通常都可以采用光伏模式的光电二极管。对于其他应用，光电二极管则以光电导模式工作。工作在光电导模式时，光电二极管的线性度也得到了增加，但同时也增加了噪声电流，这是反向饱和电流即暗电流通过光电二极管导致的。在规定的反向偏置电压下，该暗电流的典型值在 $1\sim10nA$ 的范围内，而当光电二极管工作在光伏模式时，暗电流则为零。

2.8.5 成像传感器

成像传感器是许多国防系统的重要组成部分，预计未来将发挥更大的作用。有些已成熟的成像传感器包括热成像摄像机的军用系统，被应用于包括：执法、海上安全以及其他监视相关应用；军用卫星、航天器以及导弹成像导引头；用于目标探测与跟踪的定向能武器系统；用于目标探测的电子与光电对抗系统；用于微光成像的夜视设备；用于空间科学成像以捕获覆盖紫外、可见到近红外细节图像的传感器系统；用于三维目标成像的雷达传感系统；用于高光谱成像传感系统，该技术通过在间隔紧密的带宽内观察多条谱线，不仅可以知道目标的存在，而且还可以知道其组成材料以及表面涂层。最具潜在军事应用前景的两种常见成像传感器为 CCD 传感器和 CMOS 传感器[①]，而采用二维雪崩二极管阵列的激光雷达传感器是另一种重要的成像传感器，在精密制导武器导引系统中有重要应用。

CCD 和 CMOS 传感器均使用了数千到数百万个离散像元的二维阵列。照射到每个像元上的光子产生对应数量的自由电子，其电荷数取决于入射光的强度。这两种类型的传感器主要区别在于，其电荷转换成电压后被芯片读取用作进一步处理的模式不同。

图 2.20 给出了典型的单点读出型 CCD 传感器示意图。基本的 CCD 传感器只能确定每个像元收集的光子数，并不携带光子的波长或颜色信息。因此，CCD 传感器只能记录单色图像。为了记录全彩色图像，需要在传感器基底上连接滤光片阵列。常见的彩色滤光片阵列为拜耳滤光片（Bayer Filter），拜耳彩色滤光片阵列（Color Filter Array，CFA）由红、绿和蓝色滤光片排列组成，可用于获取彩色信息。

在 CCD 传感器中，所有像元都可用于光捕获，并且输出的均匀性高，这是高成像质量 CCD 传感器的关键参数。另外，在 CMOS 传感器中，每个像元都有其自身的电荷-电压转换器、放大器以及像元选择开关（图 2.21）。与 CCD 传感器中采用的被动像元传感器结构不同，这种结构称为主动像元传感器结构。此外，CMOS 传感器通常还具有片上放大器（On-Chip Amplifiers）、噪声修正、模数转换电路以及其他必要电路。这种结构的芯片可输出数字信号，但拥有这些功能的同时也减少了可用于光捕获的像元面积。此外，由于每个像元都可进行自行转换，致使其均匀性和图像质量有所降低。另外，CCD 传感器的数据读出机制是串行式的，而 CMOS 传感器则是大规模并行方式，这

---

① 目前工业、科研、军事上已经广泛采用了这两种传感器。——译者

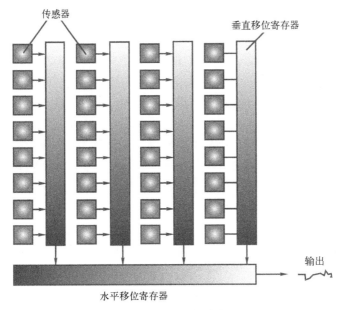

图 2.20　CCD 传感器

具有较高的总带宽，可用于高速读取。

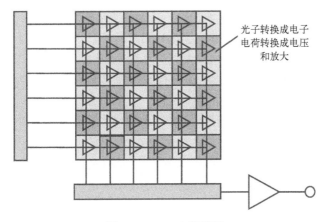

图 2.21　CMOS 传感器

2.8.6　光发射传感器

　　光发射传感器依赖于外部光电效应，其中光生电子会逸出到材料的物理边界外。一些常用的光发射传感器包括真空光电二极管、光电倍增管（Photomultiplier Tube，PMT），以及像增强管。这三种传感器中，光电倍增管和像增强管是很重要的光发射传感器。光电倍增管是可工作在紫外、可见和近红外光谱区的较为灵敏的光传感器。其内部增益高达 10^8 量级，甚至可以探测到单光子。光电倍增管由具有光阴极、多级倍增极和阳极的真空玻璃管构成。当入射光子碰撞到光阴极时，由于光电效应而产生光生电子，这些光生电子向阳极加速运动，在此过程中，由于倍增极的二次发射而产生电子倍增效应。光电倍增管最显著的特征包括低噪声、高频率响应以及大的激活区有效面积。凭借这些特性，光电倍增管被用于核物理和粒子物理、天文学、医学成像和电影胶片的扫描中。

2.8.7 热传感器

热传感器由于吸收辐射而产生温度变化，进而导致传感器的物理或电学特性随之改变。换言之，热传感器会对入射辐射引起的本体温度改变做出响应。热电偶、热电堆、辐射热测量计和热释电传感器都属于热传感器这一类型。热传感器缺乏光电传感器的灵敏度，通常响应速度缓慢，但具有宽光谱响应范围。大多数热传感器都是被动式器件（无源器件），无须偏置电压。

2.8.7.1 热电偶和热电堆传感器

热电偶传感器是基于塞贝克效应（Seebeck Effect，即两种不同金属相接处温度变化产生与温度变化的大小成正比的热电动势）。常用的热电偶材料为铋-锑、铁-康铜和铜-康铜，它们的温度系数分别为 $100\mu V/℃$、$54\mu V/℃$ 和 $39\mu V/℃$。为补偿周围环境温度的变化，热电偶通常有测量结点和参考结点两个接触点。

单个热电偶的响应率非常低，为了增加响应率，将 20~200 个热电偶串联起来可形成热电堆。热电偶和热电堆的光谱响应可扩展至远红外波段，可达 $40\mu m$。它们适合用于在超过 1800K 的宽温度范围进行测量。然而，热电偶不适合用于测量温差较小但精度要求很高的应用场景，如以 0.1℃ 的精度测量 0~100℃ 的温度范围。对于这样的应用，热敏电阻和电阻温度计更合适。

2.8.7.2 辐射热测量计

辐射热测量计是最常用的热传感器类型。辐射热测量计中的传感元件是具有高温度系数的电阻器。辐射热测量计与光电导体区别在于：在光电导体中，光子-电子相互作用导致材料电导率的变化，而在辐射热测量计中，元件温度的升高和温度系数的变化是引起电阻变化的原因。辐射热测量计可分为金属辐射热测量计、热敏电阻辐射热测量计和低温锗辐射热测量计。

金属辐射热测量计使用温度系数在 (0.3~0.5)%/℃ 范围内的金属材料，如铋、镍或铂。热敏电阻辐射热测量计是使用最普遍的一种类型，在防盗铃、烟雾传感器和其他类似器件中均有应用。其传感器是一个热敏电阻，是由锰、钴和氧化镍材料制成的元件，具有高达 5%/℃ 的电阻温度系数且电阻阻值的变化与温度的平方近乎成反比[①]。根据电阻温度系数的正负值划分，热敏电阻可分为负温度系数（Negative Temperature Coefficient，NTC）热敏电阻和正温度系数（Positive Temperature Coefficient，PTC）热敏电阻。

2.8.7.3　热释电传感器

热释电传感器的特点是自发地呈现与温度相关的电极化效应，当光照射到此类传感器时，自发电极化会随温度的变化而改变。热释电传感器是一种低成本、高灵敏度的器件，不受温度改变和电磁干扰的影响，只对调制光辐射有响应，对连续波入射辐射几乎没有输出响应。热释电传感器可在电压模式和电流模式下工作。电压模式下，检测整个热释电晶体上产生的电压；电流模式下，检测晶体外露面电极上的间断电流。实际应用中，电压模式比电流模式更为常用。

参 考 文 献

［1］Endo, M., and R. F. Walter, *Gas Lasers*, Boca Raton, FL：CRC Press, 2006.

［2］Hecht, J., *Understanding Lasers：An Entry Level Guide*, Third Edition, Piscataway, NJ：IEEE Press, 2011.

［3］Hertsens, T., *Overview of Laser Diode Characteristics：Application Note #5*, Bozeman, MT：ILX Light-wave Photonic Test and Measurement, 2000.

［4］Injeyan, H., and G. D. Goodno, *High Power Laser Handbook*, New York：McGraw-Hill, 2011.

［5］Junji, O., *Semiconductor Lasers*, Heidelberg, Germany：Springer, 2017.

［6］Kapon, E., *Semiconductor Lasers-I：Fundamentals*, San Diego：Academic Press, 1999.

［7］Kasap, S. O., *Optoelectronics & Photonics：Principles and Practices*, Prentice Hall, 2012.

［8］Koechner, W., *Optoelectronics & Photonics：Principles and Practices*, Sixth Edition, Springer, 2006.

［9］Koechner, W., and M. Bass, *Solid State Lasers：A Graduate Text*, New York：Springer, 2003.

［10］Sennaroglu, A., *Solid State Lasers and Applications*, Boca Raton, FL：CRC Press, 2006.

［11］Silfvast, W. T., *Laser Fundamentals*, Second Edition, Cambridge, UK：Cambridge University Press, 2012.

［12］Svelto, O., *Principles of Lasers*, New York：Springer, 2009.

---

① 原文称温度系数的变化与温度的平方成反比，有误。热敏电阻的阻值与温度的变化关系有多种传递函数模型，适用于多种不同的情况，且影响因素颇多。——译者

[13] Vinter, B., and E. Rosencher, *Optoelectronics*, Cambridge, UK: Cambridge University Press, 2002.

[14] Waynant, R., and M. Ediger, *Electro - Optics Handbook*, New York: McGraw - Hill Professional, 2000.

[15] Webb, C. E., and J. D. C. Jones, *Handbook of Laser Technology and Applications: Volume II*, London: Institute of Physics Publishing, 2003.

[16] Webb, C. E., and J. D. C. Jones, *Handbook of Laser Technology and Applications: Volume I*, CRC Press, 2003.

第3章　低致命激光武器

本章将全面介绍以削弱减员为目的而设计的低致命激光武器。首先概述低致命非光学技术，其次以激光眩目器为例，详细讨论其操作基础、操作参数的选择和场景部署，包括工业安全、反暴乱和反恐行动、防暴和行为限制、保护关键资产免受不必要的空中威胁，以及保护海上船只免受非对称威胁等。最后讨论相关的安全问题，概述具有代表性的激光眩目器，包括手持和装载的激光眩目器，用于防暴和行为限制的车载激光眩目器，针对空中威胁的陆基激光眩目器、非对称威胁的舰载激光眩目器、机载平台上的激光眩目器和空间激光眩目器等。

3.1　低致命激光武器简介

在过去的 10~15 年中，政治阶层、武装部队和执法部门对低致命武器表现出越来越大的兴趣。得益于政府和私人机构的大规模投资，低致命武器的研究和开发得到了长足的发展。这些技术大多数都具备军民两用特性，资本的介入进一步推动了该领域技术的进步，大量非致命武器被应用于各种场景，包括：防暴和行为限制，反暴乱和反恐行动，保护工业、国防、通信领域的关键资产，保护食物与饮用水资源安全，保护科学技术和空间资产安全等。在对暴力违法者的打击行动中，攻击性与非攻击性人员有意或无意混杂在一起，若无法完全避免附带伤害，则需要将其最小化；在军事维和行动中，常常需要提供致命武器的替代品；此外，政府部门和公众舆论对安全机构施加了越来越大的压力，要求他们的行动不能流血，且需符合人道主义精神。在这些领域中，低致命武器有十分优异的表现。现阶段，已经开发了许多非致命和低致命武装技术，涵盖了动能、定向能、电、声、化学、生化、生物、屏障和纠缠等广泛的类别。下面我们将简要介绍这些技术。

3.1.1　低致命技术综述

根据工作原理，低致命武器可被归为以下几大类：

71

（1）动能；

（2）定向能；

（3）电学；

（4）声学；

（5）化学；

（6）生物；

（7）生化；

（8）屏障和纠缠。

3.1.1.1　低致命动能武器

动能武器通过将动能从武器转移到目标人体或物体上来达到预期的效果。常见的动能武器包括动能冲击弹，如橡胶和塑料子弹、豆袋弹、球形弹、泡沫弹、海绵弹和水炮等。橡胶和塑料子弹是由橡胶、塑料、聚氯乙烯（PVC）或包括金属在内的复合材料制成的大小不等的固体、球形或圆柱形弹丸，以单发或多发弹丸组的形式发射。豆袋弹，也称为柔性警棍，由内装小金属弹丸的合成布袋组成，可装入弹夹。它们在行进过程中会膨胀，形成大面积的冲击。海绵弹是具有较软尖端或弹头的弹丸，限制弹丸穿透到皮肤中。海绵弹包括带有硬泡沫弹头的泡沫弹或带有空心弹头的衰减能量弹。霰弹是装有铅、钢或塑料/橡胶小球的弹药筒，在发射时会散开。图 3.1 展示了各种动能冲击弹。

图 3.1　动能冲击弹

钝击弹（Blunt Impact Projectile，BIP）是一种新型低致命性弹药，其作用同样取决于传递给目标人员或物体的动能。它比橡胶子弹大，采用硅胶弹头，在撞击时会膨胀和塌陷，这种冲击力足以使具有攻击性和不服从命令的对象失去行动能力，而不会产生普通子弹的不良影响。Safariland Group 国防技术公司生产的 40mm BIP 就是这样一种钝性冲击弹，采用了一种可折叠的凝胶弹头技术，以下躯干或四肢为目标，能够使动能在身体的更大表面区域发挥作用。这些区域产生了足够的疼痛刺激，同时大大减少了严重或危及生命的伤害。图 3.2 展示了使用可折叠凝胶弹头技术的钝击弹在撞击前后的情况。

(a) 撞击前　　　　　　　　　　　(b) 撞击后

图 3.2　钝击弹撞击前和撞击后

动能冲击弹的设计目的是在不穿透身体的情况下造成疼痛并使个体丧失破坏性的行动能力。通过设计体积较大的弹丸、降低弹丸飞行速度，能够有效限制它们穿透皮肤或造成深度钝性外伤的能力。这些弹丸可以从各种发射器和枪支中发射。发射器可以是专门设计的，如用于人群控制的发射器，或是作为实弹步枪的附加装置。根据子弹和发射器的类型，可以同时发射单个或多个弹丸。动能冲击弹武器除对人体具有一定的杀伤力，对物质材料也具有一定的破坏效果。

水炮是射出高压水流的高压喷射器。事实证明，水炮对防暴非常有效，使用染料标记的水可以有效帮助识别暴乱者，也可以通电或添加化学刺激物提高作用效力。水炮通常配备于移动车载系统、背包式系统或其他固定式系统。图 3.3 显示了装载水炮的坦奎塔（Tanqueta）防暴车，该水炮的存储容量为11500L，有效射程可达 50m。最近，以色列开发了一种复杂的水炮系统，该系统发射的水弹在高压下释放极少量的水即可达到理想的效果。

所有低致命动能武器均属于短程武器，因为它们的出射速度较慢且形状不规则，在较远的距离上精度会降低。这增加了击中身体脆弱部位甚至意外目标的可能性，从而限制了它们在近距离战斗中的使用。

出于安全性的考量，对钝性和穿透性损伤的控制依然是一个严峻的问题。钝性损伤会在不破坏皮肤屏障的情况下造成内部创伤，而穿透性损伤会刺穿皮肤或软组织。动能武器，尤其是弹丸，会对眼睛、肌肉骨骼系统、心肺系统、大脑、头颈部、腹部器官（包括肾脏、脾脏和肝脏）以及皮肤和软组织造成

图 3.3　装载有水炮的坦奎塔防暴车

严重的、有时是不可逆转的伤害。动能弹丸对眼睛的直接创伤会造成不可逆的损害，其造成的眼球破裂及附近结构的创伤极易导致完全失明；这些弹丸甚至可以穿透眼窝进入大脑，造成脑损伤。对包括肌肉和骨骼在内的功能器官的损伤可能会导致扭伤、瘀伤和骨折，更深的损伤甚至会导致神经血管结构的永久性损伤，有时也会导致隔室综合征。隔室综合征是一种疼痛症状，是当肌体内压累积到危险水平时，因血流减少，营养物质和氧气不能及时到达神经与肌肉细胞而引发的症状。动能弹丸也会对包括肺脏和心脏在内的心肺系统造成严重损伤，弹丸穿透胸部可能导致致命的伤害，如出血、气胸或心脏病发作。钝性冲击可导致脑震荡、颅内出血和颅骨骨折，弹丸可能穿透颅骨进入脑组织，造成出血或脊髓损伤。同时面部和颈部的脆弱结构，包括面部和颅骨、脊髓和颈部血管，由于其位置都靠近皮肤表面，因此特别容易受到外伤。钝性和穿透性损伤可能会对腹部区域器官造成严重伤害，钝性损伤可能导致肝脏、肾脏和脾脏出血，穿透性损伤也可引发出血、穿孔和泌尿生殖器损伤等。另外，动能弹丸也可引起皮肤和软组织的瘀伤与挫伤，以及皮肤或肌肉的深度割裂或撕裂，其中一些可能导致肌肉或神经的永久性伤害。

3.1.1.2　低致命定向能武器

定向能武器系统主要使用定向能量，以集中电磁能束的形式向目标方向发射，对敌方的设备、设施和人员造成预期的损害。预期损害可能是致命的也可能是非致命的。根据定向电磁能的波长，这些武器分为高功率微波（High-Power Microwave，HPM）武器、毫米波（MMW）武器和激光武器。HPM 武器主要是反材料武器，而 MMW 武器主要用于杀伤人员。激光武器既可用于反材料，也可用于杀伤人员，这取决于所使用的激光功率或能量。

HPM 武器旨在通过在微波频段辐射电磁能来干扰、削弱或破坏目标的电子设备。这些武器会产生强烈的微波能量足以使电路过载，产生足够大的电流以暂时中断电子系统或永久损坏集成电路，使它们在几分钟、几天甚至几周后失效，某些情况下，微波冲击波甚至会熔化电路。暴露在 HPM 武器能量冲击波中的人类不会受到伤害，甚至可能不知道自己已被击中。HPM 武器系统具有光速投送、全天候摧毁对手电子系统的能力、对多个目标的区域覆盖、最小的附带损害、简化跟踪和光束指向以及大容量弹匣等特点，可满足全天候军事指挥中的大部分作战需求。

频率为 100GHz 左右的电磁波属于毫米波频段，这一频段对人类有重大影响，因此被用于制造非致命武器。主动拒止系统（Active Denial System，ADS）就是这样一种非致命毫米波定向能系统，可在小型武器有效射程之外对敌方人员目标进行攻击。主动拒止技术是一项突破性的非致命技术，它使用毫米波电磁能能够在相对较远的距离上，在不使用任何致命性武力的前提下进行区域拒止、周边安全和暴乱控制，其射程约为 500m，波束宽度略小于 2m，能够在安全距离内驱散暴乱。ADS 由雷声公司为美国空军研究实验室和国防部联合非致命武器局开发，操作如下：由回旋振荡管产生的 95GHz 微波能量通过定向平面天线聚焦并指向目标人员，微波能量在几秒钟内即产生令人难以忍受的灼热感，迫使受试者逃离现场以避免暴露于毫米波能量束之下。事实上，毫米波能量会加热受试者目标皮肤下的水分子，直到足以引起异常疼痛的程度。当受试者离开光束或关闭光束时，疼痛感立即消失。由于使用的毫米波能量水平较低，在工作波长处穿透深度较浅（约为 0.5mm），波束不会造成实际伤害，并且受试者由自然防御机制引起的疼痛可作为警告，有助于保护其免受任何伤害。ADS 上的一个简易控制台使操作员能够查看现场并将毫米波束进行精确瞄准，仅作用于指定目标。

ADS 系统已在大量志愿者身上进行了全面的评估，以确定其非致命性。集成在地面车辆上 ADS 的两种变体包括安装在轮式车辆平台上的 ADS（图 3.4）和另一种集成在悍马高机动性多用途轮式车辆（High-Mobility Multipurpose Wheeled Vehicle，HMMWV）平台上的 ADS。这些平台配备了驱动武器系统所需的电源。雷声公司还开发了一种名为 Silent Guardian 的中程主动拒止系统，其工作距离约为 250m。Silent Guardian 主要是为执法机构开发的，该系统易于在标准军用战术车辆上运输，也可以集成到战斗车辆上。它也被考虑安装于 AC-130 武装直升机等机载平台上运行，机载版本将使用更强大和更轻量化的版本。据报道，美国在阿富汗部署了一个主动拒止系统作为人群控制武器，但由于媒体对使用疼痛波束驱散暴乱的道德问题提出了严重质疑，该系统在从未使用的情况下，于 2010 年被撤回。

图 3.4　车载主动拒止系统

据报道，俄罗斯正在开发自己的主动拒止系统。据国际文传电讯社报道，俄军方正在中央军工第十二研究所测试自己研发的波束武器，该设备的射程约为 270m，旨在用于防暴应用。

定向能激光系统，如在反恐和反暴乱行动中有限杀伤或控制人员的激光眩目器，旨在造成战术和战略距离内预定目标结构性破坏的具有杀伤力的高能激光武器系统，通常归类为非致命性，或更恰当地说，低致命性定向能激光武器。此外，作为电光对抗设备的一部分，应用于反传感系统的高能激光器也属于低致命的定向能激光系统。当以相对较低的功率水平运行时，高能定向能激光系统的另一个重要应用是安全地销毁未爆炸弹药，并尽量减少附带损害。这些系统通常配有千瓦级固体激光器或高功率光纤激光器，它们能够在安全距离外处置包括简易爆炸装置在内的未爆炸弹药，并已得到充分的证实。激光眩目器被设计用于在明亮的环境条件下对目标造成视觉损伤，有效距离在几十米到几千米不等。在避免使用致命武力的情形下，如限制事态升级和暂时使设施及设备失效，此类武器具有出色的表现。基于激光的低致命性武器（如激光眩目器）可用于反暴乱、反恐、反狙击、自卫、人群控制和基础设施保护。激光眩目器作为一种新的非致命性武器，正在国际上兴起，并被广泛应用于执法、国土安全、边境巡逻、海岸保护、非对称威胁下的船舶防御、飞机防御肩扛式导弹、基础设施保护和许多其他一系列低强度冲突情景。本章后续部分将详细讨论不同类型的激光眩目器，包括用于近距离作战的短程手持设备、用于人群控制的中程便携式设备和用于保护关键资产的远程平台安装系统，以及相关的重要性能参数和安全问题。

3.1.1.3　低致命电击武器

大多数电击武器的工作原理是对目标的身体发出高电压、低电流的放电，放电电压通常从 1MV 到几十兆伏不等。放电电流被限制在 5mA 以下。电击会干扰大脑和肌肉之间的信号传递，导致肌肉不自主收缩和运动功能受损。部分电击武器，包括眩晕枪、眩晕带、眩晕棍、电击盾牌、电网和带电水炮等，需要直接接触身体才能产生预期效果；还有一些电击武器，如泰瑟枪，可以通过细软线发射弹丸进行电击。电击武器的实际作用取决于应用的模式，在直接接触的情况下，最重要的作用效果是使目标疼痛并服从；在电极作为弹丸向目标发射的情况下，神经肌肉刺激发生在更大的区域上，除了疼痛之外，该装置还会通过刺激目标的运动神经和肌肉以及感觉神经元来使目标丧失行动能力。此外，根据刺激的频率与电脉冲形状，不同的装置也会有不同的效果，如眩晕手榴弹在产生眩目的闪光同时会发出巨响，从而达到暂时迷惑敌人的目的。

眩晕枪通常与手电筒结合使用，可以提供闪光致盲或利用电击使对手丧失能力两种选择。图 3.5 展示了一种这样的设备。JOLT 警用战术眩晕手电筒使用兆伏级放电电压，并与可产生高达 200lm 亮度的超亮手电筒相结合，手电筒可用于照亮整个区域，或利用它来暂时致盲，也可开启电击功能，施加高压电击以使袭击者丧失行动能力。眩晕枪通常具有内置的安全功能，以防被从使用者手中抢走。安全机制包括围绕在腰间的安全挂绳和插入装置的保险针。在正常操作中，保险针是插在设备上的，任何将设备从使用者手中抢走的行为都会将保险针从设备中拉出，从而使其失效。

图 3.5　JOLT 警用战术眩晕手电筒

眩晕棍在操作上与眩晕枪相似，只是它的射程更长，可以提供更多的个人保护。当需要在使用者和目标之间保持一定距离时，它是首选的电击武器。眩晕棍通常附有腕带，以防止被从使用者手中夺走。一些眩晕棍的两侧装有带电的金属条，可防止目标在被击晕时抓住它。此外，与眩晕枪一样，大多数眩晕棍都与超亮手电筒结合使用，具备闪光致盲的功能。图3.6展示的是一种具有代表性的眩晕棍手电筒，称为眩晕大师（Stun Master）。其长30cm，使用12MV的放电电压和4.5mA的放电电流，配有防止抓取的侧边条，并配备了失效保险挂绳安全装置。

图3.6　具备照明功能的眩晕大师（Stun Master）眩晕棍

眩晕带是一种远程操作的电击装置，固定在受试者的腰部、腿部或手臂上，并且具有防止受试者松开或移除的功能。眩晕带包括电池和控制器，通过使用控制器，能够发送遥控信号对受试者进行电击。REACT眩晕带就是这样一种设备，每次电击可以发出持续时间为8s的50kV电压，电流为3~4mA，每秒17~22个脉冲。遥控眩晕带的主要应用是执法部门在诸如出庭和运输等情况下对在押人员进行控制。

电击盾牌的前表面嵌有电极，在防暴、处理混乱人群、群众骚乱、监狱骚乱和强行进入牢房等情形下，能够被用作最后的保障。典型的电击盾牌放电电压在50~200kV范围内，放电电流为5~8mA，每秒发出17~22个脉冲。电网则常常被用于围起某个区域以防非法入侵。

泰瑟枪是一种用于自卫的低致命电击武器，它可以在4~6m的距离内使目标立即丧失行动能力。如上面所述，泰瑟枪通过模拟身体的自然电脉冲并干扰它们而导致神经肌肉失能，而不仅仅是像非泰瑟电击枪那样导致疼痛。当扣动泰瑟枪的扳机时，它会释放两个高压电极，这些电极通过导线与设备保持连接。电极的尖端可以穿透衣服，并带有倒刺，以防止一旦到位就被移除。大多数泰瑟枪都有一个用于瞄准的内置激光器和一个强光LED，以便在光线不足或无光线的情况下使用。图3.7显示了一种这样的设备，即Axon公司生产的

X26 泰瑟枪。

图 3.7　X26 泰瑟枪

3.1.1.4　低致命声学武器

利用声学原理制造低致命性武器的技术已趋于成熟，在过去的几十年中，已经利用多种声学技术建造了一些样机。据报道，其中一些设备甚至被美国海军陆战队在伊拉克和阿富汗战争中使用。利用可听声音、次声或超声波的声学武器代表了一种逐渐成熟的新兴非致命技术。低致命的声学武器分为三大类：第一类是声光装置，如眩晕手榴弹，可产生闪光爆炸或巨大的声音，是可用于造成迷惑的杀伤性武器。第二类是声学发生器，其发出的声音频率涵盖了可听声音、次声和超声波，分贝水平一般超过 85dB。长时间暴露于超过 85dB 的噪声中会导致永久性听力损伤（表 3.1）。这些设备会引起疼痛、不适、恶心和方向感迷失，具体取决于频率范围、分贝水平和暴露时间。其有固定式和便携式（手持式）声学发生器，与声光设备一样，也是杀伤性武器。第三类是涡流发生器，也称为声学弹丸，能够喷射高速空气涡流。这种涡流也可以用作其他物质（如化学制剂）的载体，并用于杀伤人员。

表 3.1　噪声水平和可能的发生源以及造成的影响

噪声水平/dB	发　生　源	影　　响
>140	—	痛苦并且危险
140	烟花、枪声、全音量的汽车声响	痛苦并且极度不舒服
130	电钻、救护车	极度不舒服
120	喷气飞机起飞	超过 30s 会很危险
110	音乐会、汽车喇叭、体育活动	非常响，暴露超过 30min 很危险
100	雪地摩托车、全音量的 MP3 播放器	非常响，暴露超过 30min 很危险
90	割草机、电动工具、搅拌机和吹风机	非常响，暴露超过 30min 很危险
80	闹钟声响	响
70	交通嘈杂	响

续表

噪声水平/dB	发　生　源	影　　响
60	正常对话、洗碗机	中等
50	中雨	中等
40	安静的图书馆	弱
30	耳语	弱
20	树叶落下	难以引起察觉

　　眩晕手榴弹，也称为闪光弹，是一种小型爆炸装置。启动后，它会发出强烈的闪光和巨大的爆炸声，闪光和爆炸的强度和响度足以让附近的人暂时失明或失聪。这是杀伤性武器，通常被军队和特种警察部队用于防暴/暴徒控制与突袭。与破片式手榴弹不同，眩晕手榴弹的外壳在爆炸期间保持完整，这确保了它的大部分爆炸力被限制，避免了弹片的次生伤害。它的外壳上有大的圆形切口，以使爆炸的光线和声音通过。尽管眩晕手榴弹是专门设计为非致命的，但它们并非没有危险，如果在汽油等易燃材料附近引爆，仍可引发二次爆炸，爆炸的强度可能导致老年人和有心脏疾病问题的人心脏病发作。此外，人们还设计了专门针对各种应用场景的特殊手榴弹。一些烟雾手榴弹爆炸时会发出大量刺激性烟雾，以阻止人群前进。有的眩晕手榴弹，如 M84 眩晕手榴弹（图3.8），启动后会在 1.5m 范围内发出超过 1000 万流明的超亮眩目闪光，并伴随着 170~180dB 的巨响，足以立即导致闪盲、耳聋、耳鸣和内耳干扰。还有其他类型，如 XM99 钝挫手榴弹，专为防暴而设计，结合了闪光弹和小型橡胶弹的效果，使用烟花火药同时发射 32 口径的橡胶球，通过声音、视觉和物理刺激来实现人群控制。

图 3.8　M84 眩晕手榴弹

如上面所述，声学发生器能够在远距离处发挥作用，发出超过 85dB 的可听声音、次声或超声波，达到令人不适和方向感迷失的目的。LRAD 公司设计的远程声学装置（Long Range Acoustic Device，LRAD）就是这样一种设备，用于远距离发送声音警告信息。该设备产生的声音可以以一个呈 30° 角的波束定向发射。该设备有不同的变体，能够在不同的工作距离内产生不同程度的声音。便携式、手持式和平台安装式 LRAD 设备均已问世，如通常由警察部门使用的 LRAD 500X，在理想条件下，可在 2000m 范围内使用；在典型的室外环境中，可以在 650m 范围内听到该设备发出的声音。LRAD 500X 还能发出短促的定向声音，导致 300m 范围内的人感到剧烈的头痛。军用级 LRAD 2000X 可在超过 8km 的范围内以最大 162dB 的强度传输语音命令。该设备在不到 10m 的距离上会产生危险的高声级，这可能导致永久性听力丧失。图 3.9 显示了美国海军舰艇在小艇攻击演习中使用的 LRAD 系统。还展示了一种基于相同技术的手持式原型系统，称为定向棒式辐射器，它以 120~150dB 的声级发射称为声波子弹的高强度声音脉冲。据报道，使用次声波频率的声学武器能引起恶心、方向感迷失和肠痉挛。一种可产生低频冲击波的移动式脉冲发生器也在开发中，产生的次声波能引起身体器官共振并造成伤害。据报道，LRAD 型声学武器已用于伊拉克和阿富汗战争。与许多其他低致命性武器一样，声学武器也存在安全问题。

图 3.9　LRAD 系统

3.1.1.5　低致命化学武器

用于低致命武器的化学制剂主要包括防暴剂、恶臭剂、抗牵引材料、遮蔽剂、泡沫、反材料化学品和脱叶剂/除草剂等。防暴剂俗称催泪瓦斯，也称为刺激物、刺激剂和骚扰剂，是通过刺激眼睛和上呼吸道而导致受体暂时失能的化合物。胡椒喷雾是一种生物制剂，其成分包括合成化学品 2-氯苯甲丙二腈（CS）、氯苯乙酮（CN）、二苯并恶氮平（CR）和辣椒油树脂（OC）。胡椒喷雾有多种包装样式，广泛用于警务、防暴、人群控制和自卫。为女性、老年人、保安、高速公路驾驶员等设计的小型胡椒喷雾装置很常见，也可用于防止动物袭击。胡椒喷雾会对攻击者的眼睛和面部组织造成灼烧与严重刺激，使他们完全无法活动。壬酸香草酰胺（PAVA）是 OC 的合成版本，含有 0.3% 浓度的 PAVA 的含水乙醇溶液具有比天然产品更高的效力，在执法中更受欢迎。有多种利用氮气作为推进剂的炮弹、手榴弹和喷雾装置能够用于释放防暴剂。恶臭剂是恶臭的化合物，被认为对控制人群、清理设施和区域封锁非常有效。抗牵引材料是涂在地面或其他表面上的润滑聚合物，以防止人员或车辆进入，具有杀伤性和反材料两方面的应用。抗牵引材料用于对攻击者进行区域封锁，它们可用于防止人员通过门、走廊和窗户进入。车载系统可以根据需要，将大量抗牵引材料应用于街道、十字路口和开放区域。常用的抗牵引材料包括罐装浮油，它是一种钻井泥浆添加剂、絮凝剂和水的混合物，可使作用表面变得像湿冰一样光滑。刚性或黏性泡沫作为抗牵引材料，能够用于产生屏障，但由于存在阻塞呼吸道的风险，这些材料不适合直接用于人体。水性泡沫也用作人员隔离屏障，并且可以通过添加化学刺激物来增强功效，可用作喷雾装置。

目前已研发出用于对付建筑物和车辆的反材料化学品，包括燃烧改性剂、燃料污染物、超腐蚀剂、脆化剂、超黏合剂和解聚剂等。它们可以直接部署，也可以作为喷雾装置，或者通过装载化学物质的弹丸进行投放。

遮蔽剂是用来遮蔽视线的烟雾，而染料则多在水下应用。烟雾是一种由悬浮在空气中的小颗粒组成的气溶胶。气溶胶是指由细小的固体颗粒或液滴分布在空气或其他气体中形成的胶体，有天然的气溶胶，如雾、森林燃烧的烟尘和温泉蒸汽，也有人为气溶胶，如雾霾、灰尘、颗粒状空气污染物和烟雾。气溶胶中颗粒的直径大都略小于 $1\mu m$。较大的颗粒会使混合物具有明显的沉降速度，使混合物成为悬胶体。气溶胶中的颗粒会散射或吸收光线，从而降低能见度，降低到何种程度则取决于烟雾的浓度。当烟雾气溶胶颗粒的密度超过某个最小阈值时，能见度几乎为零。作为遮蔽剂的烟雾有六氯乙烷（HC）烟雾、磷烟雾和油雾三种类型。如果暴露时间不太长，大多数只用于实现遮蔽目的的烟雾浓度是无害的，但长时间接触仍可能对健康有害。

有毒化学/生化剂与防暴剂不同，它们作用于中枢神经系统中的神经受体，以气溶胶形式释放，引起镇静、方向感迷失、幻觉、情绪变化、失去知觉甚至死亡。根据《化学武器公约》（the Chemical Weapons Convention，CWC）和《生物和毒素武器公约》（the Biological and Toxin Weapons Convention，BTWC），这些失能制剂被认为是违法的，此处不予讨论。

3.1.2 激光眩目器作为低致命武器的优势

任何激光武器，无论是低致命性还是致命性，其主要优势包括光速发射、接近零附带损害、可重复使用、深弹匣、多目标交战和快速重新定位能力、抗电磁干扰以及不受重力影响等。

用于杀伤人员和反材料的激光武器以光速攻击目标，与需要有限飞行时间的传统动能武器相比，飞行时间几乎可以忽略不计。与动能武器相比，它将击中目标的时间从几秒和几分钟（取决于射程）减少到微秒和毫秒。例如，速度为 60m/s 的橡皮子弹在发射后需要几秒才能击中目标，而来自激光眩目器的致盲激光束在启动后只需几分之一微秒即可击中目标人物。得益于激光武器的精确度，激光武器（尤其是激光眩目器）的附带损害几乎为零。

致命的或非致命的动能武器都可能在执行任务过程中被摧毁，但激光武器是可重复使用的：每次发射动能冲击弹丸时，无论是否达到预期目标，它都会在此过程中有所损失；而激光武器，包括诸如激光眩目器之类的低致命武器设备，都是可重复使用的，只要有电能为装置供电，激光眩目器就会射出令人眩目的激光束。

激光武器的多目标交战和快速重新定位特性归因于它们可充电供能，激光眩目器的能源供应是电能，在多个目标交战的情况下，从一个目标转移到另一个目标，只需要重新确定激光束的方向。

激光的指向没有任何惯性，光子没有质量，因此不受重力影响。激光武器比动能武器更加准确，低致命动能武器，如橡胶和塑料子弹，由于其不规则的形状和较慢的速度，准确性会随着射程的增加而下降；而激光束不存在这些问题，基于激光的定向能武器拥有几乎无限的弹匣，化学激光器的总发射次数仅受化学燃料量的限制，固体激光器和光纤激光器则仅受供能电功率影响。

3.1.3 潜在应用

基于激光的低致命性武器，如激光眩目器，可用于反暴乱、反恐（图 3.10）、反狙击、自卫、人群控制、基础设施保护、巡逻行动、海岸保护、保护海军舰艇免受非对称威胁（图 3.11）、针对便携式防空导弹（MANPADS）的飞机防御以及许多其他低强度冲突场景。激光眩目器也被考虑用于警告有意或无意违反禁飞区的商用客机或军用飞机的机组人员，多个激光眩目器和雷达组成的系统可有效地保护关键基础设施或资产免受侵扰。在飞机驾驶舱被耀眼的激光淹没之前，使用功率水平低得多的信号激光向机组人员发送警告信号以了解他们的意图，有助于将非法飞机与可能无意偏离航线的飞机区分开来。

图 3.10　近身作战中的激光眩目器

图 3.11　海军舰艇上的激光眩目器

3.2　部署场景

如上所述，激光眩目器已成为一种有效的低致命武器，可广泛替代使用致命武力的应用场景。激光眩目器为国防和民用领域的许多应用提供了有效的解决方案，包括保护工业安全和关键基础设施、反暴乱和反恐、执法机构部署检查站和路障、人群和暴徒控制、保护海上船只免受非对称威胁、保护空中平台免受便携式防空导弹攻击，以及阻止自杀式飞机或其他功能飞机侵犯禁飞区和保护领空。下面简要介绍这些部署模式。

3.2.1　工业安全和关键基础设施保护

工业安全涉及多种方面，包括访问管理和控制，使用 CCD 摄像机、夜视设备和热成像摄像机的昼夜视频监控，以及大量采用激光或非激光技术的周界保护和入侵检测。生物识别安全设备，包括指纹读取器、视网膜扫描仪、手形识别器和 X 射线行李扫描仪，在访问管理和控制领域得到了广泛的应用。金属探测器可以扫描行李和其他物品的内部，也可用于安全检查，使得安保人员能够简单有效地精确定位隐藏的金属物体，保证安全情况下允许最大数量的人员通过。一些较为敏感的场所和区域，如大型工业设施、机场、火车站、发电站和核设施等，也可能采用更先进的仪器，如太赫兹成像来探测爆炸物和隐藏的武器。视频监控是工业场所和其他关键基础设施安全保障装置的另一个重要组成部分，CCD 摄像机、夜视设备和热成像摄像机的集成设置可用于提供全天候监控。另外，还有许多技术包括电子入侵检测系统和基于光缆的周界安全入侵检测系统，如可以被埋设或安装在围栏上的传感光纤、视距激光围栏、基于激光雷达传感器的激光墙和基于微波传感器的检测系统等。这些设备主要用于室外环境，旨在追踪步行、跑步或爬行的人类目标。在周界保护和入侵检测相关的领域中，激光眩目器是一种十分重要的设备。

作为周界保护和入侵检测仪器的一部分，激光眩目器有几种可能的部署模式。其中一种是中短程手持激光眩目器，可由负责管理出入口和周界巡逻的安保人员手持使用。在工业设施中，这些安保人员通常配备手电筒，主要用于夜间巡逻和昏暗光照条件下的检查。手电筒只能确认入侵行为或识别入侵者，但超亮手电筒可以阻止不法分子远离受保护的地点。采用超亮 LED 并产生数百至数千流明白光的手电筒已经面市，图 3.12 显示了一种高达 250lm 的手电筒。采用超亮 LED 阵列的多色手电筒同样也可以在市场上购买，包括 Pelican 2370 手电筒，它具有 358lm 高亮度输出和 190m 光束范围，可产生白色、红色和绿色多色可选的输出光；Coast TX-10 多色手电筒，具有 73lm 的输出，能够产生

图 3.12　DORCY 大功率 LED 手电筒

白色、红色、绿色和蓝色光束；Coleman CPX-4.5 多色手电筒，具有 155lm 输出和 90m 光束范围，具有白色/红色输出选项。

在这种情况下，激光眩目器可以被用来当作能有效赶走入侵者的有力武器。同样，激光眩目器可以通过闪光致盲使入侵者完全混乱和迷失方向，从而轻松地捕获他们。眩目器也可以特别有效地对抗武装入侵。虽然安保人员可以分别配备手电筒和短程激光眩目器，但将这两种功能结合到一个设备中具有显而易见的优势。图 3.13 展示了一种结合这两种功能的设备设计概念图，该设备使用 6 个超亮 LED 和一个发射波长为 532nm 的激光二极管，带有选择开关以选择使用手电筒或绿色激光眩目灯。选择激光眩目器模式时，每次可使用一个或两个激光二极管，每个激光二极管能产生大约 50mW 的连续激光；选择手电筒模式时，可使用 6~8 个 LED。激光二极管和 LED 具有类似的封装配置，它们的实际数量取决于指向目标处的白光或激光的工作距离以及亮斑尺寸，LED 和激光二极管均由恒流驱动电子器件驱动，并可由充电电池组供能。

图 3.13　手电筒-激光眩目器组合概念图

另一种可能的部署方式是将激光眩目器与周界入侵系统集成。由多个激光眩目器集成的设备系统可用来覆盖整个 360° 范围，在检测到入侵者及其具体位置时，相关的激光眩目器可以自动启动并闪光致盲入侵者。警报器会提醒安保人员，使他们可以在不使用致命武力的情况下抓住入侵者。如果激光眩目器与基于激光雷达传感器的激光墙集成在一起，当不法分子与栅栏或墙壁有一定距离时，可以用相对较低功率的激光束警告他们，让他们意识到自己正在被监视，在正常情况下，这足以恐吓并阻止他们。任何试图突破围栏的行为都可以用高功率的耀眼光束来反击。此外，也可以对激光眩目器进行编程，使其能够在入侵者进入一定距离范围内时切换到高功率输出。

3.2.2　反暴乱和反恐行动

尽管存在一定区别，但暴乱和恐怖主义这两个术语经常可以互换使用。暴乱是一种专门针对政府的具有直接政治目标的动乱形式，由于不同意政府的方针政策，暴乱通常在受影响地区的部分或大多数人的支持下持续存在。使用暴力或恐怖行动并不是暴乱的先决条件，尽管有些暴乱确实使用暴力。而恐怖主义的特点是使用未经授权的极端暴力行为来实现政治或个人目的，它不仅仅针对特定群体，他们的目标可以是任何人，包括政府官员、武装、准军事人员或无辜平民。与直接针对政府武装的暴乱不同，恐怖主义通过袭击非战斗人员以影响政府舆论与公众认知。

在开展反暴乱和反恐行动时，一个不可忽视的基本原则是，必须将战斗人员、军事目标与非战斗人员、平民及平民物品区分开来，只有战斗人员和军事目标才是合法的打击对象。在行动中，需要在军事必要性、人道性和相称性之间取得平衡，因此，低致命武器在此类行动中具有十分重要的作用。激光眩目器、高能毫米波装置、声波攻击装置、闪光弹、钝击弹药和人体电肌致残弹药是本章前面部分已简要描述的一些常用的低致命装置。在本书中，我们将只讨论激光眩目器在反暴乱和反恐行动中的应用。其中，需要使用激光眩目器的两种最常见的场合是驱散暴力和不服从管理的暴徒，以及近距离交战。

近距离交战通常是指规模相对较小的军事、准军事或警察部队在短距离内使用个人武器与敌人交战，大多数近距离交战都发生在建筑密集区。这些交战通常是一小群战斗人员在一个房间内进行，这种战斗行动存在不确定性，通常伴随着双方本能的行为。近距离交战中的双方都希望在对手做出反应之前完成所有进攻行动。这种交战的另一个要素是战斗人员与非战斗人员混杂在同一座建筑内甚至同一个房间里。因此，在近距离作战期间采取的行动旨在通过最大限度地减少友军损失、避免附带损害，以及为后续行动节省弹药。这些原则对于人群/暴徒控制操作同样有效。

短程激光眩目器和人群控制激光眩目器的技术存在相似之处，只是后者使用更大的功率，可以在更大的光斑内产生所需的功率密度。短程激光眩目器的工作范围可达 100m，并产生 200 ~ 300mW 的激光功率，用于近距离交战。B. E. Meyers 公司生产的 GLARE RECOIL 具有内置测距仪，是一款适合近距离交战场景的短程武器装配激光眩目器。用于人群控制的激光眩目器，其工作距离可达 500m，通常使用 1 ~ 10W 的激光功率，具体所需功率取决于激光束的光斑直径。用于人群控制的激光眩目器，有时还需要激光扫描的方法。在此情况下，当激光扫描速率快于人体视觉停留时，较小的光斑直径也可以通过快速扫描的方式获得更大的等效光斑直径。值得注意的是，在不使用扫描技术的情况下，可能需要数十千瓦的激光功率才能在典型的人群分布面积上产生 0.1 ~

$1mW/cm^2$的可眩目功率密度。而扫描技术的介入可以使用相对低得多的激光功率来同时照射散布在大范围内的人群而达成类似的效果。目前已提出几种用于激光束扫描的光学方案，其中一种是使用 Risley 棱镜对，它由一对围绕共同光轴旋转的相同的棱镜组成，可以起到光束控制的作用；另一种是使用大型凹面镜，聚焦的激光束在其上快速穿过并反射到目标上。这两种方法都允许激光武器在几分之一秒内覆盖一个宽阔的锥形区域。有多种基于此类方案的车载激光眩目系统都适用于不法人群和暴徒。

3.2.3 检查站与路障部署

激光眩目器可以作为一种有力的打击和警告装置，适用于各种场景，如近距离作战行动，以及安全机构在边境口岸、基地、被围困城市中的保护区等区域设置检查站和路障。当有车辆忽视警告标志而接近检查站或路障时，在无法确定驾驶员意图的情况下，使用致命武力不是首选，因为安保人员和目标个人的安全同样重要，而司机既有可能是自杀式炸弹袭击者，也有可能只是粗心大意，而作为警告装置的激光眩目器能够迫使擅入的司机在接近时停车。据报道，在伊拉克和阿富汗战争期间，由于当时所使用的激光眩目设备没有内置足够的安全措施，造成了许多安全人员和平民受伤的事件。这些设备包括手持式和武器装配式短程激光眩目器，工作范围为 100~300m，激光功率为 200~300mW，它们的标识危害距离（Nominal Ocular Hazard Distance，NOHD）过大，如果目标个体进入 NOHD 范围会显著地增加眼睛受伤的可能性。由于眩目器的激光辐射从大气成分中被散射，安全人员同样也有很大的受伤可能性。

目前，B. E. Meyers 公司的 GLARE 系列手持式和武器装配式激光眩目器，包括 GLARE - MOUT、GLARE - MOUT PLUS、GLARE LA - 9/P 和 GLARE ReCOIL 系列产品等，已被应用于交通管制、车辆检查、入口管制和车队保护等多种场景。据报道，在伊拉克战争期间，可能是由于语言和文化差异，伊拉克人在接近检查站时不听从减速的指令，甚至不在意鸣枪示警，这使美国军方人员在驻守检查站时遇到了困难。该报道称，曾发生过手无寸铁的当地人员因未在检查站停车而被美国士兵枪击的事件。随后，作为致命武器的代替品，美军使用了安装在 M4 步枪上的激光眩目器，当有人无视口头命令强行接近检查站时，该设备能够引起目标人员暂时失明。

GLARE LA-9/P 系列产品配备安全装置，可快速确定意外人员是否在 NOHD 内，并立即关闭激光输出以防止眼睛意外受伤。一旦意外人员移出标识危害距离，激光束就会立即恢复。GLARE RECOIL 系列产品的安全控制系统中集成了激光测距仪。英国泰雷兹公司研制的绿色激光光学警告器（Green Laser Optical Warner，GLOW）能够安装在枪支上，使用强烈的绿光对接近的人员起到警告作用。GLOW 内置的安全装置可确保输出激光功率保持在特定的限制范围内，并且可以选择用于远距离的窄光束或用于城市场景中近距离交战的宽光束。该设备在包括英国在内的多个国家都得到了广泛的应用。

3.2.4 船舶防御

激光眩目器是船舶和其他海上平台用于安全防护的一种有效的非致命和非暴力选择，可以应对来自空中平台的各种威胁，以及来自海盗和小型自杀艇的非对称威胁。图 3.14 展示了在海军舰艇上使用的激光眩目器。适用于该目的的激光眩目器通常被安装在稳定的 IP 控制平台上，根据工作距离和激光束光斑尺寸的需要，激光输出功率通常在几百毫瓦到几瓦的范围内。同时，激光眩目器还集成了多个摄像传感器，包括昼夜彩色摄像头、热像仪和 SWIR 摄像头，以提供更多扩展性能。此外，该集成套装也能提供可选的视频跟踪和雷达转换提示功能。非致命性激光眩目器允许用户在阻挡/威慑、攻击/警告和照明操作之间进行功能切换。在 1982 年马岛战争期间，英国首次报道了中功率激光眩目器的使用，据称，这些激光眩目器被安装在南大西洋的皇家海军军舰上，旨在致盲低空飞行的阿根廷飞行员。国防界传言激光眩目器造成了数架阿根廷战斗机的损失，然而也有报道称这种非致命性激光武器从未在实际行动中使用过。

图 3.14　海军舰艇上的激光眩目器

3.2.5　保护关键地面设施免受可疑空中平台的影响

　　一个集成了多个激光眩目站点和雷达的综合系统，能够保护关键基础设施免受闯入禁飞区的可疑飞机或其他空中平台侵害。在这样的系统中，当非法或可疑飞机距离要保护的实际资产远在100多千米外时，雷达就会提供有关它们的初步线索并持续监视可疑飞机，直到它进入光电跟踪器的跟踪范围内。光电跟踪器通常是激光眩目站点的一个组成部分，能够从雷达中获取数据，并为后续的眩目行动提供更高精度的目标跟踪支持。图 3.15 展示了这一方法的基本操作。

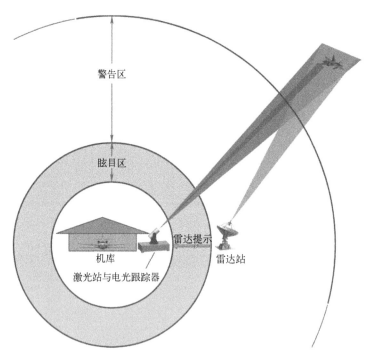

警告区

眩目区

雷达提示

机库

雷达站

激光站与电光跟踪器

图 3.15　保护关键地面资产免受可疑空中平台的攻击

　　人员暴露于强激光光源中会导致诸如闪光盲症和残像等多种视力问题，其中闪光盲症会使飞行员在几秒到几分的时间内完全丧失视力（图 3.16）。激光照明能够使驾驶舱充满明亮的光线，使飞行员难以专注于飞行仪表，这对飞行员的预期动作将会产生不利影响。在飞机驾驶舱被耀眼的激光淹没之前，会使用功率水平低得多的信号激光向机组人员发送警告信号以了解他们的意图，有助于将非法飞机与可能无意误入的飞机区分开来。

图 3.16　飞行员暴露于眩目的激光辐照下

3.2.6　保护空中平台免受便携式防空导弹伤害

MANPADS 是用作防空武器的地空导弹，可以由单兵或小组人员发射。这些武器系统的作战范围为 4~5km，因此低空飞行的飞机、攻击直升机以及商用客机在起飞和着陆阶段特别容易受到此类武器的攻击。MANPADS 通常称为肩扛式防空导弹，根据制导方式不同，可分为瞄准线指令（Command Line-of-Sight，CLOS）制导、激光驾束制导和被动红外制导三种类型。瞄准线指令（CLOS）制导 MANPADS 通过遥控的方式进行制导，激光驾束制导 MANPADS 采用激光束进行瞄准。被动红外制导则是最常见的 MANPADS 的制导方式，它们能够锁定飞机发动机的热源。苏联时代的 Strela 和 Igla 武器系统以及美国的 Stinger 武器系统是具有代表性的被动红外制导的例子。

要厘清激光眩目器如何导致出射的导弹偏离其预定路径，就必须了解 MANPAD 的制导方法。半主动 CLOS 制导是 MANPADS 最常用的形式，其目标跟踪是由操作员或操作团队的成员手动执行的。在激光驾束制导的过程中，操作员需要确保引导武器飞行的激光束在整个期间始终在目标上。被动红外制导 MANPADS 是一种"一劳永逸"的导弹，由操作员向目标的大致方向发射，导弹中的红外导引头负责后续制导。由此可见，操作员在与 MAN-PADS 相关的所有三种类型的引导机制中都发挥着关键作用，在被动红外制导 MANPADS 中更是如此，因为操作员在发射导弹时必须清晰看到目标。如图 3.17 所示，若激光眩目器能够在导弹发射的关键时刻使操作员暂时失明，则可能会致使操作员向错误的方向发射导弹，进而有效地保护空中目标。在激光驾束制导和半主动瞄准线指令制导中，对操作员进行眩目干扰也会致使导弹偏离其预定路径。

图 3.17　用于保护飞机免受肩射导弹的激光眩目器

3.3　潜在的激光光源

用于闪光致盲或眩目的最常用波长是 532nm 的绿光波段，因为人眼对绿色波长最敏感，并且绿光在日光和弱光条件下均可以与人眼相互作用。此外，532nm 波长能够方便地通过将成熟的掺钕固态激光器产生的 1064nm 波长进行倍频而获得，是蓝绿色波段中的首选波长，因而被广泛应用于目前的激光眩目器中。曾经也有一些眩目器使用了红色 635nm 左右的波长，Sabre-203 激光眩目器就是一个典型的例子，但由于人眼对绿色激光的反应是相同功率的红色激光的 5 倍，此类激光眩目器已面临淘汰。使用红色、绿色和蓝色（Red Green and Blue，RGB）波长组合的激光眩目器是一个新兴概念，与绿色激光眩目器相比，目标人员在使用防护眼镜的情况下，此类激光眩目器的效果更好，因此具有巨大的发展潜力。此外，据报道，RGB 眩目器会导致暴露人员感到恶心，使得这些设备在海洋环境中，如打击海盗等情形下特别有效。目前，人们根据激光光源的不同类型，设计了很多适用于不同应用场景的激光眩目器，包括二极管泵浦固态激光器、半导体二极管激光器和光纤激光器。下面将对它们进行简要介绍。

3.3.1　二极管泵浦固态激光器

当所需的工作波长为 532nm 且输出激光功率水平为数百毫瓦时，二极管泵浦固态激光器是首选，这个功率也是大多数短程和中程激光眩目器的激光输出功率。本章后半部分将要讨论的一些具有代表性的便携式手持激光眩目器均采用此波段的激光光源。所需的激光是通过将掺钕固态激光器的输出波长倍频而获得的，通过倍频，1064nm 的基波波长减半至 532nm。掺钕钒酸钇（Nd-YVO$_4$）和 Nd-YAG 作为固体激光材料能够产生这一波长的输出光，前者受激发射截面更大，并且在 808nm 附近有强宽带吸收，更适用于激光二极管泵浦，因此应用更为广泛。倍频是通过使用非线性晶体来实现的，磷酸氧钛钾（KTiOPO$_4$），简称 KTP，是掺钕固态激光器倍频常用的非线性材料，通常与 Nd-YAG 和 Nd-YVO$_4$ 晶体结合，组成绿色激光模块。图 3.18 显示了倍频二极管泵浦 Nd-YVO$_4$ 激光头的内部结构图，并突出显示了不同的组件。该设备配备有两个由法兰克福激光公司生产的 OEM 工业级二极管泵浦固态绿光激光头，分别为 5.6mm×9 mm 的 MicroGreen（图 3.19（a）），能够产生 1~5mW 的激光输出；9mm×13mm 的 MiniGreen 激光器（图 3.19（b）），能够产生 50~100mW 的激光输出。

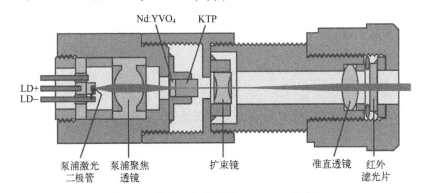

图 3.18　倍频二极管泵浦 Nd-YVO$_4$激光头

（a）　　　　　　　　　　　　　　　　（b）

图 3.19　法兰克福激光公司的 MicroGreen 和 MiniGreen 激光头

激光头中的激光二极管由驱动电路驱动,该驱动电路是具有内置保护功能的恒流源。用于制造激光眩目器的 OEM 激光模块将激光头和驱动电路封装为一个单元,图 3.20(a)所示为模块总体示意图,图 3.20(b)所示为有代表性的 OEM DPSSL 模块。输入电源通常集成在激光模块的外部。

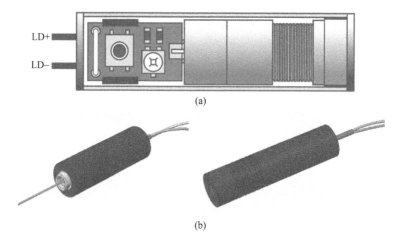

(a)

(b)

图 3.20　OEM 绿色激光模块

三倍频固态激光模块也可用于产生 355nm(= 1064/3nm)的紫外波长。三倍频是通过将二次谐波频率添加到基频产生的。一种常见的方法是使用两个 LBO(三硼酸锂,LiB_3O_5)晶体,或一个 LBO 和一个 BBO(β 硼酸钡、BaB_2O_4 或 $(BaBO_2)_2$)晶体。第一个晶体满足二次谐波产生的相位匹配条件,第二个晶体用于产生和频。该过程可以在调 Q 或锁模脉冲激光中很好地实现,但也可以用于连续波操作中,如腔内倍频与共振和频。三倍频的操作使得 Nd-YAG 激光器也可用于设计 RGB 激光眩目器,440nm 附近的蓝色波段可以通过对在 1.3μm 波段基频工作的二极管泵浦 Nd-YAG 激光器使用两个 LBO 晶体进行三倍频来产生,而非使用更常见的由半导体激光二极管产生的蓝色光。

3.3.2　半导体二极管激光器

除二极管泵浦固态激光器外,不同类型的半导体二极管激光器是制造激光眩目器的次常用激光源。磷化铝镓铟/砷化镓(AlGaInP/GaAs)激光二极管用于发射 635nm、650nm 和 670nm 的红色区域波长,氮化铟镓/氮化镓(InGaN/GaN)激光二极管用于产生蓝色和蓝紫色波长(405nm、450nm 和 470nm)。其中,氮化铟镓激光二极管也可用于产生 510~530nm 及更长波长的绿色激光,如欧司朗光电半导体公司生产的 PL520 激光二极管,能够在 515~530nm 的波段内产生 50mW 的激光功率；同一家公司生产的 PLP520 激光二极管，能够在 520nm 处产生高达 120mW 的激光功率。激光二极管最高可产生高达 1000mW 的绿色连续波激光，如法兰克福激光公司生产的激光二极管 FVLD-520-1000M，这是一种多模激光二极管，在 520nm 处具有 1000mW 的连续光输出功率。此外，发射波长超过 532nm 的绿色激光二极管也被陆续报道，如住友和索尼先进材料实验室（日本厚木）的一个团队报道了 InGaN 激光二极管能在 532nm 以上的波长处发射超过 100mW 的连续光，该设备也可以在 536.6nm 处发射连续激光，但报道中并未指出具体功率。连续激光输出功率为 5000mW 的红色激光二极管和连续激光输出功率超过 100mW 的蓝色激光二极管也已面市。半导体二极管激光器可以方便地获得红色、绿色和蓝色激光，因此人们开始广泛地利用半导体激光二极管设计和制造短程激光眩目器，如 SABRE-203 激光眩目器使用发射波长位于红光区域的 250mW 激光二极管，而大多数中短程绿色激光眩目器使用 200~500mW 的激光光源。考虑到单个绿色激光二极管的功率水平，可以采用阵列形式使用多个半导体二极管激光器来实现设备需求的高功率水平。目前，绿光激光器的高功率输出可以方便地通过倍频二极管泵浦固态激光器获得。

与二极管泵浦固态激光器相比，使用半导体激光器的最大优势之一是其相对高得多的功率转换效率。半导体激光器中，功率转换效率与电光转换效率相同，在 50%~60% 的范围内，有记录的最高效率数据接近 70%~80%。而在二极管泵浦固态激光器中，功率转换效率是由泵浦二极管的电光效率、固态激光晶体的光-光效率，以及非线性晶体如 KTP 的转换效率综合决定的，以 Nd-YVO$_4$ 为例，对应三种情况下的转换效率分别为 50%~60%、50%~60% 和 80%，得到的总的功率转换效率大约为 20%。但是，半导体泵浦的固体蓝光激光器总体效率仍然较低。

3.3.3　光纤激光器

光纤激光器由于其高鲁棒性、紧凑性、高光束质量、出色的热光特性和长期稳定性，在工业和军事应用中成为体材料固态激光器（如二极管泵浦固态激光器）的替代品。使用掺镱光纤激光器可以在 1050~1090nm 的波段内方便地获得几十瓦到几百瓦的连续激光。利用光纤激光器作为泵浦源产生二次谐波可以获得绿色激光输出，这些激光可用作远程系统中的眩目光源，被应用于多种场景下，如禁飞区管制，或保护地面关键资产免受非法空中平台攻击。

IPG 光电公司的 YLM 和 YLR 系列二极管泵浦连续掺镱光纤激光器能够在 0.98~1.1μm 的波长范围内产生 1~100W 范围内的连续激光，其二次谐波可用于产生绿色激光。例如，YLM-100 激光器采用风冷制冷，尺寸仅为 270mm×255mm×275mm，质量不到 7kg，输出功率达到 100W。

3.4 技术指标

激光眩目器的重要技术指标包括激光波长、激光功率、光斑尺寸和标称眼部危险距离。下面将分别对这些参数进行介绍，并特别提到它们与不同应用场景的相关性。

3.4.1 激光波长

人眼对绿光最敏感，因此激光眩目器多选择蓝绿色波段作为激光波长范围。图 3.21 所示为人眼对不同波长光的相对光谱响应，可用于确定光源的流明，从而确定以 lux 为单位的光的亮度，如为了使红光看起来像绿光一样亮，必须使其具有比绿光更高的功率，从图 3.21 所示的曲线可以看出，人眼的峰值响应在 550nm，要使 650nm 的红色激光和 532nm 的绿色激光在人眼看来具有同样的亮度，红色激光需要具有大约 7 倍于绿光的功率。过去也使用 635~670nm 红光波段的波长（如 Sabre-203 激光眩目器），但目前最常用的激光波长是 532nm，它可以使用成熟的掺钕固态激光器（如 Nd-YAG 和 Nd-YVO₄激光器）倍频产生，也可以使用半导体二极管激光器。当前的激光眩目器几乎无一例外地使用绿光波段，但是目前正在进行红色和蓝色或蓝色/紫色波段波长以及绿色波段波长组合的测试，以期构建 RGB 眩目器，增强眩目效果。

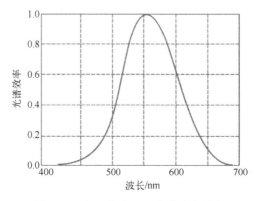

图 3.21 归一化的人眼光谱响应效率

3.4.2　激光功率

在目标平面上的功率密度取决于激光功率与目标上的激光光斑尺寸，可以根据需求，通过选择合适的激光功率来调整。根据 ANSI 的人眼安全标准，功率密度要小于所选波长和曝光时间的 MPE 规范。以功率密度表示的 MPE 取决于波长和曝光时间，在 532nm 处，最大允许功率密度为 2.5mW/cm^2（曝光 0.25s）或 1.0mW/cm^2（曝光 10s）。0.5mW/cm^2 的功率密度被认为是眩目操作的安全值。对于已知的最大工作范围，可以计算所需的激光发散角，以产生所需的光斑尺寸，然后选择激光功率以针对给定的光斑尺寸产生所需的功率密度。工作范围为 2000m 的短程和中程激光眩目器产生的激光功率通常在 100～500mW，如 B. E. Meyers 生产的 GLARE MOUT 激光眩目器，最大工作范围为 1500m，选用 125mW 的激光光源；同一制造商研制的 GLARE MOUT PLUS 采用 200mW 的激光光源；工作范围为 200m 的 CHP 激光眩目器则使用 500mW 激光模块。激光能量（Laser Energetics）公司的"守卫者"（Guardian）和"捍卫者"（Defender）激光眩目器分别使用 250mW 和 500mW 激光模块，这两种激光眩目器的最大工作范围分别为 300m 和 2400m。此外，值得注意的是，根据应用场景的不同，在一定工作范围内所需的激光功率同样取决于目标平面上光斑尺寸的预期值。

3.4.3　光斑尺寸

如上所述，激光眩目所需的光斑尺寸取决于应用场景。大多数用于近距离作战的激光眩目器设计都具备窄光束和宽光束选项，前者用于远程操作，后者用于短程操作，这是因为对于激光束固定值发散角，目标平面的功率密度随着光源到目标距离的减小而增加，因此光束发散度和光斑尺寸随目标距离变化而变化，能够确保在激光眩目器的整个工作范围内都不会超过 MPE 限制，并且有助于实现所需的 NOHD。距离传感器可以与激光眩目器集成，以将光斑尺寸从一个值切换到另一个值，在某些情况下，光斑大小也可随着目标距离的变化而不断调整。距离传感器的反馈也可用于在目标进入某个特定距离时关闭眩目器，B. E. Meyers 的 GLARE LA-9/P 激光眩目器就是这样一种设备，它采用人眼安全技术，在目标进入 NOHD 后立即关闭激光眩目器。同一家公司的 GLARE RECOIL 还集成了激光测距仪，以确保不会发生任何意外的眼睛伤害。

3.4.4　安全距离

NOHD 是指目标距光源的最小距离，在该距离处，连续激光的功率密度或脉冲激光的能量密度等于角膜和皮肤上的 MPE。若目标与光源的距离小于 NOHD，则认为激光存在一定危险，大于 NOHD 则不会超过 MPE 值。NOHD 参数取决于激光功率、激光光斑尺寸和激光束发散角，而激光束发散角和激光光斑尺寸又取决于光束整形与光束定向光学器件。如前所述，大多数先进的激光眩目器都具有内置的激光安全功能。1~2 倍 NOHD 的区域称为敏感区曝光距离（Sensitive Zone Exposure Distance，SZED），在这个区域内，激光束的亮度足以导致视力暂时受损。假设眼睛暴露的 MPE 为 0.5mW/cm²，超出此距离，光束辐照度将小于 SZED 辐照度限值 100μW/cm²。1 倍 SZED 到 10 倍 NOHD 是临界区曝光距离（Critical Zone Exposure Distance，CZED），在这个区域，激光束的亮度足以引起干扰，影响关键任务的执行。超出此距离，激光束辐照度小于 CZED 辐照度限值 5μW/cm²。CZED 之外是无激光曝光区（Laser Free Exposure Zone，LFEZ），在 LFED 之外，激光束辐照度低于 50nW/cm²的 LFED 辐照度限值。不同的区域如图 3.22 所示。

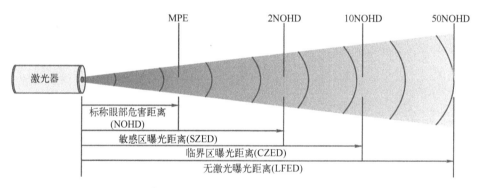

图 3.22　NOHD、SZED 和 LFED 区域

为了确保即使有人意外进入 NOHD 也不会对眼睛造成伤害，必须有一些方法来关闭激光或在 NOHD 极限处增加激光束发散角。在使用激光眩目器的情况下，关闭激光将意味着放弃操作；但如果选择增加激光束发散角，即使激光保持打开状态，增加光束发散角就足以确保光束亮度能够引起目标分心或迷失方向，而不会造成任何眼睛伤害，如图 3.23 所示。在这两种情况下，都需要某种距离监控手段以控制激光开/关操作或其光束发散角。通过控制激光束发散角，可以有效降低 NOHD，如前所述，大多数最先进的激光眩目器都配备了这种激光安全措施。

市售的中短程激光眩目器中，NOHD 从几米到几十米不等。例如，LE Technologies 研制的 CHP 激光眩目器可以攻击 200m 以内的目标，它的 NOHD

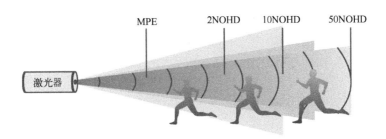

图 3.23　控制光束发散以确保人眼安全

为 25m。B. E. Meyers 公司研制的 GLARE MOUT 和 GLARE MOUT PLUS 的照射有效范围分别为 300~1500m 和 45~2000m，它们的 NOHD 为 18m。由 Laser Energetics 研制的两种型号的激光眩目器，Guardian 和 Defender 有效工作范围分别为 1~300m 和 1~2400m，NOHD 为 1m。泰雷兹公司研发的 GLOW 的有效射程可达 350m，NOHD 小于 10m。

3.5　激 光 安 全

激光辐射的强度超过一定阈值时，会对人眼有潜在的危害，在相对更高的阈值下也会对皮肤产生潜在危害。在用于国土安全时，如激光眩目器等低致命性激光武器，我们将仅限于讨论激光人眼安全问题。激光安全对于激光设备的用户以及潜在的眩目目标来说都是一个重要的问题，后者通常与低致命激光武器的使用有关。因此，激光的使用者和激光设备本身都需具备必要的预防措施，以避免在使用这些设备时造成意外伤害。在低致命性激光武器中，武器的设计应避免对操作员造成任何可能的意外伤害。同样，此类武器应具有内置设计和安全功能，以消除在激光武器工作距离内对眼睛造成永久性伤害的可能性。下面将简要介绍激光安全的重要方面，包括激光伤害、激光安全分类、最大允许暴光和四级致盲激光武器协议。

3.5.1　激光伤害

由于激光辐射的低发散性和由此产生的高能量密度，即便经过了长距离传播，中等功率/能量水平的激光仍对人眼有潜在危害，而相对较高的功率/能量水平下对皮肤也有潜在危害。由于眼睛晶状体的聚焦作用，入瞳的激光能量被集中到视网膜上一个极小的点，因此即使在中等功率水平下暴露于激光辐射，人眼也可能受到永久性损伤。

热效应和光化学效应都可能导致眼球受损。视网膜感光细胞的损伤是由焦点处温度的瞬时升高引起的，当组织细胞被加热到蛋白质变性的程度时，就会发生热损伤。在光化学损伤中，激光辐射会触发组织细胞中的化学反应，不同的激光波长会产生不同的病理效应。光化学损伤主要发生在电磁光谱的紫外和蓝色的波长区域，可见光和红外波长主要会造成热损伤。图3.24说明了人眼对电磁波谱不同波长区域的反应，表3.2列出了不同的波长区域相应的病理效应。

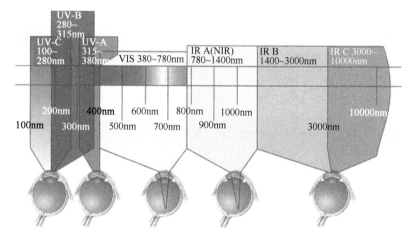

图3.24　人眼对不同波长区域的反应

表3.2　不同激光波长的病理效应

波长范围/nm	病 理 效 应
180～315	光性角膜炎：相当于晒伤的角膜炎症
315～400	光化学白内障
400～780	视网膜光化学损伤、视网膜烧伤
780～1400	白内障、视网膜烧伤
1400～3000	房水耀斑、白内障、角膜烧伤
3000～1000000	角膜烧伤

3.5.2　激光安全分类

激光安全等级的定义考虑了给定激光对设计人员、操作员、用户和目标人员的危险程度。该分类基于每一个激光安全等级下的允许发射限制（Accessible Emission Limit，AEL）概念。截至目前共有两种分类系统：第一种是美国的旧系统，一直使用到 2002 年；第二种是修订后的系统，它是 IEC 60825 的一部分，自 2007 年起被纳入美国的 ANSI Z136.1 激光安全标准。前者在美国使用罗马数字，而欧盟使用阿拉伯数字表示安全等级，后者则在所有司法管辖区都使用阿拉伯数字。在旧系统和修订系统的分类中，根据不同波长范围的最大输出功率，激光器分为 4 个主要类别和几个子类别。表 3.3 和表 3.4 分别简要介绍了旧系统和修订系统中不同的激光安全等级。

表 3.3　激光安全分类：旧系统

安全等级	主 要 描 述
Ⅰ	Ⅰ类激光是安全的，不会对眼睛造成伤害。这是由于输出功率低且暴露数小时后不会对眼睛造成伤害，或者是由于激光包含在外壳内，如光盘播放器或激光打印机
Ⅱ	Ⅱ类仅指在可见光谱中发射且输出功率不高于 1.0mW 的激光器，由于眼睛的眨眼动作，激光是安全的，除非故意长时间盯着光束，大多数激光笔属于这一类
Ⅱa	超过 1000s 的持续暴露时间，Ⅱ类低功率的激光可能会产生视网膜灼伤
Ⅲa	功率水平大于 1.0mW 且小于 5.0mW，功率密度小于 2.5mW/cm² 的激光器属于Ⅲa 类，这类激光器与光学仪器结合使用时很危险，而且肉眼直接观察超过 2min 也很危险
Ⅲb	功率级别为 5.0~500mW 的激光器属于Ⅲb 类，直视这些激光可能会对眼睛造成伤害，漫反射通常没有危险，但直视和镜面反射同样危险。此类中较高功率的激光器可能存在火灾危险或导致皮肤灼伤
Ⅳ	Ⅳ类激光器具有大于 500mW 的功率水平，即使在没有光学仪器的情况下使用Ⅳ类激光，也会导致永久性眼睛损伤或皮肤灼伤，这些激光的漫反射也可能对标识危害距离内的眼睛或皮肤造成危害。许多工业、医疗、科学和军用激光器均属于Ⅳ类

表 3.4　激光安全分类：修订系统

安全等级	主 要 描 述
1	在合理的使用前提下，可接近的激光辐射并不危险。Ⅰ类激光在所有正常使用条件下都是安全的，这意味着，当用肉眼或望远镜或显微镜等典型放大光学器件观察Ⅰ类激光时，不会超过 MPE 限制
1M	只要不使用可以聚焦辐射的光学仪器，可接近的激光辐射就没有危险。该分类适用于功率水平大于Ⅰ类激光规定限值的激光，前提是激光发散角足够大，进入眼睛瞳孔的激光能量不超过Ⅰ类激光的限值
2	可接受的激光辐射仅限于可见光谱范围（400~700nm）且功率不超过 1.0mW
2M	由于眼睛的反射作用，2M 级激光也是安全的，但是不能通过光学仪器观察。与 1M 类激光器一样，该分类也适用于功率水平大于 1.0mW 的激光，前提是光束发散角足够大，以防止通过眼睛瞳孔的激光能量超过 2 类激光器的限制
3R	可接近的激光辐射对眼睛是存在危险的，但出光功率不大于在可见光谱中的 2 类激光和其他波长的 1 类激光功率的 5 倍，受伤风险低的 2M 级激光可超过 MPE

安全等级	主要描述
3B	可接近的激光辐射对眼睛存在危险，在特定条件下，对皮肤也有危险，漫射目标散射的漫射辐射通常是无害的，在可见光谱中发射的连续波激光器的可达辐射极限为 500mW，而脉冲激光器的可达辐射极限为 30mW。在直视 3B 类激光的过程中，需要佩戴防护眼镜
4	4 级激光的可接近辐射对眼睛和皮肤非常危险，漫反射和间接观看的激光可能对眼睛有害。4 类激光器必须配备钥匙开关并具有内置安全联锁装置，大多数工业、医疗、科学和军用激光器都属于这一类

3.5.3　最大允许曝光

最大允许曝光（MPE），是光源允许的最高功率或能量密度，分别以 W/cm^2或 J/cm^2为单位，通常认为它是人眼安全界限，低于此值对眼睛造成任何伤害的可能性可以忽略不计。MPE 通常取功率或能量密度的 10%，在最坏的情况下有 50%的概率会导致损伤。眼睛和皮肤暴露的功率/能量密度 MPE 值是波长与曝光时间的函数，其源于 ANSI Z136.1 标准。激光眩目器主要使用绿色波段波长，在某些情况下使用红色和蓝色波段波长，这些波段的连续波和纳秒脉冲激光器的 MPE 数据如下：

（1）对于波长范围为 400~700nm 的连续波激光器，包括绿光和红光激光器，在 10~3×10^4s 的曝光持续时间内，MPE 为 1.0mW/cm^2。

（2）对于波长范围为 400~450nm 的连续波激光器，包括蓝光激光器，在 100~3×10^4s 的曝光持续时间内，MPE 为 0.1mW/cm^2。

（3）对于波长范围为 400~700nm 的脉冲激光器，包括红光、绿光和蓝光激光器，MPE 分别为 0.5μJ/cm^2 和 1.8 $\times t^{0.75}\times10^{-3}$ J/cm^2，曝光时间分别为 1ns~18μs 和 18μs~10s。

3.5.4　四级致盲激光武器协议

1995 年 10 月 13 日在《维也纳公约》通过了《条约和其他国际法令系列》09-721.2 中关于致盲激光武器的第四议定书，该议定书禁止使用和转让致盲激光武器。协议内容转载如下：

第一条：禁止使用专门设计以对未用增视器材状态下的视觉器官，即对裸眼或戴有视力矫正装置的眼睛，造成永久失明为唯一战斗功能或战斗功能之一的激光武器。缔约方不得向任何国家或非国家实体转让此种武器。

第二条：缔约方在使用激光系统时应采取一切可行的预防措施，避免对未用增视器材状态下的视觉器官造成永久失明。这种预防措施应包括对其武装部队的培训和其他切实措施。

第三条：属军事上合法使用激光系统包括针对光学设备使用激光系统的意外或连带效应的致盲不在本议定书禁止之列。

第四条：为本议定书的目的，"永久失明"是指不可逆且无法矫正的视觉丧失，此种视觉丧失为严重致残性且无恢复可能。严重致残相当于用双眼测定视敏度低于 20/200 斯内伦。

该协议的第一条强调了低致命性激光武器（如激光眩目器）的重要性，其设计应具有尽可能低的 NOHD 和内置安全功能，以确保该设备在其整个工作距离内都是安全的。若目标个人意外进入 NOHD，则其安全功能最好能够关闭激光束。议定书第一条的另一个有趣推论是，虽然禁止对裸眼或使用矫正视力设备的眼睛造成永久性伤害，但若使用光学仪器（如光学瞄准具）导致眼睛永久性失明，则不违反协议。

3.6　代表性激光系统

本节将介绍一些具有代表性的激光眩目器，包括用于近距离作战的中短程设备、用于人群/暴徒控制的车载系统、用于防御空中威胁的远程激光眩目器以及航天器上的空间激光眩目器。

3.6.1　手持和武器装配的激光眩目器

许多公司提供手持式和可装配在武器上的激光眩目器，一些比较知名的设备包括美国 B. E. Meyers 公司的 GLARE MOUT、GLARE MOUT PLUS、GLARE GBD-IIIC、GLARE LA-9/P 和 GLARE RECOIL，美国 Laser Energetics 的 DEFENDER 和 GUARDIAN，美国军事研究实验室开发的 Sabre-203，美国 Wicked Lasers 的威胁评估激光照明器（Threat Assessment Laser Illuminator, TALI），阿拉伯联合酋长国 Passive Force 的 Medusa 和 Hydra 激光眩目器，英国 Thales Group 的（Green Light Optical Warner, GLOW）和美国 L. E. 系统公司的紧凑型高功率（Compact High Power, CHP）激光眩目器。

GLARE MOUT 是一种非致命的视觉干扰激光，有效范围为 20m~2km。该设备配置有 125mW 绿色激光器，发射波长为 532nm，标识危害距离为 18m，非常适合应用于小型武器集成以及移动作战人员。据报道，GLARE MOUT 在伊拉克和阿富汗挽救了无数士兵与非战斗人员的生命。与标准 GLARE MOUT

相比，GLARE MOUT Plus 的功率增加了 60% 以上。GLARE GBD - ⅢC 是 GLARE MOUT 的长距离型号，非常适合船对船信号发送或空中监视，该设备的功率是 GLARE MOUT 的两倍，光束更集中，工作范围为 72~4000m，下限是肉眼的 NOHD。GLARE LA-9/P 也是围绕 250mW 绿色激光器构建的，是另一种用于告警的远程视觉威慑激光设备，其目的是在 0.3~4km 的有效范围内进行船对船信号发送或空中警戒。GLARE LA-9/P 具有一个附加功能，即如果目标在标识危害距离内，则会自动关闭设备。GLARE RECOIL（图 3.25）也配置有 250mW 激光光源，并将激光测距仪集成到了安全控制系统中。

图 3.25　GLARE RECOIL 系统

美国 Laser Energetics 公司的激光眩目器是另一种非常常见的设备。它有两种型号：GUARDIAN，工作范围为 1~300m（取决于型号）；DEFENDER，工作范围为 1~2400m（取决于型号）。这两种型号都会暂时削弱目标对手的视野，并成功消除威胁者看到、参与或有效瞄准目标的能力。两种型号的激光眩目器在超过 1m 的距离外都是对人眼无害的。

Sabre 203 榴弹激光入侵反制系统使用 250mW 红光激光二极管，光源安装在标准 40mm 榴弹形状的硬塑料胶囊中，适合装入 M203 榴弹发射器中，有效范围为 300m。Sabre 203 眩目器曾于 1995 年在联合盾牌行动期间在索马里使用。

光子干扰器被归类为 TALI，是美国 Wicked Lasers 与极限替代防御系统（Xtreme Alternative Defense System，XADS）公司合作开发的另一种非致命高功率绿色激光器。这种战术激光器配备了多功能可调焦准直透镜，在近距离使用使攻击者丧失行动能力或从远距离进行威胁识别时，可以对范围和功率强度进行补偿。TALI 系列设备配置有波长为 532nm 的 100mW 激光器，能够产生具有 1.5~7.5mrad 发散角可调的激光束。

MEDUSA 激光枪是一种独立的高功率绿光激光设备，配置有一个 5000mW 的绿光激光模块，可以有效地作用于静态和移动目标。HYDRA 激光眩目器是一个更紧凑的单元系统，配置有一个 1000mW 的绿光激光模块，与 MEDUSA

激光枪一样，也可以有效地用于静态和移动目标。

GLOW 是一种装配在枪支上的激光眩目器，它可以实现远程操作或作为手持设备使用，用作手持设备时配备有手柄或枪托。GLOW 激光眩目器提供两种可供选择的光束发散角，可分别用于近距离或长距离对抗。在这两种模式下，光束都可以被调制成脉冲模式以提供更高级别的警告。两种情况下的最大工作距离分别为 50m（宽）和 350m（窄），图 3.26 显示了该设备。

图 3.26 绿色光学警告器

CHP 激光眩目器可发射 500mW 的高闪绿光眩目激光束，具有更高功率的 CHP，在更大的光斑尺寸上可产生可靠的眩目效果，可用于移动的车辆或个人。在明亮的环境条件下，应用于远距离保护入境控制点和车队时，这一特点尤为重要。

3.6.2 车载和平台装配激光眩目器

针对各种不同的应用场景，人们开发了许多静态装配和车载激光眩目系统，包括人群/暴徒控制以及涉及远程作战的应用场景，如保护关键地面资产免受空中威胁和保护海军平台免受非对称威胁。BeamQ Lasers 公司的车载远程激光眩目器就是这样的系统，它配置有 3000mW 的绿光激光器，并与红外夜视设备集成，工作范围为 3000~5000m。

Passive Force LLC 公司的 SEALASE-Ⅱ是一款高功率非致命性激光眩目器，安装在稳定的 IP 控制云台上。该系统配置有 5000mW 的绿光激光器，并可与多个摄像传感器集成，集成的摄像传感器可以是全时彩色、热敏或超微光 CMOS 摄像机，以提供其性能的扩展。该系统配备有用于视觉跟踪的光学传感器，以及基于雷达的目标跟踪和转换提示的可选功能，能够用来构建远程警戒系统，以保护关键资产免受空中威胁。该系统允许用户在压制/威慑、打击/警告和照明操作之间进行选择。

STORM 系统不是单一的激光眩目系统，而是一个综合系统，将一系列非致命性警戒技术集成到一个封装系统中。STORM 系统可以实现车载或固定安装，并由具有显示器且易操作的多功能操作系统控制，可以在车内或控制室使用。STORM 系统旨在满足直接面临威胁的友方人员的应用需求，集成了多种非致命性警戒技术，包括使用探照灯、激光和声音进行威慑。

3.7 新 趋 势

激光眩目器在各种低强度冲突中已展示出显著的应用效果或应用潜力，包括近距离战斗、边境巡逻、海岸监视、控制不法暴徒、应对非对称威胁（特别是海上作战场景），以及保护关键基础设施免受恐怖袭击等多种场景。目前，已有和正在开发多种激光眩目器以适用不同的应用要求。例如，在提供手持便携式设备以满足准军事和执法机构的短程应用需求的同时，还开发了具备电光瞄准、目标获取和锁定跟踪功能的基座装配与车载版本，以满足各种新兴应用场景的需要。

虽然手持式和武器集成式的短程与中程激光眩目器被广泛应用于反恐和反暴乱行动，但专为对付非法和暴力人群而设计的车载系统正逐步开始应用。安装在稳定平台上的舰载中远程激光眩目器在应对非对称威胁方面有巨大的应用潜力，并引起了安防部队的兴趣。近期另一个极具吸引力的发展方向是将远程激光眩目器系统安装在云台平台上，并配备光电追踪和雷达探测网络集成系统，以提供对战略资产的全天候保护，免受空中平台的侵犯。

据报道，以几千赫的频率发出随机闪烁的红、绿、蓝强光的 RGB 激光眩目器也正在开发中，但是目前没有太多关于这种设备的商业信息。这些设备通常使用激光二极管阵列和/或二极管泵浦固态激光模块来产生所需的波长，也可以使用红光、绿光和蓝光 LED 阵列代替。研究表明，当遭遇自杀船只和海盗等非对称威胁时，RGB 激光眩目器在海洋环境中比单波长（红光或绿光）眩目器更有效。

在不远的将来，人们将会看到覆盖全球的激光眩目器部署，如第 1 章所述，这些系统将使用遥控的薄膜反射器接收来自站源的眩目激光束，并将其引导至预期的目标位置。

参 考 文 献

［1］ Davison, N., *Non-Lethal Weapons*, Palgrave Macmillan, 2009.

［2］ Hecht, J., *Understanding Lasers: An Entry Level Guide*, Third Edition, Piscataway, NJ: Wiley-IEEE

Press, 2008.

[3] McAulay, A. D. , *Military Laser Technology for Defence*, Hoboken, NJ: Wiley-Interscience, 2011.

[4] Maini, A. K. , *Handbook of Defence Electronics and Optronics: Fundamentals, Technologies and Systems*, Hoboken, NJ: John Wiley-Blackwell, 2018.

[5] Maini, A. K. , *Lasers and Optoelectronics: Fundamentals, Devices and Applications*, Chichester, UK: Wiley-Blackwell, 2013.

[6] Perram, G. P. , *An Introduction to Laser Weapon Systems*, Directed Energy Professional Society, 2009.

[7] Titterton, D. H. , *Military Laser Technology and Systems*, Norwood, MA: Artech House, 2015.

[8] Waynant, R. , and M. Ediger (eds.), *Electro-Optics Handbook*, New York: McGraw-Hill, 2000.

第4章 定向能激光武器

在第1章介绍的光电技术和系统的使用概述中，简要讨论了低功率定向能激光系统在国土安全和低强度冲突场景中的作用。本章更进一步详细地描述了定向能激光设备和系统在军事中的应用，重点关注准军事部队和安全机构使用的设备与系统，主要包括使敌方小型武器、陆基平台和无人驾驶飞行器上光电传感器失效的激光对抗装置、用于消除未爆炸弹药以及破坏恐怖分子隐匿之处的千瓦级激光系统。低功率定向能激光武器的另一个主要应用是用于低致命的杀伤人员激光武器，这已在第3章中进行了全面讨论。

4.1 定向能激光武器简介

定向能激光武器利用激光的定向能特性来达到预期的伤害，这些伤害包括可能使敌方人员的视力暂时受损，如激光眩目器；干扰安装在小型武器和车辆平台上的光电传感器，使激光导引头饱和失效，从而避免在激光对抗中受到激光制导攻击；以及使用陆基激光干扰无人机和近地轨道卫星上的光电传感器。虽然定向能激光器具有某些特定性质和伴随的运用优势，导致了上述潜在应用的出现，但是这些优势也存在一定的局限性。下面将简要讨论定向能激光武器的运用优势和局限性。

4.1.1 优点和局限性

低功率定向能激光系统以及高功率定向能激光武器的主要优点包括光速发射、近乎零的附带损害、多目标交战和快速重新定位能力、抗电磁干扰以及不受重力的影响。大容量弹夹和低单发成本是定向能激光武器的其他优势，这已在3.1.2节中讨论过。

定向能激光系统的使用和效能的局限性包括它们对视线的依赖性、对驻留时间的要求、面临的大气衰减和湍流问题以及对硬化结构的无效性。激光武器需要瞄准目标才能与目标交战，它们的效果会因目标前方存在任何无法被烧穿的物体或结构而降低或抵消。定向能激光系统需要一定的最短驻留时间，时间长短取决于应用场景，以积累足够的能量来破坏目标。激光武器的有效性受到大气条件的不利影响，会引起激光束强度的衰减。衰减来源于空气中的颗粒和气体分子的吸收与散射，以及激光束波前畸变和目标处激光束光斑尺寸增加导致的光束质量劣化。

4.1.2　潜在应用

定向能激光系统的潜在应用领域大致分为中短程战术任务和远程战略任务。战术类的应用多与国土安全和低烈度冲突场景相关，战术类系统的重要应用领域包括：

（1）用于干扰安装在小型武器、陆地车辆、无人机、激光制导弹药和执行监视任务的低地球轨道卫星上光电传感器的激光对抗系统。

（2）地雷、未爆炸弹药和简易爆炸装置等军械的防区外销毁。

（3）对 RAM 的地面防御。

（4）用于摧毁敌方无人机的陆基系统，以及飞机对肩扛式地对空等便携式导弹的空中防御系统。

（5）用于机动巡航导弹和战术弹道导弹的舰载防御系统。

除了反 RAM、反便携式防空导弹、反弹道导弹和反无人机高功率激光武器，其他应用包括对光电传感器和监控摄像头的干扰或致盲、激光对抗和未爆炸弹药的销毁，已被准军事部队、打击叛乱和恐怖主义的安全机构广泛接受。

4.2　激 光 对 抗

激光对抗系统隶属于工作在紫外到红外电磁辐射光谱区电光对抗的一部分，包括瞄准、观察和监视设备、激光指示器和测距仪、激光雷达和光电传感器（如分别用于激光制导弹药和红外制导武器的激光导引头与红外导引头）。电光对抗与不同类型的激光对抗的相关性源于这样一个事实，即每当一种防御技术成熟并广泛应用时，就会引发对相应对抗技术和系统的巨额研发投入。这种情况在射频电磁辐射波段的雷达和其他相关军事系统已得到验证，如今在光频波段的激光器和相关设备中再次显现。

4.2.1　关联性

开发和部署可对敌军类似系统部署进行有效对抗的激光器，越发符合现阶段的对抗需求。目前，任何军事平台，无论是陆基、空中还是舰载，都有暴露在激光辐射下的风险，这些平台的活动始终受到各种光电设备和光电传感器的持续监视。因此，使这些设备和传感器在战场上失效，会对一个国家的战场作战能力产生巨大的影响。部署旨在使常规激光设备和系统丧失能力或失效的光电对抗（Eletro-Optic Countermeasure，EOCM）设备与系统将取得事半功倍的效果，因为敌方阵营平台装备的失效就等同于己方平台作战能力的增加，这对于提高配备这种装备的武装部队生存能力大有帮助。

4.2.2 被动和主动对抗

光电对抗广义上可分为被动对抗和主动对抗。被动对抗主要用于平台保护，包括使用装甲、伪装、防御工事和其他保护技术，如自密封油箱。主动对抗可分为软杀伤对抗和硬杀伤对抗。软杀伤对抗会改变受保护平台的电磁、声学或其他形式的特征，从而对来袭威胁的跟踪或感知能力产生不利影响。在光电对抗的背景下，来袭的威胁可能是激光制导炸弹、炮弹或红外制导导弹。通过部署烟雾或气溶胶屏障，可以阻挡来自激光目标指示器的辐射，是目前光电对抗中保护平台免受激光制导威胁的一种常见案例。这使制导弹药中的激光导引头无法获得追踪目标所需的所有重要的制导信息。在主动对抗的情况下，需主动采取措施对来袭的威胁进行反击。这可以通过暂时或永久失效导弹的某个部件，如起到制导作用的激光或红外导引头，或通过向该方向发射反击弹物理摧毁来袭威胁而实现。后者需要使用雷达来检测威胁，因此不被视为电光对抗措施。在用基于激光主动对抗激光制导导弹的情况下，激光报警传感器套件可检测激光目标指示器发射的激光辐射的到达方向，然后沿相同的方向发射一束高功率/能量激光，令目标指示器失效。另一种备受争议的技术是使用高能激光照射距离保护目标 100~200m 远的假目标，从而使来袭的激光制导威胁远离预期目标并击中假目标。对于保护飞机掩体和弹药库等关键与高价值军事资产而言，这是一个非常有吸引力的方法。类似于利用假目标上散射的激光辐射误导激光制导导弹，定向红外对抗采用带内跃迁的中红外激光来扰乱 MANPADS 等红外制导导弹的红外导引头，使其远离目标飞机。

4.2.3 干扰光电传感器

有两种基于激光的主动对抗系统用于干扰众多电光设备和系统前端的光电传感器，包括手持和便携式设备以及安装在武器平台上的设备。第一种类型采用脉冲能量在数百毫焦到几焦范围内的激光系统，这些系统在大多数情况下会饱和，并且在某些情况下会永久损坏前端光电传感器，如激光警告传感器和激光测距仪中的 PIN 与雪崩光电二极管、激光导引头中的象限光电二极管、成像传感器中的 CCD 和 CMOS 传感器，以及基于像增强管夜视设备中的光阴极。在第二种基于激光的主动对抗类型中，使用千焦或千瓦级的激光系统，用于损坏传感器系统的前端光学器件，其损伤阈值功率或能量相对要高于相应的饱和阈值。同样，不同类型的传感器具有不同的饱和阈值和损伤阈值。例如，CMOS 和 CCD 传感器的损伤阈值远低于硅光电二极管，CCD 传感器的损伤阈值也低于 CMOS 传感器。在硅光电二极管中，损伤阈值能量密度通常大于 $1.0 \mathrm{J/cm^2}$。CCD 和 CMOS 传感器类似，分别为 $0.03 \mathrm{J/cm^2}$ 和 $0.05 \sim 0.1 \mathrm{J/cm^2}$，以上数据是基于 1064nm 纳秒脉冲激光辐射获得的典型参数值。

在下述几种部署场景中，激光对抗措施被应用于干扰包括手持和便携式电光设备的传感器。例如，夜视设备、监视摄像机、用于观察和监视的光学目标定位器等设备的前端传感器；激光目标指示器和测距仪接收通道中的前端传感器；安装在平台上的用作防御辅助套件组成部分的激光警告传感器；以及用于以半主动激光制导模式部署的激光制导导弹导引头的前端传感器。下面简要介绍几个重要的部署方案。

大多数部署方案使用以下两种对抗机制：第一种方法是对抗系统采用与高功率/能量激光束共线的相对较低功率的探测激光束。探测激光束在目标电光系统上扫描，当探测激光束进入目标系统前端光学器件的视场内时，前端光学器件的焦平面会产生逆反射，逆反射的激光束返回对抗系统，从而获得有关目标系统位置的信息，然后在那个方向传输高功率/能量激光光束以达到预期的效果。这种机制应用于被动光电设备和系统，如瞄准设备、夜视设备、热成像仪和监控摄像机，图 4.1 所示为这种方法的概念图。

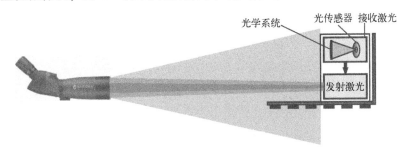

光学系统　光传感器　接收激光

发射激光

图 4.1　被动光电系统的对抗策略

第二种方法是对抗系统把发射激光的主动电光系统作为攻击目标，代表性例子包括激光测距仪、激光目标指示器和光学目标定位器。在这种情况下，对抗系统由激光传感器或激光传感器阵列以及高功率/高能激光源组成。工作过程如下：首先，激光传感器检测到目标光电系统发出的激光威胁并确认其位置与指向；其次，将目标系统的位置信息传递给高功率/能量激光束瞄准系统，进而引导高功率/能量激光束沿目标系统的方向传输，以干扰前端光电传感器、前端光学器件，损伤效果具体取决于其功率/能量水平。用于防御激光制导弹药攻击的对抗系统即采用了这一概念，图 4.2~图 4.5 所示为三种不同的激光制导弹药（Laser Guided Munition，LGM）投放方式示意图。图 4.2 显示了陆基激光目标指示器（Laser Target Designator，LTD）和激光制导弹药投放平台的工作原理。在图 4.3 中，目标指示器是陆基的，而制导弹药从飞机上投放。图 4.4 显示了另一种投送机制，其中目标指示器和制导弹药位于不同的机载平台。在图 4.5 中，目标指示器和制导弹药在同一个机载平台上。

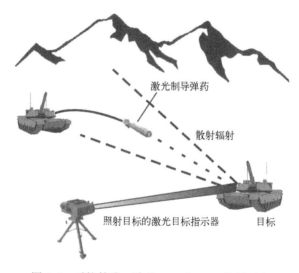

激光制导弹药

散射辐射

照射目标的激光目标指示器　　　目标

图 4.2　对抗策略：陆基 LTD 和 LGM 发射平台

　　如果投送行动中使用的激光目标指示器失效，则会使依赖于导引信号的来袭威胁武器的激光导引头无法精确击中目标。在这种情况下，通常由于激光目标指示器的接收视野狭窄，激光警告传感器需要具有优于 1° 的入射角测量精度。同样，最先进的激光导引头在近距离内极难被干扰，其将会继续沿着上一次锁定时的轨迹飞行。

　　还有一些其他对抗技术在用于执行对抗行动时，对激光威胁的入射角没有任何的严格要求。这些技术不是使用定向能激光来使目标光电系统的光电传感器失效，而是误导它们使其远离朝向目标的行进轨迹。这种成熟技术涉及使用激光警告传感器系统，该系统通常具有 360° 方位角和所需的仰角覆盖范围，并与气溶胶/烟雾屏蔽系统连接。激光警告传感器检测到激光威胁并确定其到

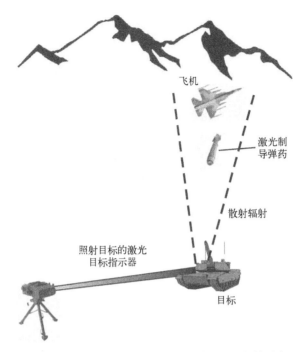

图 4.3　对抗策略：陆基 LTD 和机载 LGM 发射平台

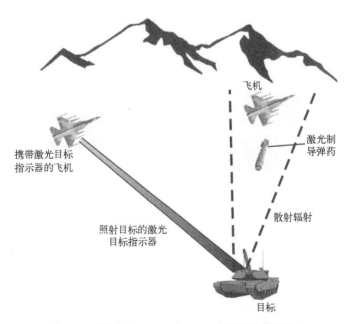

图 4.4　对抗策略：LTD 和 LGM 在不同机载平台上

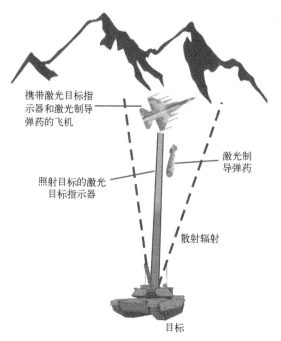

携带激光目标指示器和激光制导弹药的飞机

照射目标的激光目标指示器

激光制导弹药

散射辐射

目标

图 4.5　对抗策略：LTD 和 LGM 在同一个机载平台上

达方向，然后向相关的气溶胶或烟雾弹发送命令信号，以将其部署在激光辐射的路径中，从而阻止激光辐射到达要保护的目标，最终导致激光制导系统失锁，大大降低了其击中目标的概率。图 4.6 是这种技术的示意图。

　　还有另外一种技术使用的是一种激光诱饵，它可以根据要保护的实际目标的脉冲重复频率编码来模拟激光特征，图 4.7 通过包含不同组件的系统示意图说明了这个概念。这一技术适用于保护关键资产免受来自机载平台的激光制导导弹攻击，图 4.8 所示就说明了保护关键资产的情况，即当激光辐照来自陆基激光指示器时，受保护资产（在图中为飞机掩体）免受激光制导导弹攻击的情况，该技术同样适用于机载平台。激光告警传感器套件由安装在掩体顶部的多个激光检测传感器组成，具有 400~1100nm 的光谱响应带，以覆盖激光制导导弹投送中使用的激光目标指示器的工作波长 1064nm，入射角精度优于 1°，内置 PRF 解码模块可在运行的 PRF 代码处生成具有所需精度的 TTL 脉冲序列，两个连续脉冲之间的时间间隔通常优于 ±1μs。PRF 解码模块还执行解码脉冲序列和复制脉冲序列的边缘匹配任务，PRF 的解码精度在两个连续脉冲之间的时间间隔约为 ±1μs，根据要保护资产的大小和位置，可能需要使用多个激光传感器模块。PRF 编码信息被反馈到与激光目标指示器相同类型的高能激

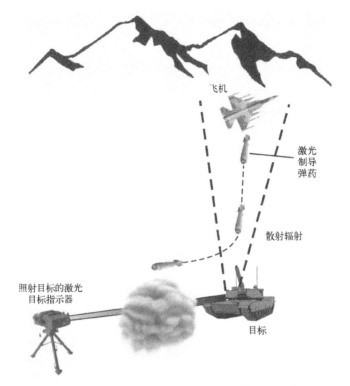

图 4.6 激光告警与对抗系统

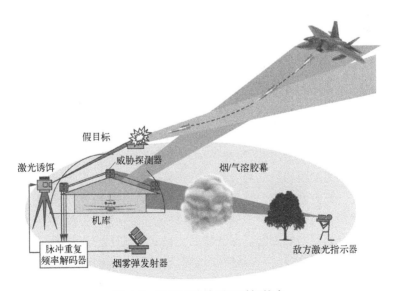

图 4.7 激光威胁检测和诱饵技术

光器上，以相同的波长和解码的脉冲重复频率运行。激光照射距离要保护的资产为200~300m处的假目标，假目标旨在将激光辐射以一个宽的圆锥形沿来袭威胁方向进行散射。在对假目标进行激光照射的同时，向来自敌方激光目标指示器的入射激光辐射方向发射一枚烟雾弹，以阻止来袭激光制导弹药的导引头接收激光辐射。此时，导引头只接收来自假目标的辐射。激光导引头锁定来自假目标的辐射并将武器引导至假目标处，大多数最先进的导引头将锁定第一个真正的脉冲重复频率代码。因此，仅暂时从真正辐射中断开锁定，并迫使导引头将锁定切换到模拟激光辐射是十分重要的一个步骤。一旦建立了对模拟辐射的锁定，真正辐射的再现并不能恢复其原始锁定状态，这一现象在激光诱饵方法中得到了充分利用。

图4.8 激光威胁检测和诱饵部署

4.2.4 激光致盲炮弹和手榴弹

激光对抗领域中干扰光电传感器的一个新兴技术是利用一次性激光致盲弹或激光手榴弹，其在激活时会产生极强的闪光。它们的外壳包含爆炸材料和惰性气体，如氩气、氖气和氙气，当爆炸材料被点燃时，会产生高压高温气体，从而在约1000℃的高温下形成等离子体。等离子体伴随着极强的闪光，闪光在从紫外到红外的波段内产生全方位和定向辐射。这些发光致盲的炮弹可以通过常规榴弹炮、迫击炮或重力炸弹发射，也可以作为手榴弹投掷。目前，已经开发了散射型和定向型两种类型的激光手榴弹，这些手榴弹可以产生高效的激光束，使光电传感器功能失调。激光致盲弹具有更大作战范围的优势，作战范围最大可达20km，此外，与其他激光对抗系统不同，它们不需要精确瞄准，也不会暴露发射位置。

4.2.5　具有代表性的对抗系统

电光对抗系统种类繁多，包括特定平台和特定应用系统，下面简要介绍几个具有代表性的对抗系统。这些电光对抗系统设计是用于干扰对手的光电系统，并保护平台或高价值资产免受激光制导弹药攻击。

（1）莱茵金属防务公司（Rheinmetall Defense）的快速遮蔽系统（Rapid Obscurant System，ROSY）有两种版本：用于提供陆地保护的快速遮蔽系统（ROSY-L）和用于海上保护的快速遮蔽系统（ROSY-N）。ROSY-L（图 4.9）是一种烟雾/遮蔽保护系统，旨在为轻型军用和民用车辆的组员与乘客提供保护，使其免受突然袭击，如在侦察巡逻或车队移动时遇到的制导武器威胁，包括电视、电光（Electro‑Optic，EO）、红外（Infrared，IR）、成像红外（Imaging Infrared，IIR）和半主动视距指挥（Semiactive Command to Line‑of‑Sight，SACLOS）制导武器。ROSY-L 系统的一种型号称为 ROSY MOD，被设计应用于小型武器站和特种作战部队使用的轻型车辆，它与平台集成，无须在平台表面安装发射器，因此使其难以被检测到。ROSY-N 旨在保护海军和海岸警卫队免受导弹与沿海地区以及内陆水域的不对称攻击，特别适合安装在巡逻舰、快艇、快速攻击艇、登陆艇上。

图 4.9　ROSY-L 对抗系统

（2）多弹药软杀伤系统（Multi Ammunition Soft Kill System，MASS）是莱茵金属防务公司的一种软杀伤对抗系统，是一种紧凑型全自动舰载软杀伤激光发射系统，设计用于防御采用射频、红外和/或光电导引头的反舰导弹以及非对称威胁，通过部署带有雷达、红外、激光、电光和紫外有效载荷的可编程多光谱全能诱饵弹实现。MASS 可以在独立模式下使用，也可以作为带有命令和控制系统的集成设备来使用。

（3）由美国海军研究办公室（Office of Naval Research，ONR）、海军研究实验室（Naval Research Laboratory，NRL）和诺斯罗普·格鲁曼公司在小型平台电子战集成系统（Electronic Warface Integrated System for Small Platform，EWISSP）计划下联合开发的激光对抗（Laser Countermeasure，LaCM）系统，旨在保护小型表面平台免受激光制导弹药的攻击。LaCM 系统的主要子系统包括用于迷惑威胁武器的对抗激光器，可使用合适的光学器件将对抗激光能量引导至接近的激光制导威胁武器上，或用于提供加强型防御的可安装桅杆上。

（4）法国 CILAS 公司的 DHY-322 激光诱饵系统主要由激光探测系统和高能激光器组成。高能激光器安装在受控转塔上，激光探测系统检测敌对激光辐射的来源，破译其 PRF 编码，然后以解码的 PRF 编码使高能激光器同步运行。利用高能激光辐射照射假目标，从假目标散射的激光辐射使接近的激光制导导弹转向击中所选区域上错误的激光光斑标识位置。DHY-322 专为保护船舶、战略地点和其他高价值资产而设计。

（5）洛克希德·马丁公司的"黄貂鱼"激光探测和对抗系统是另一种 EOCM 系统，旨在通过准确定位和令对手的光学与光电火控系统失效来保护前线部队。"黄貂鱼"系统利用猫眼效应通过探测激光捕获光学和电光系统，该系统配备千瓦级 CO_2 激光器和 Nd:YAG 以及倍频 Nd:YAG 激光器，能够使光电传感器致盲，作用距离可达 8km，且杀伤人员工作距离更远。

（6）AN/VLQ-6 HARDHAT 是由劳拉公司（Loral，Inc.）开发的车载导弹对抗装置（Missile Countermeasures Device，MCD），该系统用作综合预警和威胁响应对抗系统的一部分，可检测和拦截激光信号以对迫在眉睫的攻击提供警告，然后该系统发射红外激光来破坏威胁的导弹/指挥跟踪回路单元。该系统通常安装在炮塔上方的高处，使其能够执行前弧扫描以探测并诱骗大多数广泛使用的反坦克导弹（Anti-Tank Guided Missile，ATGM）。

（7）LARC 是由美国和英国联合开发的机载激光测距与对抗系统。该系统由 4 个传感器组成，覆盖飞机下方的半球区域，以计算激光威胁的入射角，它采用高能对抗光束来消除威胁。

（8）美国研制的"卡罗拉王子"是一种基于"黄貂鱼"技术的机载激光武器。与"黄貂鱼"相比，它具有更高的输出功率和更大的工作范围，主要用于致盲陆基光学和光电跟踪系统。激光手榴弹是激光对抗领域的又一重大发展。

4.3 战术应用的定向能激光器

定向能激光武器的作战场景大致可分为中短程战术任务和远程战略任务，本节将进行简述。

4.3.1 应用场景

战术级激光武器的重要应用领域包括对 RAM 的陆基防御、摧毁敌方无人机的陆基基站、飞机对抗 MANPADS 的空中防御，如肩射式地对空导弹、舰船防御机动巡航导弹和战术弹道导弹。

基于激光定向能武器系统的远程战略应用主要包括弹道导弹防御和空间控制，如天基激光和反卫星应用。在上述应用中，工作距离通常在数百到数千千米，所需的功率水平在 $1\sim20MW$ 的数量级，具体取决于实际任务情况。空间控制应用（如反卫星应用）所需的功率比弹道导弹防御所需的功率水平高得多，表 4.1 概述了激光武器在相关工作距离内的任务能力以及战术级定向能激光武器的激光功率水平。

表 4.1 激光任务能力和所需功率水平

序 号	任务目标	典型射程/km	激光功率/kW
1	反 UAV/RPV 无人机	$1\sim3$	10
2	舰艇表面威胁防御	$1\sim3$	10
3	短程战术应用：反 RAM、反导弹	$1\sim3$	50
4	空中精确打击地面目标	$5\sim10$	100
5	陆基防空和导弹防御：反 RAM、MANPADS	$5\sim10$	100
6	反坦克导弹、RPG 和巡航导弹	$5\sim10$	100
7	飞机、直升机和无人机的区域封锁	$5\sim10$	100

4.3.2 典型系统

在过去的几十年里，多种用于战术用途的定向能激光武器技术演示系统已被成功开发并进行了现场测试。在战术类激光武器中一个著名的基于激光的定向能武器系统是诺斯罗普·格鲁曼公司的 THEL，该激光器采用：基线静态

HEL 和可重新定位的移动版本 Mobile THEL（M-THEL）两种配置。THEL 系统是点防御武器系统，旨在打击和摧毁火箭弹、炮弹、迫击炮弹和低空飞行器，该系统使用波段为 3.8μm 的 DF 激光器。THEL 演示系统在 2000—2004 年成功进行了多次测试，摧毁了多枚 122mm、160mm 卡秋莎火箭弹、多发炮弹和迫击炮弹，包括迫击炮的齐射攻击。

高级战术激光器（Advanced Tactical Laser，ATL）使用 80kW 氧碘激光器，该激光器安装在改进的波音 C-130H 大力神飞机上（图 4.10），可从飞机底部的一个孔中突出的旋转炮塔明显看出。这种化学激光器类似于为机载激光（Airborne Laser，ABL）计划开发的激光器，但输出功率要低得多。ATL 的设想是借助小型飞机的机动性，提供用于目标识别的高分辨率图像，以及具有在 8~10km 范围内将破坏局限在直径小于 1 英尺（1 英尺 = 0.3048m）的小区域能力。

图 4.10　搭载 ATL 的 C-130H 飞机（图片来源：维基共享）

目前，一些基于固态和光纤激光器的定向能激光系统正在开发与测试，以满足从军械销毁到反导弹和反 RAM 应用的战术任务需求。雷声公司开发并成功测试了一种名为 Laser Phalanx 的定向能激光系统，采用 20kW 工业光纤激光器，该系统已成功地对 0.5km 外的静态迫击炮目标进行了对抗演示。雷声公司还成功测试了一种名为激光武器系统（Laser Weapon System，LaWS）的舰载固态激光武器，可以射击 4 架无人机，图 4.11 显示了搭载在美国海军平台上的 LaWS 系统。

图 4.11　海军舰艇 USS Ponce 上的 LaWS 系统（图片来源：维基共享）

4.4　作为反卫星对抗手段的定向能激光器

根据现有研究成果，只要满足某些特定条件，具有中等平均功率水平的定向能脉冲激光就足以对光学器件造成部分或全部损坏，如低轨监视和地球成像卫星上的滤光片及传感器。据报道，一些美国监视卫星上的光电传感器曾被陆基定向能激光击中，造成光学前端的滤光片和光电传感器部分损坏，据悉，这些事件是别国在进行卫星激光测距实验时无意造成的。本节将简要介绍卫星激光测距和可能导致此类事件的卫星轨道参数。尽管这些事件可能是无意的，并没有测试反卫星武器的目的，但它确定了相比于高功率定向能激光武器中采用的连续波激光功率，干扰低轨地球成像卫星上的传感器对陆基定向能激光平均功率水平的要求相对低得多。

4.4.1　卫星激光测距

卫星激光测距（Satellite Laser Ranging，SLR）是一种使用激光测量地球轨道卫星距离的技术，其目的是确定卫星的轨道参数及其与预测值的偏差，并通过这种方法准确地确定卫星位置相对于地球质心随时间的变化。在卫星激光测距中，分布在地球的地面网络基站测量超短激光脉冲从激光接收器传输到配备特殊反射器的卫星并返回激光接收器的瞬时飞行时间，用以计算卫星距离地球的瞬时距离信息，精度可达几毫米，用于生成有关卫星轨道参数的数据。具有调 Q 包络的脉冲宽度在几十皮秒量级的锁模 Nd-YAG 激光器是卫星激光测距的优选激光光源。在大多数情况下，使用的是调 Q 包络脉冲串中峰值功率最高的激光脉冲，虽然其平均功率可能仅有几瓦，但假设脉冲能量为几十毫焦到几焦耳，脉冲宽度为 10~20ns，脉冲重复频率为 10~20Hz，其峰值功率通常可达千兆瓦数量级。同样，与 1064nm 的红外激光相比，通常使用 532nm 的倍频激光，因为与近红外激光器相比，可见光探测器的响应速度和量子效率要高得多。

4.4.2 光学系统和传感器弱点

卫星激光测距实验是在近地轨道的合作卫星上进行的，这些卫星都安装有一个逆反射器，逆反射器具备将发射的激光能量反射回 SLR 站的功能，用以计算飞行时间，从而计算周期移动距离。SLR 站有时还配备激光器，用于将激光能量引导到近地轨道上的非合作空间碎片上，以确定它们的轨道参数。诸如敏感成像传感器之类的光电传感器可能容易受到这种激光器运用的不利影响。下面分析卫星传感器更易受影响的情况，如果近地轨道卫星不在 SLR 正上方时，将 SLR 激光器对准近地轨道卫星以确定它们的距离，那么任何传感器损坏的概率几乎为零。因为当卫星不在 SLR 正上方或不接近正上方时，传感器无法接收到激光。如果卫星在 SLR 正上方并且传感器观察到发射激光的地球区域，那么如果卫星没有任何快门或其他机制保护传感器免受高强度激光的影响，覆盖传感器甚至传感器一部分的滤光片将有一定的概率受到影响。SLR 激光器的平均功率水平太低，无法通过热效应干扰卫星。同样不会对成像传感器以外的卫星部件造成任何物理损伤。虽然 SLR 站上使用的激光器不能被视为反卫星武器，但这些用于卫星激光测距的陆基激光器可能对近地轨道监视和间谍卫星上的敏感成像传感器造成潜在危险。请注意，位于近地轨道卫星上的视场为 1° 的传感器过境时观察地面激光的时间通常为 1~2s，在此期间，如果激光以 10Hz 运行，则传感器将接收 10~20 个激光脉冲，足以对滤光片和/或传感器造成损伤。

4.5 用于清除太空碎片的定向能激光器

由于级联失控碰撞，近地轨道（Low Eareh Orbit，LEO）中空间碎片密度不断增加，这对卫星和其他星载平台构成了巨大威胁。级联碰撞也称为级联消融或凯斯勒现象，是指物体之间的碰撞产生级联效应的场景，因为每次碰撞都会产生空间碎片，进而增加更多碰撞的概率，如果这个问题得不到解决，卫星和其他太空探测器就可能无法使用大部分近地轨道空间。同样，随着越来越多的航天器发射，发生级联碰撞的概率也会增加。一块碎片与航天器碰撞的相对速度预计为 10~12km/s，其能量密度是炸药的 10 倍，如果一个 100g 重的螺栓击中乘员舱，则极有可能对国际空间站造成致命伤害。

4.5.1　空间碎片粒子：尺寸和影响

空间碎片粒径分布在从几分之一厘米到大于 10cm 的范围内，如第 1 章所述，大小在 1~10cm 的碎片对航天器来说是最危险的，因为小于 1cm 的碎片颗粒可以通过加固航天器进行防范，如使用惠普护罩（Whipple Shields）。以 Fred Whipple 命名的惠普护罩是一种保护罩，可保护航天器免受因与超高速微流星体和其他快速移动的小碎片碰撞而造成的损坏，其也称为流星偏转屏，它的基本原理是小流星体或小碎片撞击坚固固体表面时会发生爆炸。因此，当航天器被一层厚度约为其主外皮厚度 1/10 的惠普护罩保护时，撞击体将在对航天器造成任何实际伤害之前被摧毁。同样，大于 10cm 的碎片颗粒不太可能对近地轨道航天器造成损坏，因为这些颗粒足够大，大到可以被追踪并通过航天器的机动躲闪避免碰撞。近地轨道空间中已经有数十万个大于 1cm 的碎片粒子，而且这个数字还在增加，因为平均每年有一颗卫星被摧毁，从而增加了近地轨道碎片中的数量。碎片密度在 800~1000km 轨道上达到峰值，这是近地轨道卫星和其他类别航天器占据最广泛的轨道范围。图 4.12 给出了近地轨道空间中空间碎片的示意图。

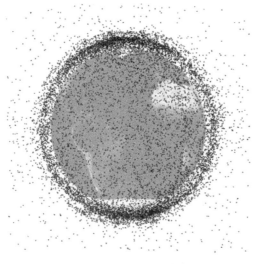

图 4.12　空间碎片分布

4.5.2 典型碎片碰撞事件

截至目前已经发生了许多次典型的碎片碰撞事件，这些事件要么危及近地轨道航天器的运行，要么显著导致空间碎片密度增加，从而危及许多航天器的安全，如发生过近地轨道航天器上的宇航员不得不躲避在太空舱中以避免灾难性碰撞的事件。曾经发生过两起类似事件：一起是在 2009 年 3 月，另一起是在 2011 年 6 月，当时空间站的宇航员被迫进入与空间站对接的联盟号太空舱中寻找掩护，以最大限度地减少被轨道不明物体击穿的可能性。在 2009 年 2 月的另一起事件中，一颗美国铱星公司的卫星与一颗俄罗斯宇宙卫星相撞。根据"凯斯勒现象"，碎片与航天器的碰撞将成为碎片产生最主要的机制，2016 年 8 月 23 日，欧洲航天局下属名为 Sentinel-1A 的地球成像卫星遭到一个毫米大小的物体的撞击，该物体撞击了它的一块太阳能电池板，并留下了近半米宽的可见凹痕，凹痕导致产生的电能下降了几个百分点。它还稍微改变了航天器的方向和轨道，卫星上摄像机拍摄的图像很快证实了这次碰撞。2017 年 1 月 24 日，Swarm 任务的飞行控制小组收到碎片碰撞警报，Swarm-B 卫星可能将受到 15cm 级的 Cosmos 375 碎片的撞击，需要进行机动躲闪以避免碰撞。

尽管可对空间碎片进行跟踪，但跟踪的不确定性结合卫星轨道的不确定性，意味着无法完全排除碰撞，唯一的解决方案就是卫星控制人员将卫星推离碎片物体的运行轨道。尽管可采取主动碰撞规避机制，但最终证明这种机制是不必要的，然而，碎片与卫星的近距离接触确实凸显了空间碎片日益增加的风险。

尽管惠普护罩可抵抗尺寸小于 1cm 的空间碎片，改进的碎片跟踪和轨道预测方法可降低碰撞的可能性，并通过卫星主动躲闪提高威胁防范能力，但鉴于近地轨道空间充斥着各种航天器，包括作为国土安全重要组成部分的监视和间谍卫星，因此最终仍需给出有效的碎片清除措施或清理策略。

4.5.3 激光轨道碎片清除

基于激光轨道碎片清除的概念是基于使用定向激光能量来改变近地轨道碎片的轨迹，作用于碎片时定向能激光脉冲会烧蚀并蒸发碎片材料表面的薄层，从而产生等离子体和羽流。羽流以极高的速度离开物体表面，以至产生足够的力将物体推入新轨道或使其重新进入大气层。在激光轨道碎片清除过程中，首先需对目标碎片进行探测和跟踪，随后来自地面设施或星载平台的脉冲激光沿碎片粒子的方向发射。激光束实际被聚焦在碎片粒子上产生等离子体射流，大部分激光能量进入射流。该过程经优化设计可使射流指向正确且使碎片速度平均减慢 $100\sim150\mathrm{m/s}$，速度的降低可使碎片粒子的近地点下降到 $200\mathrm{km}$，从而快速进入大气层后坠毁，图 4.13 和图 4.14 分别说明了通过陆基激光设施和星载激光器进行激光轨道碎片清除的情况。激光清除碎片所需的目标能量密度通常为 $5\sim10\mathrm{J/cm}^2$，用于此目的的激光器是高能脉冲激光器，可产生 $50\sim150\mathrm{kJ}$ 范围的脉冲能量，脉冲宽度为 $5\sim10\mathrm{ns}$，重复频率为 $5\sim10\mathrm{Hz}$，所需的脉冲能量和平均激光功率主要取决于目标碎片的大小。

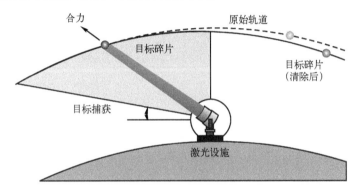

图 4.13　使用陆基激光器进行轨道碎片激光清除

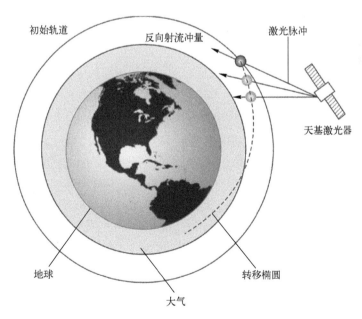

图 4.14　使用星载激光设施进行轨道碎片激光清除

轨道碎片激光清除采用直接烧蚀模式和烧蚀反向射流模式。直接烧蚀模式适用于较小的碎片颗粒，激光能量用于燃烧碎片颗粒。在清除厘米级较大碎片的烧蚀反向射流模式下，激光束瞄准碎片，激光能量用于改变碎片的轨道，以利于其重返大气层，随后被烧毁。基于激光的碎片清除可借助于成熟的高功率激光的技术优势，陆基和天基激光设备都已被实际用于此目的。陆基设施的缺点是脉冲能量会因大气传播而衰减，但对于天基激光器，这一限制得到了克服。此外，天基激光器可以在更大的视场内跟踪和瞄准碎片。然而，天基激光器的发射和运行成本要更加昂贵。

4.6　用于弹药销毁的定向能激光器

使用高功率激光束在安全防区外销毁未爆炸弹药，包括水面布放的水雷、简易爆炸装置（IED）、手榴弹、火炮/迫击炮弹和集束炸弹，是定向能激光系统在国土安全相关领域的新兴应用。通过将高功率激光束聚焦在弹药外壳上来销毁弹药，从而将其外壳背板的温度加热到其超过炸药填料的点火温度。到达点火温度后，炸药填料被点燃并开始燃烧，该过程与目标炸药使用的引信类型无关，该方法会导致弹药低水平爆炸或爆燃，而不是全功率爆炸。使用激光能量进行弹药销毁的优点包括弹匣容量大、精度高、效果可控、附带损害减少，以及可在安全防区外安全且快速地销毁。

4.6.1　应用场景

现阶段，激光弹药销毁系统正被考虑应用于一系列场景中。与国土安全相关的一种可能应用是处理简易爆炸装置，也称为路边炸弹，基于激光的处理系统提供了一种快速、安全和可靠的方法，可在距离超过 150m 的安全防区外处理这些路边炸弹。另一种可能的应用是处理已超过保质期的己方炸药。由于全面常规战争并不经常爆发，经常有大量弹药被储存在弹药库中，这些弹药往往已超过其保质期并正在等待处理。处理如此大量弹药不仅是一项烦琐的工作，而且还存在安全隐患，由激光驱动处理未爆炸弹药的方法是安全的，并且还可快速销毁大量爆炸材料。

4.6.2　爆燃和爆炸

化学炸药的爆炸结果可能与其预期爆炸的性质不同，具体取决于它们爆炸时所处的环境。爆炸性化合物的分解过程包括燃烧、爆燃和爆炸，燃烧是燃料与氧化剂发生反应的化学过程，而爆燃和爆炸是释放能量的另外两种方式。

爆燃是一个放热过程，其中分解反应是基于热传递进行的。着火源以外的可用燃料沿径向的所有方向向外传播，反应得以继续。随着反应区体积的扩大，接触燃料的表面积也越来越大，该反应会随着时间的推移集聚能量，这个过程的推进速度在很大程度上取决于燃料的化学性质，从与空气混合的汽油蒸汽中的 1~10m/s 的速度到在黑火药或硝化纤维素推进剂中的每秒数百米不等，爆燃速度不超过 1000m/s 并保持亚声速，因此可称为以亚声速传播的热引发反应。爆燃过程中的压力取决于所涉及燃料的性质和几何形状以及约束结构的失效压力。它可能从 0.1psi（1psi = 6894.7×10³Pa）到几千 psi 不等，变化时间为 0.001~0.5s 或更长，最高温度为 1000~2000℃。爆燃过程的效果是推、猛推和抬升，通常破碎非常有限，产生的碎片很少，在这种情况下，随着反应的进行，组分有足够的时间响应压力升高而移动并被释放或排出。

爆炸是一种涉及化学不稳定分子的反应，这些分子在获得能量时会瞬间分裂成许多小片段，随后重新组合成不同的化学产物，释放出大量的热能。在这种情况下，反应速度是超声速的，1000m/s 被认为是区分爆燃和爆炸的最小速度。爆炸速度、演化时间、涉及的温度和压力分别为 1000~10000m/s、1μs、3000~5000℃ 和 10000~100000psi。TNT、硝化甘油、苦味酸和黄色炸药等烈性炸药都是通过爆炸发挥作用的材料。爆炸倾向于粉碎，粉碎和分裂附近的材料，爆炸碎片以非常高的速度被推开，然而，这些烈性炸药发挥作用的过程可通过被减慢以实现爆燃而不是爆炸，从而使处理过程无害化或使销毁变得安全。

4.6.3　代表系统

目前已有多种可能的武器销毁系统，一种是安装在车载平台上的独立高功率激光系统，如 ZEUS-HLONS 和"激光复仇者"（Laser Avenger）；在另一种可能的类型中，系统可以安装在具有机械臂的遥控车辆上，激光系统及其电源和热管理系统安装在车辆平台上，但激光传输系统可以安装在机械臂上。除了这些类型之外，高功率激光系统还可以与其他设备集成，如探地雷达，用于探测埋藏的爆炸物，集成系统可以检测和销毁表面铺设的与掩埋的爆炸物。在某些情况下，激光武器处理系统可被安装在遥控武器站上，以获得防御和进攻能力。以色列 Rafael 公司开发的名为 THOR 的高能激光武器系统，可被用于打击简易爆炸装置、路边炸弹、未爆炸弹药和其他具有潜在危险的爆炸物，是此类系统的一个典型例子。

美国的 ZEUS-HLONS（HUMMWV 激光武器销毁系统）是一种车载激光武

器销毁系统。使用激光能量销毁实弹的概念于1994年首次在战场上得到证实，MODS样机的开发和现场测试采用了安装在M113 A2装甲运兵车上的1.1kW弧光灯驱动的固态激光器。ZEUS系统最初采用500W激光器，系统的最新版本ZEUS-II由一个数千瓦级激光器、光束导向器、操作员站和车辆上的所有支持子系统组成，该系统可以与M1114 HMMWV、M-ATV或其他防雷伏击保护（Mine Resistant Ambush Protected，MRAP）车辆集成。ZEUS已经针对40多种不同类型的弹药进行了广泛的现场评估，其中包括地雷、改进的常规弹药、迫击炮弹、枪榴弹、火箭和炮弹，从小型塑壳地雷到大型厚壁155mm弹丸和500磅（1磅＝0.454kg）的通用炸弹。该系统已在各种任务中证明了其有效性，包括反简易爆炸装置行动、清除地雷、清除战场或维和任务期间的UXO、清除现役和以前使用的防御地点，以及清除现役、测试和训练靶场内的暴露UXO。

另一种被设计用来于处理未爆炸弹药的激光系统是波音作战系统的"激光复仇者"系统（图4.15）。波音公司于2009年9月在阿拉巴马州亨茨维尔的红石兵工厂成功地测试了安装在改装防空车辆上的1kW固态激光武器，通过销毁多种类型的简易爆炸装置，包括大口径火炮弹药、小型炸弹和迫击炮弹，该系统在各种条件下对不同角度和范围内的目标进行了操作。该测试是在"激光复仇者"系统用于销毁代表未爆炸弹药和简易爆炸装置的5个目标后进行的，之后用于击落无人机。武器销毁测试是在2007年使用较早的相对低功率版本的系统进行的，无人机击落测试于2008年和2009年在新墨西哥州的白沙导弹靶场进行，其中"激光复仇者"系统在每次测试中都击落了一架小型无人机。"激光复仇者"系统使用了一个1kW的固态激光系统，该系统安装在通常配备有毒刺防空导弹的军用悍马车上。在测试过程中，"激光复仇者"系统的先进瞄准系统捕获并跟踪了三架在复杂的山脉和沙漠背景下飞行的小型无人机，并击落了其中一架。

Rafael公司的雷声系统（图4.16）是一种带有集成遥控武器站的激光武器销毁系统，该系统由高能激光器及其光束导向器和同轴12.7mmM2机枪组成。该系统使用风冷700W固态激光器，可提供连续激光，无须冷却。该系统的升级版采用具有连续作战能力的2kW水冷激光器。M2机枪用于执行双重任务：作为防区外干扰器，摧毁引信、厚壳弹药和诱杀装置，并以进攻或防御角色向敌军和目标施加准确、直接的火力。这种双重能力使雷声能够用于进攻和防御目的，以及通过激光定向能量或弹头动能安全地清除爆炸性障碍物。使用定向高能激光使操作员能够通过烧蚀、爆燃或引爆炸药来销毁简易爆炸装置的装药，同时配合机枪瞄准操作，通过切割导线或导爆索的方式来销毁简易爆炸

图 4.15 "激光复仇者"武器销毁系统

装置。简易爆炸装置随后可以由机器人取回,以进行进一步的销毁和调查。该系统是模块化的,可以作为附加系统安装在各种车辆和武器站上。

图 4.16 雷声武器销毁系统

具有各种有效载荷,如摄像机、GPS、运动探测器和 X 射线扫描仪的爆炸物处理(Explosive Ordanance Disposal,EOD)机器人已在世界各地广泛使用。这些系统用于协助爆炸物处理单元检测和处理简易爆炸装置与炸弹。一些具有代表性的排爆机器人包括 iRobot 公司的 iRobot 510 PackBot、QinetiQ North America 的 TALON 系列机器人、诺斯罗普·格鲁曼的子公司 Remotec 生产的 Andros 系列军用机器人、Cobham tEODor(Telerob 的爆炸物处理和观察机器人)和最初由美国海军陆战队(U. S. Marine Corps,USMC)设计的 Dragon Runner。

iRobot 510 PackBot 机器人平台(图 4.17)可执行爆炸物或炸弹的无损检测和探测。超过 4500 台的 PackBot 在世界各地的军队和安全部队中服役,其中大部分在伊拉克和阿富汗服役。TALON 系列机器人专为爆炸性弹药和简易爆炸装置处理、侦察、通信、核生化爆炸、重型起重、防御和救援等行动设计，目前正在使用中的 TALON 机器人超过 4000 台。Andros 机器人也在世界各地大规模部署，以应对 IED 等不断演变的威胁。tEODor 系统（图 4.18）是另一种成熟且广泛使用的爆炸物处理机器人，它集成了可编程六轴机械手、发射系统、内置诊断系统和用于附加爆炸物处理系统的储存空间。Dragon Runner 爆炸物处理机器人有小型和微型版本，是一种全地形机器人，能够协助炸弹处理单元探测和处置简易爆炸装置与炸弹。

图 4.17　iRobot 510 PackBot 爆炸物处理机器人　　图 4.18　tEODor 爆炸物处理系统

　　未来的爆炸物处理系统将配置在装备有激光处理爆炸装置的遥控机器人平台上。RE2 Robotics 公司在机场损坏快速修复计划下，正在开发一个用于检查机场是否有未爆炸简易爆炸装置的机器人系统。据报道，该系统预计把激光器放置在防地雷反伏击车（Mine Resistant Ambush Protected，MRAP）的顶部。

4.7　用于摧毁掩体的高功率激光器

　　通常用于武器销毁的千瓦级高功率激光器的另一种可能应用是逼迫躲在掩体内的恐怖分子和武装分子现身。很多时候，这些不法分子与武装部队和维和人员进行近距离战斗，这样的近距离战斗通常会持续数小时以上。在掩体内，恐怖分子处于交战中的有利位置，会导致武装部队伤亡的概率增大。

　　如果利用千瓦级激光（通常为 $1 \sim 5kW$）聚焦在恐怖分子掩体处的易燃部位，如出口和窗户，可能会使其着火。这将迫使恐怖分子要么灭亡，要么投降，图 4.19 说明了利用激光引燃掩体的示意图。尽管可以使用高功率固态或光纤激光器实现此目的，但发射波长为 $10.6\mu m$ 的二氧化碳激光器更适合这项行动。

图 4.19　使用激光点燃藏身处

参 考 文 献

［1］Accetta, J. S., and D. L. Shumaker, The Infrared and Electro-Optic Systems Handbook, Volume 7, Revised Edition, Bellingham, WA: SPIE International Society for Optical Engineering, 1998.

［2］Hecht, J., Understanding Lasers: An Entry Level Guide, 3rd Edition, Hoboken, NJ: WileyIEEE Press, 2008.

［3］Maini, A. K., Handbook of Defense Electronics and Optronics, Hoboken, NJ: John Wiley &Sons, 2018.

［4］McAulay, A. D., Military Laser Technology for Defense, Hoboken, NJ: Wiley-Interscience, 2011.

［5］Perram, G. P., An Introduction to Laser Weapon Systems, Directed Energy Laser Society, 2009.

［6］Titterton, D. H., Military Laser Technology and Systems, Norwood, MA: Artech House, 2015.

［7］Wilson, C., Improvised Explosive Devices (IEDs) in Iraq and Afghanistan: Effects and Countermeasures, Congressional Research Service Report for Congress, 2008.

第5章　瞄准、观测与监视设备

第1章中概述瞄准、观测与监视设备时，重点关注了不同类型的瞄准镜、激光测距仪和激光栅栏、不同类型的监控摄像机、秘密监听器、狙击手定位器，以及隐藏武器探测设备。本章将详细地介绍不同种类的瞄准、观测和监视设备。从轻武器和装甲战车上使用的不同种类的瞄准镜开始，详细讨论观测、监控和监视设备，如激光测距仪、激光栅栏、监控摄像机、狙击手定位器，以及隐藏武器探测器等。

5.1　观　测　设　备

观测设备可集成在所有的武器平台上，包括轻武器、高射炮、迫击炮、装甲运输车和主战坦克，用于武器的对准和瞄准。常见的瞄准镜类型包括机械瞄准具、望远式瞄准镜、反射式瞄准镜、红点瞄准镜、全息瞄准镜、周视瞄准镜、潜望式瞄准镜、热瞄准镜和激光瞄准镜。

5.1.1　机械瞄准具

典型的金属瞄准具由固定在枪管前端的准星和固定在枪管后端的后瞄准器两部分组成（图5.1）。准星和后瞄准器和过去一样是固定的或者是可调节的，以适应距离和风阻的变化。称为机械瞄准具的原因是因为早期组成瞄准具的两部分是由铁制成的，但是当前机械瞄准具通常所选用的材料是钢或者聚合物塑料。在大多数机械瞄准具中，这两部分的形状为珠状、柱状或环状，或者这些形状的组合。为了瞄准，操作手需要对准准星、后瞄准器和目标。两种主要的机械瞄准具包括开放式瞄准具和觇孔式瞄准具。

在开放式瞄准具中，后瞄准器仅仅是一个中间带有刻槽的零件。刻槽通常为V形、正方形或U形，准星通常是某种斜坡、细杆或有顶珠的细杆。使用准星时，细杆或顶珠在垂直和水平方向都被调整放置于后瞄准器刻槽的中心。图5.2（a）~（e）给出了不同类型的开放式瞄准具。在觇孔式瞄准具中，后瞄准器采用的孔径通常和鬼环式瞄准具类似，为一个极细的环，或者是一个有针

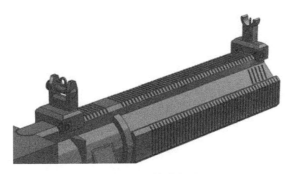

图 5.1　机械瞄准具

眼大小孔径的大圆盘。前一种类型的觇孔式瞄准具瞄准速度更快，后一种则更精确。通常来说，环越厚，瞄准具越精确，环越薄，瞄准具瞄准速度越快。图 5.2（f）给出了一个鬼环式瞄准具。机械瞄准具结构简单，不含光学或电子零件，具有耐候性好、耐用、轻量化及成本低等优点。其局限性包括：与其他类型的瞄准具相比瞄准精度不够，缺少放大器导致其工作距离有限，并且视场受限。

(a) U形刻槽与细杆

(b) 方形刻槽与细杆
（帕特里奇）

(c) V形刻槽与细杆

(d) V形刻槽与顶珠（快速）

(e) 梯形刻槽与斜坡

(f) 鬼环式

图 5.2　机械瞄准具

5.1.2　望远式瞄准镜

望远式瞄准镜是一种基于折射式望远镜工作原理的光学瞄准设备，装在枪支上用于对目标的观察和瞄准。一个十字线图像位于光学系统的适当位置，用作瞄准点。望远式瞄准镜的重要部件包括目镜、出瞳距离、十字线、具有第一和第二焦平面①的放大系统、物镜和镜筒。目镜通常装有螺纹用于精细调节，

---

①　即物方和像方焦平面。——译者

让使用者能将图像会聚到其视线范围内。眼睛与目镜之间出瞳距离的典型值为 25~100mm，以获得良好的、清晰的瞄准画面。十字线可以是简单的十字瞄准线、密位点、点线或 MTCSCB 十字线，用于枪支瞄准。放大系统包括一系列的透镜，该透镜通常具有第一和第二焦平面。若其只有第一焦平面，则十字线的尺寸随放大率的增加而增加。若其具有第一和第二焦平面，则十字线的尺寸与放大率无关。物镜的主要功能是收集尽可能多的光，然而，物镜越小景深越大。镜筒将物镜、目镜以及其他部件，如十字线和各种调节控制组件连在一起。望远式瞄准镜的调节控制主要包括屈光度控制、用于十字线垂直调节的标高控制、十字线的左右或水平调节控制、放大率控制、十字线照明调节控制和视差补偿控制。望远镜镜筒内用干燥氮气进行填充，可以在低温下工作。

望远式瞄准镜有开普勒式（Keplerian）望远镜和伽利略式（Galilean）望远镜两种类型，其物镜都是会聚式的，尽管它们同时包含会聚和发散元件。两种望远镜使用不同类型的透镜作为目镜，开普勒式望远镜中目镜是会聚透镜，而伽利略式望远镜中目镜是发散透镜。枪支上使用的望远式瞄准镜绝大多数都是开普勒式的。图 5.3（a）给出了开普勒式望远镜的工作原理，图中的角度 α 是目标对眼睛的张角，如果目标位于无穷远处，角 α 为 0°，目标经过物镜成一个缩小的倒立的像，短焦距的目镜可将倒立的像放大。物镜与目镜之间的距离为两者焦距的代数和。开普勒式望远镜通常在目镜和物镜之间有一个光学系统（图中未画出），将倒立的像再次反转产生一个正立的像。伽利略式望远镜将会聚透镜作为物镜，发散透镜作为目镜。物镜和目镜之间的距离同样是两者焦距的代数和。请注意两个焦距的符号是相反的，因此，此时物镜和目镜的距离等于两者焦距之差。图 5.3（b）说明了伽利略式望远镜的工作原理。由光线图可以很明显看出，望远镜产生了一个放大的正立虚像。伽利略式望远镜视场极小，因此，最多只能将目标放大约 30 倍。

图 5.4 所示是一个封装好的开普勒式望远镜典型的内部结构。望远式瞄准镜的不同部件，包括物镜和目镜、图像反转组件、相关的第一和第二焦平面、高度调节控制组件，以及镜筒都可在图中看到，偏差控制和其他控制组件未在图中给出。图 5.5 给出了一种典型的望远式瞄准镜外部示意图。

5.1.3 反射式瞄准镜

反射式瞄准镜能让使用者看到无穷远处瞄准点的投影，或者其他图像在其视场内的叠加。在反射式瞄准镜中，被投影的十字线或者图像被放置于透镜或者曲面镜的焦点处。在一种类型的反射式瞄准镜中，透镜所成的像被一块倾斜

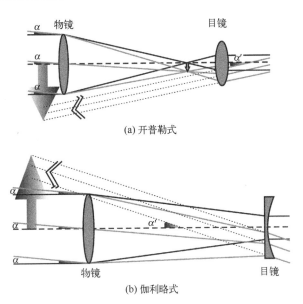

(a) 开普勒式

(b) 伽利略式

图 5.3　望远镜工作原理

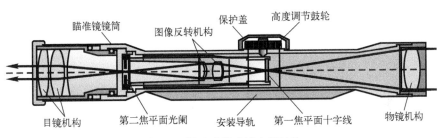

图 5.4　望远式瞄准镜内部结构

图 5.5　封装好的望远式瞄准镜

的玻璃板（图 5.6（a）），或一块曲面玻璃反射器反射出去，可让使用者同时看到无穷远处的虚像和视场，图 5.6（b）和（c）展示的是两种常见结构，即透射和部分反射结构。反射式瞄准镜没有视差以及其他瞄准误差，主要是因为在无穷远处十字线依然与枪支，或者是其他设备上安装的瞄准镜在一条直线上，而不受观察者眼睛位置的影响。图 5.7 展示了一种典型的反射式瞄准镜。

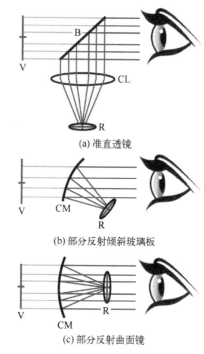

(a) 准直透镜

(b) 部分反射倾斜玻璃板

(c) 部分反射曲面镜

图 5.6　反射式瞄准镜的光学结构

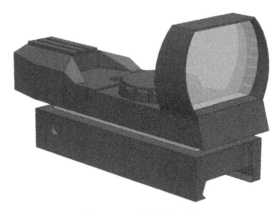

图 5.7　反射式瞄准镜

5.1.4　红点瞄准镜

　　红点瞄准镜是反射式瞄准镜的一种，瞄准点是一个被照亮的红点十字线，其被放置在准直光学系统焦点处的一个红色发光二极管照亮（图 5.8（a））。图 5.8（b）给出了一个典型的采用凹面反射光学系统的红点瞄准镜剖面图。此处的凹面光学系统反射红光，但是允许其他所有波长的光透过。当使用者通过镜筒观察时，他将看到一个投射到目标上的红点。类似反射式瞄准镜，此时的十字线同样与武器或其他任何设备上安装的瞄准镜在一条直线上，而不受眼睛位置的影响。为了调节瞄准镜或者弹着点，装有发光二极管的内镜筒可水平或者垂直移动，用以调节俯仰和偏差。红点瞄准镜可以采用镜筒式和开放式设计，前者具有以下优点：更耐用、更精确的零位保持、更少的杂散光反射，以及更容易被安装以实现瞄准镜的俯仰和偏差调整。

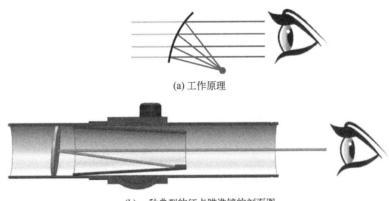

(a) 工作原理

(b) 一种典型的红点瞄准镜的剖面图

图 5.8　红点瞄准镜

5.1.5　全息瞄准镜

　　全息武器瞄准镜基于激光驱动的全息技术进行工作。十字线的二维或三维激光透射全息图被记录下来，并入射光学玻璃窗内，构成全息瞄准镜的一部分。当远距离的一束激光照亮视场内的目标平面时，操作者通过玻璃窗观察可看到十字线所成的像。瞄准镜在光路中使用全息光栅来补偿因温度引起的激光波长的变化。光栅在与形成瞄准十字线全息图散射出去光的相反方向散射出等量强度的激光。通过简单的倾斜或旋转全息光栅，可以调节瞄准距离和偏差。激光二极管和光学系统同样是全息瞄准镜的一部分。图 5.9（a）展示了一种典型的全息瞄准镜的光学结构，可以明显地看到其内部的激光二极管和光学系统。图 5.9（b）展示了一种典型的封装全息瞄准镜结构。与望远式瞄准镜和红点瞄准镜相比，全息武器瞄准镜是射手们更好的选择。全息瞄准镜能让射手快速地锁定目标，即使射手们的头部位置并未与瞄准镜在一条直线上。采用望远式瞄准镜，射手需要将眼睛对准瞄准镜，令十字线覆盖目标，否则瞄准镜的瞄准十字线和武器将会指向目标两个不同位置的点。在全息瞄准镜中，十字线始终与武器在一条直线上，无论其向左还是向右移动。

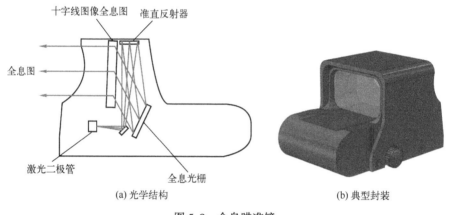

(a) 光学结构   (b) 典型封装

图 5.9 全息瞄准镜

5.1.6 周视瞄准镜

周视瞄准镜是一种大视场的火炮瞄准镜。当火炮被放置在某个固定方向时，它允许炮手沿各个方向瞄准而不用移动头部。瞄准镜可以 360°（或 6400密位）全圆周旋转，能够让操作手看到其眼前所有的景象。火炮周视瞄准镜配有旋转矫正光学系统，防止图像 180° 旋转之后上下颠倒。带有陀螺仪系统和附加的旋转矫正光学系统的周视瞄准镜，比固定瞄准具更复杂、更昂贵。同样，这些附加的光学部件降低了透光率。尽管如此，如果现代主战坦克在运动中捕获并攻击移动目标时，周视瞄准镜将是极其重要的设备。

5.1.7 潜望式瞄准镜

潜望式瞄准镜让操作手在没有直接视线的情况下观察预期的环境。同样也可以让操作手在掩体下、装甲后或水下观察其周围的环境。潜望式瞄准镜最简单的形式是由两面相互平行且与镜筒轴线成 45° 的镜子组成，或者由可将环境光线转折两次到 90° 的两块反射棱镜组成。图 5.10（a）和（b）分别展示了采用反射镜和直角棱镜的最基本的潜望式瞄准镜结构。图 5.10 中的简单潜望式瞄准镜不具有放大功能，不提供十字线图案。绝大多数潜望式瞄准镜都包括具有放大能力和宽视场的望远式光学系统，以及在观察时确定观察者到被观察物体之间视线的十字线图案。某些情况下，瞄准镜同样配有估计距离、目标方向和拍照的设备。潜望式瞄准镜被广泛地应用于装甲战车和主战坦克中，能让车内人员通过车顶观察周围环境。这些瞄准镜与辅助的望远式瞄准镜一起配合，同样能用于枪支的瞄准和射击。潜望式瞄准镜同样可应用于潜入较浅水下的潜艇中，用于观察水面环境和空中可能出现的威胁。

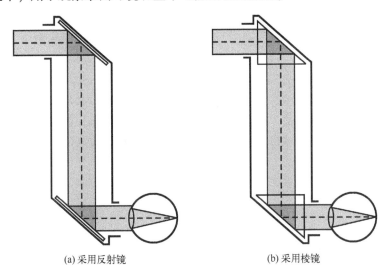

(a) 采用反射镜　　　　　　　　　　(b) 采用棱镜

图 5.10　潜望式瞄准镜

5.1.8　热瞄准镜

热瞄准镜基于红外热成像的原理，将热信息和物体发射的相关红外波长转换成图像。所有绝对零度以上的物体都发热。一个热瞄准镜将紧凑的热摄像机和瞄准十字线结合。热瞄准镜或者热摄像机将预期物体的热特征与周围环境对比，构造出物体的图像。热瞄准镜读出所有物体的热特征，给使用者提供具有热特征梯度的图像。这些瞄准镜在各种轻武器以及重武器中得到了广泛应用。热瞄准镜不仅提供了昼夜使用的便利性，同样也能在不良天气条件下使用，如霾、雾和烟，此时其他光学设备会失效。绝大多数现代热瞄准镜具有多种色彩和标准的黑白鉴别力。热瞄准镜的另外一个特点就是其能够输出视频信号。热瞄准镜被广泛应用在安全和执法部门，与集成的便携式记录仪配合，热瞄准镜可以记录与国土安全相关的执法行动。热成像技术将在第 6 章中进一步讨论。

5.1.9　激光瞄准镜

　　激光瞄准镜也称为激光瞄准装置，通常安装在枪支上，是激光装置的一种非常普遍和广为认可的应用。激光瞄准模块通常配有发射可见光（通常是红光或绿光波长）或红外光的低功率连续波半导体二极管激光器。连续输出功率在 5~10mW 的范围，绝大多数激光瞄准镜采用发射波长为 635nm 或 650nm 的红光激光二极管，目前发射 532nm 绿光的基于二极管泵浦的固体激光器也同样得到了应用。采用可见光激光器进行瞄准的一个局限性在于其对裸眼可见，因此阻碍了其隐蔽性应用。配有红外激光二极管的激光瞄准模块，在目标上会产生一个对裸眼不可见的瞄准点，但是利用通常安装在枪支上的夜视设备，这些瞄准点是可探测到的。

　　瞄准模块发射的激光束被调节到与枪管平行。发射的激光束具有极小的发散角，因此即使传输数百米的距离，光斑依然很小。例如，如果一束发散角为 0.5mrad 的激光照射到 100m 距离处的目标上，其光斑直径仅为 50mm。当使用者将光斑置于目标上时，枪管即对准了目标，无须考虑子弹下降、风偏、光束方向与枪管轴线之间的距离，以及在子弹运动时间内目标的移动。双波长激光瞄准装置可发射两个波长的激光：一个波长在可见光波段通常是红光，另一个发射波长在近红外波段，两个波长所对应的激光器均有成熟的产品。这些瞄准器具有模式选择开关，能让使用者选择每次使用一个波长或者同时使用两个波长。某些激光瞄准镜设备同样具有调节偏差和俯仰的功能。纽康光学（Newcon Optik）的 LAM-10D、LAM-3G、LAM-10M、IRIL-1000M 和 NCFL-9 型，以及透视科技公司（Insight Technology）的 AN/PEQ-6 型是具有代表性的激光瞄准镜。请注意绝大多数具有相似功能的激光瞄准镜设备，都具有类似的技术规格。LAM-10D 是一种作用距离 1000m，发射（850±10）nm 波长的红外激光瞄准模块。LAM-3G 是一种三通道的激光瞄准器/照明器，发射（532±10）nm 波长的可见光激光瞄准器，光束发散角为 0.5mrad，最大作用距离为 500m；发射（830±15）nm 波长的近红外激光瞄准器，光束发散角为 0.5mrad，最大作用距离为 2000m；发射波长（830±15）nm 的红外照明器，最大作用距离为 2000m，光束发散角可从 1mrad 调整到 105mrad。LAM-10M 是一种双波长的激光瞄准模块，工作距离超过 1000m，具备红外（830~850nm）和可见（650nm）两种工作波长，发散角为 0.5mrad，左右/上下调节范围为 ±20mrad。IRIL 1000M 被设计用来在极限距离处辅助目标识别，以及地基和空基平台交战。模块发射（810±10）nm 波长的激光，发散角可在 1.5~60mrad 调整，并且可作为红外激光指示器或者照明器。NCFL-9（图 5.11）是一种战术 LED 闪光灯，具有发射波长为(830±10)nm 的内置红外激光瞄准模块用于辅助精确瞄准。透视科技的 AN/PEQ-6 型是一种双波长激光瞄准模块，可以设置可见和红外输出模式，其同样配有红外照明器和白光照明器/闪光灯，用于 Mark-23 型手枪上。

图 5.11　具有内置激光瞄准模块的 NCFL-9 型闪光灯

5.2　监视摄像机

具有各种配置和功能的监视或安防摄像机，可被集成到任何安全设备上，用于家庭、办公室、工业部门等应用场景，或是关键基础设施，如弹药库、炼油厂、核设施、高速公路、机场和火车站中。应用范围从威慑盗窃和破坏公物，到交通监视、人流控制，以及在事件管理方案中预防犯罪；从远程监视可疑活动到收集证据；从提供关键基础设施周边安全解决方案到监视海岸线和边界可疑活动，包括渗透或入侵。下面将简要地阐述监视摄像机的常见应用、类型以及选择标准。

5.2.1　应用

监视摄像机广泛地应用于各种领域，包括设施保护、监控工业运行、公共安全、边境与海岸巡逻、监控交通、公共场所视频监视，如火车站、机场、高速公路、酒店和饭店、管理停车场、遏制破坏公物、违法行为监视和记录证据、事件视频监视及保护周边安全。此外，随着视频分析的利用率上升，安全监视已成为主动解决问题的方案，而不仅仅是用于事故发生后的追查。贴身佩戴式摄像机同样被用于监控值班安保人员的行为，以避免安保人员卷入不必要的纠纷中。监控摄像机的一些常见的、广受好评的应用领域包括：①设施保护；②遏制破坏公物行为；③边境和沿海地区巡逻；④事件监视；⑤监控交通和停车场；⑥公共安全。

5.2.1.1 设施保护

在商业、工业建筑、关键设施的室内和室外各个位置，防止入侵和任何可疑行为的昼夜视频监视，是监视摄像机的一种成熟和重要的应用。室外和室内运转情况的实时监控能让安全体系快速地、恰当地对任何可疑以及非法行为做出反应。使用网络摄像机能从远处进行监控，直接关系到关键基础设施的安全和保护。

5.2.1.2 遏制破坏公物

监视摄像机是一种有效遏制破坏公物和非法活动的手段，因为这些行为可在视频上进行鉴别。采用坚固的防篡改摄像机防护罩，以及用于人脸识别的高清摄像机，对执法部门昼夜监视可疑活动非常有用。视频监视同样给执法部门提供了审问和法庭判决所必需的电子记录证据。通过这些途径，监视摄像机可降低公物被破坏的可能性，帮助执法部门在行动中抓捕罪犯，以及防止入侵者非法逗留。

5.2.1.3 边境以及海岸区巡逻

视频监视是一种非常有效的工具，通常可对绵延数千千米的广阔边境以及海岸线进行昼夜不停的监视。热成像摄像机网络可持续进行可疑活动监控，并日夜跟踪入侵行为。最先进的热成像摄像机能探测数十千米外的入侵或渗透，并提供视频证据。例如，FLIR HDC 热成像摄像机可探测 18km 外成人尺寸的目标以及 22km 外的车辆。可实时探测一些非法活动，如毒品和麻醉品交易以及入侵行为，并及时适当地反馈给安全部门，以保证地区安全。

5.2.1.4 事件监视

监视摄像机可持续监视聚集在一起的人群，在确保公共活动的安全和安保方面发挥着至关重要的作用。使用监视摄像机可提供有效的人流控制，以及更快的反应时间，因此能防止活动中的暴力、骚扰和盗窃行为发生。此外，它们还可以跟踪参与者的数量，对可疑行动或行为进行近景拍摄，提高法庭上视频的证据价值。具有宽覆盖幅度模式与光学/数码变焦的云台式网络摄像机，通常是这些应用的首选。

5.2.1.5 交通与停车场监控

视频监视摄像机广泛地应用于交通监控和停车场监控。如果涉及敏感地区，安全摄像机实时记录的监控片段可被执法机构采用。在停车场范围内安装可靠的视频监视系统，通过监控车辆进出停车场，特别是在灯光昏暗的情况下，增强了停车场的安全性。停车场内视频监视的关键优势包括防止车辆失窃、识别未付款和禁止进入车辆，以及减少碰撞事故引起责任和诉讼，如车祸或购物车撞击导致的车辆凹陷。

5.2.1.6　公共安全

视频监视是一种非常有效的监控系统，可以通过监控大型集会、游行、示威和其他此类活动中的人群来确保公共安全。在公园、社区和街区之间，安全是一个需要考虑的重要因素。视频监视以多种方式增强公共安全，包括制止骚乱、破坏公物和其他暴力行为，从而为公众的行为提供一个公正的客观记录，并令公众感到安全。它同样也能让安全人员对任何可疑活动或行为做出更快的反应。

5.2.2　监视摄像机的类型

监视摄像机可根据不同分类方式分为多种类型，如依据摄像机底座类型分类或是依据摄像机外壳以及技术参数分类。根据摄像机底座类型，监视摄像机可分为固定摄像机、云台摄像机、虚拟云台和 360° 全景摄像机。根据摄像机外壳，监视摄像机可分为户外、球形、子弹头和隐藏式（或不易察觉的）摄像机。根据技术参数，监视摄像机也可分为多种类型，这些技术参数包括分辨率、昼夜运行、可见或红外光识别、光学/数码变焦，以及有线和无线。基于上述分类标准，常见类型的监视摄像机包括：①固定摄像机；②云台摄像机；③虚拟云台或 360° 摄像机；④盒式摄像机；⑤球形摄像机；⑥子弹头摄像机；⑦隐藏式摄像机；⑧热成像摄像机；⑨IP 网络摄像机；⑩网络摄像头。

5.2.2.1　固定摄像机

固定摄像机总是指向预先设定的方向，用于捕捉特定区域的图像。根据不同的用途，固定摄像机采用不同的摄像机外壳。与云台摄像机相比，固定摄像机没有运动部件，因此更不容易发生故障。此外，固定摄像机相比云台摄像机，价格为原先的 1/10~1/5。随着网络摄像机图像分辨率的提升，相比于单个云台摄像机，多个固定摄像机能以更低的成本提供更好的覆盖度。包含多个高分辨率的固定摄像机的网络系统同样能通过配置和部署，像单个云台摄像机一样覆盖同样面积大小的区域，而且具有更好的效果。但是，一套综合的视频监视设备应由多个监视层组成，固定网络摄像机和固定网络变焦摄像机分别构成监视层的第一和第二层，云台网络摄像机构成监视层的第三层。

5.2.2.2　云台摄像机

云台摄像机有追拍、倾斜和变焦功能，能让单个摄像机监控大面积，以及场景中不同物体的细节。当摄像机进行追拍和倾斜运动时，光学变焦保证了对面部和车牌细节的聚焦。网络云台摄像机可实现在世界的任何角落远程控制摄像机。现代云台摄像机配备了多种智能功能，可在预设位置之间移动，并根据检测到的事件自动放大图像。目前，先进的云台摄像机关键特征和主要优势包括大视场、内置运动跟踪、自动对焦、快速变焦、耐候性、夜视和安装简单等特点。图 5.12 展示了采用常规外壳和安装方式的各种云台摄像机。

图 5.12　云台摄像机

5.2.2.3　虚拟云台或 360°摄像机

虚拟云台摄像机，也称为 360°摄像机或电子云台摄像机（e 云台摄像机），由数个高分辨率的固定摄像机组成，通常采用球形外壳。单个摄像机获取的图像被拼接起来提供 360°的全景视图。虚拟云台摄像机利用软件提供大视场，可对预设目标拉近景观察，而不会有任何物理上的运动，这一点不同于传统的云台摄像机，传统的云台摄像机采用电机组合对观察区域进行视线引导，以及提供光学变焦。

5.2.2.4　盒式摄像机

盒式摄像机具有盒状外形，是独立式监控设备，并且具有和其他任何安防摄像机相同的功能。它们可采用环保外壳，以及室内安装。如果对审美有要求，那么它们并非室内摄像机的首选。采用盒式摄像机的关键优势包括镜头可定制，包括多种参数的镜头，如定焦和变焦镜头，以及多种机身和外壳可供选择，以满足安装的要求。

5.2.2.5　球形摄像机

球形摄像机得名于其像球一样的外观，通常用于家庭、商业、百货公司、旅馆、饭店和其他需要隐蔽监控的地方。球形摄像机也常用于室外监视，有定焦和变焦两种形式可供选择。球形罩不仅能毫无违和感地融入任何环境，同样也能有效地掩饰摄像机的观察方向。大量不同种类的监视摄像机都可以采用球形外壳，如云台摄像机、网络摄像机、夜视摄像机和高清摄像机等。图 5.13展示了两种常见的球形摄像机外形。

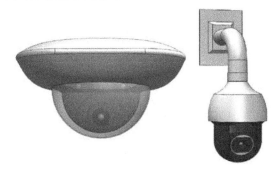

图 5.13　球形摄像机

5.2.2.6　子弹头摄像机

子弹头摄像机的外形像一颗步枪子弹外壳。更小尺寸的子弹头摄像机，由于其与口红外形相似，因此也称为口红摄像机，其直径通常为雪茄般粗细，长度略短。大多数子弹头摄像机采用三轴底座，能很好地安装在天花板或墙壁上。红外子弹头摄像机在直径上会更大一些，以容纳红外 LED。子弹头摄像机可以是定焦和变焦摄像机。子弹头摄像机同样也可作为网络摄像机和夜视摄像机。图 5.14 展示了典型的子弹头摄像机外形。

图 5.14　子弹头摄像机

5.2.2.7　隐藏式摄像机

隐藏式摄像机采用不易被发现的或者隐藏式外壳。这些摄像机通常要么被建筑师采用，用于在一个空间内获得一定的美感，要么用于在目标个人不知情的情况下进行监视，如在诱捕行动中。这些摄像机的另一个常见应用是在办公室监控雇员的行为。这些摄像机常被包装成常用物品的样子，如灯泡、手机充电器、烟雾探测器和时钟等。

5.2.2.8 热像仪

热像仪基于物体辐射的热而不是物体反射的可见光来工作的。所有的自然或人造物体都会产生红外热能，发射的热能多少依赖于该物体的种类。有些物体，如恒温动物和某些机器，这些物体本身可产生热量，而有些物体，如陆地、岩石以及水在白天吸收来自太阳的热量，晚上辐射热量。因此，不同的物体和给定物体的不同部分，辐射的红外热能会存在轻微的差别。热像仪可通过热能的轻微差别构造图像。可见光摄像机的性能会受到不利天气条件的影响，如烟尘、浓雾或雨。热像仪不依赖于可见光工作，这些干扰甚至是中等密度的植被都不会影响其生成高对比度图片的能力。由于其工作依赖于热信号，热安全摄像机能够昼夜运转，从而提供全天候战术优势。相比于可见光，热能通常能更有效地通过大气传输，使其可从更远的距离探测到潜在的入侵者，给人们争取更多的时间做出反应和回应。热像仪使得目标更难以在树林、灌木丛或树枝里隐藏而不被探测到。利用热像仪检测移动目标时，运动检测仅由移动热源触发，而排除由碎屑或枝条晃动等干扰，因此运动检测的虚警率大大降低。尽管热成像最初被开发用于军事目的，但现在已经在警察、消防员和安防系统中普遍应用。图5.15展示了各种各样采用不同封装形式的热像仪。

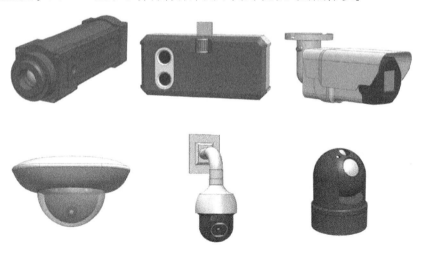

图 5.15　热像仪

5.2.2.9　网络摄像机

网络摄像机是网络连接的数码视频摄像机，可通过连接以太网快速地传输数据。网络摄像机，通常用于网络监视用途，是模拟闭路电视的数字化和网络化版本。虽然网络摄像头同样也是网络摄像机，但是网络摄像机这一术语通常只适用于那些用于监视和可直接通过网络连接访问的摄像头。在中心化运行模式下，网络摄像机需要利用中央网络视频录像机（Network Video Recorder，NVR）进行记录。在分布式运行模式下，无须 NVR，摄像机可将数据记录到任意本地或远程存储媒体中。大多数网络摄像机具有内置的有源以太网（Power over Ethernet，PoE）接口，使其易与任何带有内置 PoE 插头的 NVR 一起使用。网络摄像机可分为多种。球形网络摄像机可用于户外。云台式网络摄像机可提供最佳的观察角度。红外网络摄像机用于夜间监视。还有无线网络摄像机、有线网络摄像机以及高清和超高清网络摄像机。无线网络摄像机提供了灵活的安装选项，无须视频线。它们可连接到用户的家庭网络，使用兼容的智能手机或平板电脑进行查看和远程控制。具有 1080p 分辨率的有线高清网络摄像机可 24 小时不间断地发送流畅的高分辨率监控视频。具有 2K（水平分辨率 2048 像素）或 4K（水平分辨率 4096 像素）分辨率的超高清网络摄像机可提供更高的清晰度，能捕捉更精细的细节。更高的像素还为用户提供了更好的数字变焦能力，从而使它们能够在不大幅降低图像质量的情况下看到更远的距离。

5.2.2.10　网络摄像头

网络摄像头是网络摄像机的缩小版本，是通过互联网直接或间接地与计算机或计算机网络连接的数码视频摄像机。网络摄像头可捕捉用户或其他物体的静态图像以及动态视频，由其所在位置通过互联网发送到其他地方。网络摄像头所带的软件需要安装在计算机上，帮助用户录制视频，或者进行网络直播。许多台式计算机显示屏和笔记本电脑带有内置的网络摄像头与传声器。外置网络摄像头同样能通过计算机上的 USB 或网线接口与计算机连接。无线（Wi-Fi）网络摄像头也具有同样的功能。图 5.16 展示了各种常见的网络摄像头外形与样式。

5.2.3　选择正确的监视摄像机

当选择正确的监视摄像机用于某种用途时，用户需要考虑几个因素。用户必须在固定式与云台式、球形与盒式、有线与无线、中心化式与分布式之间做出选择，并且需要考虑监视摄像机的技术参数，如分辨率、低光照条件下的工

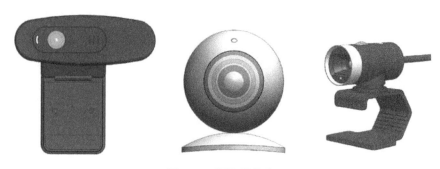

图 5.16　网络摄像头

作能力以及镜头参数。下面将简要介绍这些参数的选择标准。

5.2.3.1　固定式与云台式摄像机

固定式摄像机放置在固定的位置，因此具有固定的视线和角度。由于视角固定，摄像机只能观察同一区域，没有任何追拍能力。虽然是固定式的，摄像机同样可以配备不同的镜头来增强功能。云台式摄像机可以通过手动或自动控制来追拍、倾斜和变焦，这使单台摄像机可以从不同方向和多个角度进行监视。可以对感兴趣的物体进行连续跟踪，以及当需要时对特定的某点进行拉近景放大。

5.2.3.2　球形与盒式摄像机

球形与盒式摄像机都可以作为固定式和云台式摄像机。盒式摄像机的监控方向是暴露的，不具隐蔽性，主要适合安装在室内，如进行户外使用需安装特殊的附件，其监控视角有限，通常不配备低光条件下操作的红外光源。但是，盒式摄像机的镜头容易更换。另外，球形摄像机同样适合在室内和户外安装，球形云台摄像机可提供更好的视角，并具有隐藏的聚焦方向，可在低光照条件下运行集成红外光源，以及内置的气象防护装置。但是球形摄像机的镜头更换要困难一些。

5.2.3.3　有线与无线摄像机

网络摄像机可分为有线和无线两种。有线摄像机通过以太网网线与本地计算机网络或互联网连接，无线摄像机通过 Wi-Fi 或蓝牙与网络连接。前者可以让摄像机利用最大的网络带宽，并且提供可靠的连接；后者可以用来观察更宽的区域，并且相对更容易安装。

5.2.3.4　中心式与分布式摄像机

摄像机的中心化式或分布式是与网络摄像机的有关参数。中心化式网络摄像机是相互连接的安防摄像机组成的网络，所有联网摄像机都连接到一个中央NVR 进行视频存储。中央存储确保即便一台或多台摄像机损坏或被盗，安防数据依然是安全的。另外，分布式网络摄像机是独立的存储设备，每台摄像机在本地存储视频数据，如硬盘或 U 盘。分布式存储模式丢失所有的监视数据片段的可能性极小。

5.2.3.5　技术相关的特性

当选择监视摄像机时，需要考虑的相关技术参数主要包括摄像机分辨率、低光照性能、镜头特性及其他特性，如对防爆外壳或热成像技术的需求。分辨率采用百万像素进行计量。更高的像素可确保更高的清晰度，以看到更清晰的细节，并提供更好的数字变焦能力。但是，更高的分辨率需要更大的存储空间来存储图像，以及更高的处理能力来运行。此外，高分辨率摄像机在低光照条件下的响应不如低分辨率摄像机。因此，只有在必要时才采用高分辨率摄像机。常见摄像机的分辨率规格包括 720p、1080p、2K 和 4K。在低光照条件下的工作能力通常是监视摄像机必备的能力。配有红外照明器的摄像机可提供自有光源，能在黑暗区域提供更好的图像。热成像技术能在白天和完全黑暗的条件下工作。依据镜头特性，变焦镜头可对图像放大率进行手动调节，现在许多固定式摄像机都具有远程缩放和对焦的能力，这让用户无须前往安置摄像机位置就能直接远程调节摄像机。

5.3　激光栅栏

激光栅栏技术已成功用于保护关键设施免遭恶意分子入侵，阻止非法跨境渗透等方面。激光栅栏建造的三种关键技术包括：沿基础设施的边界或需要保护的边境放置多对激光发射器和接收器；利用激光扫描器或激光雷达传感器，在需要保护区域的关键位置或沿周边轮廓建造多个定制的红外屏障；利用地面或埋入地下的光缆和传感单元。下面将简要介绍这三种类型的入侵探测技术。

5.3.1　激光发射器/接收器对

在通常相距 100～200m 的两个固定点之间，放置多对激光发射器和接收器，就能建造成激光栅栏。这些激光发射器和接收器的数量，通常为 3～4 对，用于在两个固定点之间形成多条防线，如图 5.17 所示。多重防线确保可能的入侵企图都能被探测到，包括正常行走通过激光栅栏或匍匐穿过激光栅栏。激光发射器的发射波长多为近红外波段，近红外波段的波长隐匿性好，不易被发现，也便于被硅 PIN 光电二极管探测到。与此同时，激光束利用脉冲重复频率进行编码，具有较强的抗干扰能力。脉冲编码结合相位锁定技术，并通过选择合适的探测带宽，可减少由于低速移动的动物或快速飞行的鸟类通过激光栅栏产生的错误报警。两个固定点之间重复放置的多对发射器/接收器所形成的防线区域，可以覆盖整个区域边界。例如，在图 5.17 中，4 个这样的防线区域用于覆盖边界的 4 条边。在不同的防线区域使用不同的脉冲重复频率编码，不仅可以探测到是否被入侵，而且还能探测到被入侵的具体方向。任何防线的缺口都会产生一个电脉冲信号，该信号传输到控制室发出警报，让安保人员迅速做出反应。

图 5.17　采用激光发射器/接收器对的激光栅栏

5.3.2　激光扫描器

当保护关键设施和守卫边境时，结构屏障、部署保安和采用监视摄像机等防止未授权闯入以及非法入侵的传统安保方法都有其局限性。激光扫描技术可克服上述限制，提供一种可靠的、易于安装和易于使用的替代方案。激光扫描技术采用激光雷达传感器，发射一列激光脉冲串，形成一个发散的圆锥形激光辐射。从目标反射的激光脉冲，经过处理就可以快速而精确地探测受保护区域的入侵行为。飞行时间法可用于测量到目标的距离。激光扫描技术通常与其他的安保设备和软件工具集成，如自动跟踪摄像机和 GPS 定位，以有效应对任何安全威胁。入侵被探测到之后，自动跟踪安防摄像机可用于跟踪入侵者的运动，对入侵者进行更精确的识别；GPS 定位可用于在地图上跟踪和显示威胁的位置，或者在有隐藏入侵者的情况下，用于在建筑物的蓝图上跟踪和显示威胁的位置。

激光扫描技术特别适合用于保护大面积区域的边界，以及保护大面积区域内的个别敏感位置。该技术有以下几个关键的优势：安全隐蔽，采用 1 级人眼安全红外激光器，使得激光扫描技术更加安全和隐蔽；灵活性强，适合于室内与室外应用；不受恶劣天气条件的影响，如雨、雪、太阳强光的干扰；错误报警率低，激光扫描技术在光照条件下采用多次回波技术，并使用特殊滤镜防止激光扫描仪在强烈阳光下眩目，从而免受雨、雪、阳光刺眼和弱光等恶劣天气的影响；激光扫描技术可移动性强，允许配置临时和便携式周边保护。

5.3.3 光纤入侵探测系统

光纤入侵检测系统的工作原理是将激光脉冲耦合进入单模光纤中传输，并根据精准测量的沿光纤长度发生的微弱光反射进行探测。当光缆铺设在地面上时，这些沿光纤长度上不同位置处发生的背向散射光，会受到周边围栏或墙壁扰动的影响。当光缆埋入地底时，会受到地面震动的影响。该背向散射光被传感单元检测和分析，以探测潜在的入侵及入侵位置。整个系统主要包括光缆和中央传感器单元。光纤系统的主要优势包括：能够以几米的精度定位入侵，并具备同时探测多个入侵的能力且不受闪电和电磁干扰；无须室外电源或其他电子设备、可利用软件配置待测区域；在光缆被切断时剩余部分仍可继续工作。此外，埋入式光缆可以对入侵者、车辆和隧道挖掘实现隐蔽探测。

5.4 激光测距仪

在所有的战术军事应用中，激光最常见的应用是作为激光测距仪用于观察、监视、态势感知和火控，以及作为激光目标指示器用于导弹制导。现代装甲战车和战场坦克的火控系统，利用激光测距仪生成目标坐标数据，用于火炮控制。近程半导体二极管激光测距仪正在被用于突击步枪和轻机枪等警用武器，安全人员可使用这些武器进行观察和态势感知。同样，还有其他应用也采用了激光测距原理。激光接近传感器、间隙测量装置和避障系统是基于激光测距原理的几个应用。激光跟踪是另一个典型应用，此时激光目标指示器与测距仪装在一个两轴万向平台上，用于确定远程目标的三维坐标并用于跟踪目标。

下面将简要介绍不同的测距方法，用于国土安全的典型应用，以及一些代表性测距系统的显著特点。

5.4.1 激光测距方法

激光测距仪采用飞行时间、三角定位、相移和调频连续波（FM CW）4 种技术中的一种来确定和目标之间的距离。下面将对其进行简要介绍。

飞行时间技术中，一束窄脉宽激光发射到预定目标上。目标距离可通过测量激光脉冲传到目标并返回所需的时间得到，如图 5.18 所示。目标距离 d 由式（5.1）给出：

$$d=(c\times\Delta t)/2 \tag{5.1}$$

式中：d 为目标距离（m）；c 为光速（3×10^8 m/s）；Δt 为发射和接收激光脉冲的时间间隔。

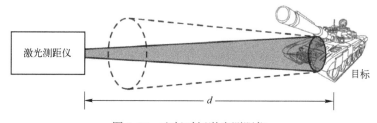

激光测距仪

目标

d

图 5.18 飞行时间激光测距仪

这种情况下的测距精度依赖于接收器处理速度及激光脉冲的上升和下降时间。此时的距离通过测量发射脉冲的上升或下降沿，与对应的接收脉冲的上升或下降沿之间的时间间隔而得到。上升或下降时间有不确定性，从而导致了距离误差。

激光三角定位技术中，激光测距仪利用简单的三角法则来计算到目标的距离。典型的三角定位传感器包括一台固体激光光源，通常为半导体二极管激光器，一个位置探测器（Position Sensing Detector，PSD）或 CMOS/CCD 传感器。当激光束照射到目标上，少量的激光能量反射回传感器，这些反射回来的激光辐射，其强度依赖于目标表面的反射率，通过聚焦光学系统聚焦进入探测器。随着目标移动，激光束成比例地移动进入探测器，如图 5.19 所示。通过对探测器信号进行适当的处理，就可确定到目标之间的相对距离。CMOS 和 CCD 传感器通过像素阵列上光强峰值分布，从而识别出目标位置，而 PSD 传感器基于阵列表面的整个反射光斑的质心来计算位置。

在相移测距技术中，将具有正弦函数调制的激光束发射到目标上，并接收

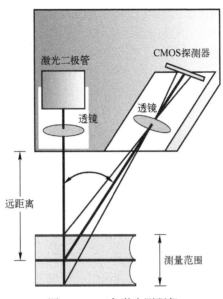

图 5.19　三角激光测距仪

来自目标的漫反射或镜面反射光。接收激光的相位被测量并与发射激光束的相位进行比较。相移为 2π 乘以飞行时间和调制频率的乘积。因此，我们可根据已知的相移值和调制频率，计算飞行时间和到达目标的距离。对于已知的相移量 $\Delta\phi$ 和调制频率 f，根据下式可计算距离 d：

$$d = c\Delta\phi/4\pi f \tag{5.2}$$

调频连续波激光测距技术与调频连续波雷达技术类似。在这种技术中，窄线宽激光的频率利用斜坡或正弦信号调制，然后经准直后发射到目标上。系统接收到的信号为漫反射或镜面反射回来的激光，与代表发射激光的参考信号混合产生拍频。接收信号相对于发射信号在时间上是有一定延迟的。拍频对应于伴随着斜坡时间周期产生的时间延迟，调制频率带宽表示和目标之间的距离，可以由式（5.3）计算得到：

$$d = \frac{f_B \times c \times T_R}{4 \times \Delta f} \tag{5.3}$$

式中：f_B 为拍频；T_R 为斜坡波形的时间周期；Δf 为调制频率带宽。

5.4.2　国内安全应用

激光测距仪的传统战场应用主要包括：用于对敌方人员和军事资产的动态进行观察与态势感知，在装甲战斗平台的集成火控系统中用于综合火控系统，以及用于激光跟踪仪和三维扫描器。其他采用激光测距原理的系统，包括避障系统、间隙测量装置和接近传感器。

执法机构和安全部门采用激光测距仪的大多数应用，同样涉及观察、监视和态势感知。其作为大多数传感器系统的主要部件，用于飞行器、无人机、遥控防御系统、火控系统、军用地面车辆和舰船。此类装备同样被瞄准器厂家用于优化或升级望远式瞄准镜和武器安装系统，或者集成到手持式观察系统中，如夜视仪和热成像仪上。激光测距仪的另一个应用是探测违禁品，当犯罪分子尝试运输毒品、武器或其他违禁品时，通常会通过各种方式来进行隐藏。执法机构和安全部门可利用激光测距仪来快速确定某辆车是否改装了假墙体和隐藏隔间用于掩盖违禁品。激光测距仪可用于对卡车、卡车车厢、拖车、集装箱和其他运输船只进行测量，通过对比内部和外部尺寸来找到假墙，非常有助于识别隐藏隔间。

5.4.3 激光测距系统

本节将介绍一些有代表性的激光测距系统的重要特征，包括手持式 Nd-YAG 激光测距仪、人眼安全（铒玻璃，OPO 频移）激光测距仪和半导体二极管激光测距仪。大多数采用调 Q 激光器和飞行时间原理的固体激光测距仪的最大测量范围，通常大于或等于 20km，测距精度为 1~5m；但半导体二极管激光测距仪的测量范围较为有限，为几百米。

LH-30 型手持式 Nd-YAG 激光测距仪由印度的 Bharat Electronics 公司制造，最大工作范围 20km，测距精度±5m。其他特征如下：1.0mrad 的光束发散角，脉冲重复频率可选每分钟 10 个或 30 个脉冲，脉冲能量 6~12mJ，内置 6 倍放大率，以及 RS-422A 串行接口、远程触发和位读取。

LRF-3M 型高重复频率 Nd-YAG 激光测距仪可以高达 20Hz 的重复频率运行。系统最大工作范围 30km，测距精度与测距分辨率分别为 1.0m 和 15m。

由 Newcon 光学制造的 LRB-21K（图 5.20）型是一种手持式的铒玻璃激光测距仪，工作波长为 1540nm，激光发散角为 1mrad。工作范围 50~21000m，测距精度为±5m，最大脉冲重复频率为 2Hz。具有内置的三轴指南针，以及嵌入式的 GPS 接收器，便于即时计算目标坐标，更精确的目标三角测量成为可能。

澳大利亚 Thales 公司的 MELT 型是一种军用的人眼安全激光测距仪。它由一个发射波长 1535nm、光束发散角为 0.4~0.6mrad 的掺铒玻璃固体激光器构成。该测距仪基于单点飞行时间原理，被设计用作手持式光电监视设备，并且同样易于集成到 OEM 系统中。MELT 设计用来与炮塔、载荷、手持式瞄准系

图 5.20　LRB-21K 激光测距仪

统、轻装甲车、遥控武器站、固定翼飞行器、无人机，以及其他先进多传感器套件集成。测距仪的参数特征如下：最大测距范围为 20km，精度为 ±5m，测距分辨率为 5m，最大脉冲重复频率为 1Hz。

Elbit 系统光电有限公司的 LIORA 型是一种多功能手持式设备，集成了单筒白天光学望远镜，人眼安全激光测距仪，数字罗盘和 GPS 接收机。适用于步兵分队和特种作战部队，同样可以作为模块化目标捕获或观察系统的一部分实现系统的集成。

配备有半导体二极管激光器的 G-Force DX 和 Scout DX 型，是属于博士伦（Bushnell）公司的一类紧凑型激光测距仪。两者具有相似的性能指标，最大测距范围 900~1200m，测距精度优于 50cm。配备了可供选择的弓和步枪模式，各具特点，这些测距仪实现了一机双用。它们足够小巧，能放进口袋；足够坚固，可以应对任何天气或地形。

来自 Newcon Optik 的激光测距仪模块，包括 LRF、MOD 和 3/3CI 型，采用了与该公司提供的单筒望远镜和双筒望远镜相同的光学与电子技术。这些模块通常被设计为与热成像仪、昼夜监视系统和各种飞机光学系统集成，为大型系统增加距离发现能力。所有的模块都提供距离与速度测量，并支持 RS-232 接口。

设计用于违禁品探测的徕卡（Leica）激光测距仪测量范围为 0.05~60m，测量精度为 1.5mm。ELEM 系列（ELEM 10K 和 ELEM-DP 10K）为 1540nm 的掺铒玻璃激光测距仪，最大测量范围为 40km，测量精度优于 5m。DLEM 系列（DLEM-20、DLEM-30、DLEM-45 和 DLEM-SR）包括半导体二极管激光测距仪，尤其适合于集成到手持式和武器挂载的光电系统上，如便携式观察设备和武器挂载的瞄准镜。最大测量范围为 5km（DLEM-20 和 DLEM-SR）、14km（DLEM-30）和 20km（DLEM-45）（图 5.21）。测量精度为 0.5~1m。

图 5.21　DLEM-45 激光测距仪

5.5　光电目标探测

对战场光学系统、光电瞄准系统以及观察系统进行探测和识别，包括武器瞄准镜、夜视设备、热像仪、激光测距仪和目标指示器，是激光领域的一种新兴应用。所涉及的设备通常称为光学目标定位器（Optical Target Locator，OTL），也称为狙击手定位器。下面将简要描述光学目标定位器的工作原理，以及一些代表性设备的显著特征。

5.5.1　工作原理

基于猫眼效应原理的光学目标定位器，如图 5.22 所示。采用一束激光照明，光学系统将其中的一小部分光能量反射返回，然后由高灵敏度接收器接收。背向散射信号经过处理可给出光学设备的具体位置。该设备可用于国土安全领域，用于探测狙击手使用的光学瞄准镜。另一个与国土安全领域的相关应用是用于敏感区域的监测，特别是在城市地区。图 5.23 给出了该设备在城市环境中，用于区域清除的一种典型的部署场景。安保人员利用光学目标定位器扫描建筑物，以寻找可能隐藏的狙击手或者可疑人员。发散的扫描激光束由光学设备的前端光学系统反射回来，由光学目标定位器的接收器接收后，即可标定目标光学设备的位置。

5.5.2　代表性的系统

许多反狙击手系统能够探测狙击手使用的光学瞄准镜和其他具有前端光学

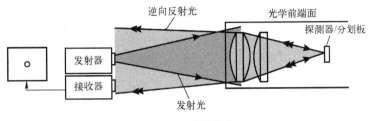

图 5.22　猫眼效应

图 5.23　城市环境下区域清除的典型部署场景

的观察设备，这些系统已实现商业化，并可供安全机构和武装部队使用。

CILAS 公司设计的 SLD-400 型反狙击手系统可用于探测和定位狙击手使用的光学瞄准镜，以及在战场上使用的其他光电瞄准系统。该系统基于猫眼效应，白天的探测距离为 1000m，夜间的探测距离为 3000m。它可以安装在三脚架或者静止的车辆上。其高精度的威胁检测和定位能力可与相关武器或火控系统的性能兼容。SLD-500 型为 SLD-400 型的改进版。

Torrey Pines Logic 公司设计的 Mirage-1200 型反狙击手系统，可用于探测目标系统的前端光学系统逆向反射信号。它采用高灵敏度探测器与滤光片的组合，可提供 1200m 的最大工作距离。它还可通过对透射信号与逆向反射信号的飞行时间计算，来获得目标距离。所搭载的探测器具有 24h 不间断的工作能力。通过距离门控技术，该系统能穿透恶劣的天气与植被。该公司的 Sentinel S45 型号（图 5.24）设计用于确保重要人员、边境以及重要与战略要地的安全。它的最大工作距离为 2500m，实际测量距离依赖于工作环境，距离测量精度为 5m。Torrey Pines Logic 公司的 Myth-350 型探测距离为 350m。Beam™85、Beam™210 和 Beam™220 型光学目标探测系统的探测距离分别为 50~2000m、

50~2000m 和 50~2500m。它们尤其适合于狙击手探测、重要人物安保、边境保护以及关键资产保护。Beam™210 和 Beam™220 型号同样可选择 SWIR（短波红外）、热成像或 CCD 载荷、支持 GPS 地理定位，以及多光谱成像，用于目标鉴定。

图 5.24　哨兵 S45 狙击手探测系统

FidusCrypt 公司的 OCELOT-3 狙击手探测系统，将激光距离门控与热成像和光学技术结合，具有强大的目标探测能力。它集成了一个包含一台激光距离门控摄像机的基本模块，和一个包含激光测距仪、HDTV CCD 摄像机、导航模块和热成像模块的多传感器模块。它的用途极为广泛，包括边境入侵探测、边境控制与保护、关键人物保护、关键基础设施保护、狙击手探测，以及用于特种部队作战行动。该系统最远能探测距离为 1200m（采用 24mm 镜头）以及 2000m（采用 100mm 镜头）外的光学设备。

Newcon 光学公司的 LAS-1000 型可在各种战术场景中探测狙击手，以及其他前方观察者。它可以在威胁来临之前确定其位置。该系统特别适合边境、周边安全以及特殊人员保护。LAS-1000 型能沿其视线方向探测光学设备，即使这些设备被灌木、窗户或者挡风玻璃遮住。探测距离为 70~1000m，测距精度为 10m。它同样配有声音报警系统，可被设置成探测到威胁即可触发警报，从而提供额外的态势感知。

意大利 Sekotech 公司的 GCU-OSD10 型设计用于探测和定位便携式观察系统，如伪装成各种样子的监视摄像机，探测距离为 500~1000m，有效距离依赖于天气条件。发射器与接收器分别采用 808nm 的半导体二极管激光器，以及半英寸的 752×582 像素的 CCD 传感器。GCU-OSD15 型设计用于探测 25m 范围以内的小型视频监视摄像机。GCU-OCD20 型（图 5.25）能透过窗户以及有色玻璃、有机玻璃和半透明镜，探测光电监视系统。

图 5.25　GCU-OCD20 型光学探测器

5.6　隐藏式激光侦听器

激光侦听器也称为激光传声器，是一种利用不可见红外激光束，在不进入房间的情况下，从远处窃听房间里谈话的隐藏式监视设备。当执法部门和安全机构无法在目标区域安装监听设备时，该设备被用来对嫌犯和从事非法活动的人进行秘密监视。当需要重点关注获取信息的速度时，这些设备在战术态势上尤其有用。目前，工作距离 100～1000m 的激光隐藏式侦听器已成功实现商业化。下面将介绍激光传声器的工作原理，以及一些代表性设备的显著特征。

5.6.1　工作原理

激光侦听器由红外激光发射器、光学接收器和电子处理单元构成。来自激光发射器的红外激光束照射到被监控房间的窗户表面。在目标房间内，由言语、对话和其他声音发出的声波振动会引起窗户玻璃表面的微振动。当红外线激光束照射在窗玻璃上时，会与窗玻璃表面的微振动发生接触。激光束从窗玻璃表面反射回光学接收器，反射回来时所经过距离的细微差别，在光学接收器中通过干涉方法被检测到。接收机将反射激光束的路径差变化转化为强度变化。强度变化接着转换成电信号，经过滤波与放大，再转换成音频。音频信号可以同时用于实时收听或者记录在外部录音器上。

有几种光学结构可用于制造激光传声器。其中一种结构如图 5.26（a）所示，在这种情况下，激光束以一定的角度入射到窗玻璃上，带有光电探测器的光学接收器以和入射角同样的角度，对称放在另一边更靠近窗户的地方。此时，窗玻璃上的轻微振动足以导致激光束在光电探测器上的偏转，从而引起强度的变化。该结构未利用干涉原理。另一种如图 5.26（b）所示的光学结构，与图 5.26（a）的结构有轻微差别，入射与反射激光是对准的，发射器与接收器一起配合使用。图 5.26（c）中的第三种光学结构利用了干涉原理，其本质上是一个迈克耳孙干涉仪。这种结构的问题在于干涉仪的两臂长度差距过大，会导致两束光之间的相位相干性丢失，进而限制了设备的灵敏度。

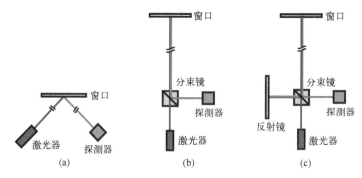

图 5.26　激光传声器的光学结构

图 5.27 所示的光学结构，解决了这一缺点。该结构的干涉仪双臂拥有几乎相等的长度，从而保证了两束光的时间相干性。干涉仪对窗玻璃的差异运动响应，极大地避免了共模光路扰动。

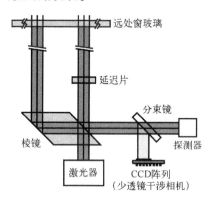

图 5.27　具有近似相等光程长度的激光传声器的干涉结构

5.6.2　代表性系统

能隐秘监听数百米外房间里嫌犯谈话内容的激光侦听器已得到迅速发展，并成功实现商业化。

发现电信（Discovery Telecom）公司的光声激光 SKU-1688 型激光侦听器，最大工作距离为 300m，能在任意角度下使用。此型号的激光侦听器在进行远程音频监视时，除玻璃窗外，它能从纸张、金属、塑料以及纺织品等其他材料中接收信号，该设备受周围环境的干扰较小。

PKI 电子智能公司（PKI Electronic Intelligence GmbH）的 PKI-3100 型激光监视系统，像其他的激光侦听器一样，用于隐藏式观察。它被特别设计用于透过窗玻璃进行音频监视，最大工作距离为 300m。Endoacoustica 公司的 LAS-MIC 音频监视系统与 PKI-3100 型系统类似，具有相同的性能参数。Detective Store 公司（Detective Store Ltd.）的光谱 M（Spectra M）型激光传声器，最大工作距离为 400m，内置录音器且便于携带。Electromax 公司（Electromax International, Inc.）的 EMAX-2510 型激光侦听器工作距离为 150m。EMAX-2510 型激光侦听器的显著特征包括不受探测角度影响、适用于各种不同的目标材料，如纸张、塑料、金属和玻璃，良好的语音清晰度，以及受益于干涉探测过程的抗干扰和噪声能力。

Eyetek 公司（Eyetek Surveillance Ltd.）的长距离激光音频监视器，是一种能监视 450m 以外房间内谈话内容的隐藏式监视系统。与其他激光传声器类似，它被设计用于在建筑物内部目标房间无法放置监视设备的情况下使用。该设备封装在标准的单反相机内部，外观看起来像一个摄影设备，从而能够实现进一步的隐藏。

5.7　隐藏武器探测

为了应对不同部署场景下的各种威胁，适用于安全技术领域的筛查、检测和监视设备不断发展，同时也出现了使从事非法和可疑活动的人员能够逃避常规设备检测的对抗技术。探测隐藏武器是安全与执法人员面临的最大挑战之一。将枪支伪装成钱包、摄像机和移动电话，以及将刀具伪装成钢笔、梳子和书籍是很常见的隐藏武器行为。塑料刀同样可被用于躲避金属探测器的探测。此外，爆炸物伪装成日常物品，如书籍、公文包和背心。特定的检查设备已被开发用来进行武器的探测，如隐藏在不同日用品中的手枪、刀具和爆炸物，以及藏匿在嫌疑人衣服里的武器。这一精密的检查设备通常用于保护重要公共资产和关键设施的安全。它同样可用于远距离探测隐藏武器，尤其是在几乎无法控制人流量的情况下。目前已发展了多种不同的技术用于隐藏武器探测。下面将简要介绍常用的隐藏武器探测技术，包括 X 射线扫描仪、毫米波成像、红外成像和太赫兹成像传感器。

5.7.1　隐藏武器探测技术

目前已有多种技术被用于制造探测隐藏武器的传感器。通常使用的隐藏武器探测传感器包括 X 射线扫描仪（行李和人体扫描仪）、毫米波成像传感器、太赫兹成像传感器、红外传感器、磁性传感器和声学传感器。X 射线扫描仪要么利用材料对不同 X 射线的透射特性（行李扫描仪），要么利用物体对 X 射线的散射特性（人体扫描仪），来构建突出显示行李中携带的或者隐藏在衣服下面的物体图像。毫米波成像传感器利用 30～300GHz 波段内的毫米波进行成像，能探测隐藏在衣服下面的金属和非金属物体。毫米波成像传感器包括被动和主动成像模式。太赫兹成像传感器工作在太赫兹或 0.3～3THz 的亚毫米波波段。红外成像传感器可探测衣服吸收人体发射的红外辐射之后的二次红外辐射。但是只有衣服是轻、薄和不动时，红外传感器才能有效地产生隐藏武器的图像。磁性传感器使用磁阻梯度计感测器阵列，可感测任意铁磁材料对周围地球磁场的扰动。它们可被设置成穿行式武器探测门，探测系统可准确地确定武器的数量、位置和尺寸。声学成像传感器使用的超声频率在 30～200kHz，由物体散射的超声波被用来构造图像。所选的频带能够穿透衣服，探测到隐藏的物品。下面将简要介绍 X 射线扫描仪、毫米波、红外成像以及太赫兹成像传感器。

5.7.2　X 射线扫描仪

X 射线扫描仪通过不同材料透射和散射的 X 射线的强度差异，来构建隐藏物体的图像。图像不仅给出物体的形状，还包括物体的具体材质。目前有行李 X 射线扫描仪和人体 X 射线扫描仪。行李 X 射线扫描仪基于透射 X 射线的强度进行扫描，人体 X 射线扫描仪中基于散射 X 射线的强度进行扫描。当利用 X 射线扫描仪扫描行李时，X 射线的一些能量会被包里的各种物体吸收，在物体之间的空间区域，X 射线可无损通过。这些透过的电磁波接着入射到两个板状探测器上。两个板状探测器层叠放置，探测器之间存在某种特殊材料可阻碍较低能量的 X 射线，只有能量较高的电磁波才能入射到第二块板上。对比两个探测器的输出信号，构建数字化的图像。不同密度的材料用不同的颜色表示，用深色代表密度高的材料，如金属或玻璃；用浅色表示低密度材料，如食物和衣物。可在设计 X 射线行李扫描仪时利用一些方法提高检查质量。其中之一是双角度 X 射线扫描仪，其采用了两个 X 射线源：一个位于侧面，一个位于底部。该扫描仪同时从两个方面观察物体，以提供更清晰的照片。这种扫描仪在机场、火车站以及港口的安检中得到了广泛的使用。同样，还有双通道高能 X 射线行李扫描仪和大出射角扫描仪。

人体 X 射线扫描仪，也称为背向散射 X 射线扫描仪，其利用测量散射 X 射线的强度进行工作。这样的危险性较小，因为 X 射线无须完全穿透人体。

此外，散射 X 射线的强度取决于所遇到的材料。人体 X 射线扫描仪会拍摄两张图像：一张是正面的图像，一张是背面的图像（图 5.28）。

图 5.28　全身扫描仪

5.7.3　毫米波成像传感器

毫米波成像人体扫描仪的工作原理与背向散射 X 射线扫描仪相同，不同之处在于毫米波使用的是位于无线电波和红外线之间光谱区域的 30 ～ 300GHz 波段的电磁波，而不是 X 射线。毫米波具有能够无损耗地穿过服装等轻质材料的独特特性。毫米波扫描仪使用两个旋转天线向人体表面发射低功率毫米波。辐射从被扫描人的皮肤和隐藏在衣服下的任何可疑物体上反射回来，然后被两个接收器接收。接收器处理信息，给出前后图像来定位任何可疑物体，以便操作者在显示器上观看。毫米波扫描仪被认为比背向散射 X 射线扫描仪的危害要小得多，因为前者发出非电离辐射，而且不会对 DNA 造成致癌损伤。已确定的非电离辐射对健康的影响仅限于热效应。在 $0.00001 \sim 0.0006 \mathrm{MW/cm^2}$ 范围内的发射功率密度，远低于使组织升温所需的功率密度。

5.7.4　红外成像传感器

用于隐藏武器探测的红外成像技术，由于人体不同部位和隐藏物体之间存

163

在温度差，其依赖于人体和任何可疑的隐藏物体所发出的不同红外辐射进行工作。发射的红外辐射通常在中波或长波红外段。目前，红外成像技术既有主动红外成像技术，也有被动红外成像技术。在被动红外成像的情况下，不会对目标进行主动照明。人体和隐藏物体发射的红外辐射被衣物吸收，并再次发射。隐藏的物体比身体更冷，由于它和身体之间的温度差异，在图像中看起来比周围的身体显得更黑。如果把可见光传感器与红外传感器采集的两幅图像进行融合，成像结果可揭示更多细节。在主动红外成像的情况下，目标通过近红外或短波红外的辐射源照射。关于红外成像的知识将在第6章中进一步探讨。

5.7.5　太赫兹成像传感器

太赫兹辐射有某些独特的性质，使其在不同的应用中具有吸引力：用于物体内部结构无损检测中的质量控制；用于实现新一代无线局域网（Wireless Local Area Network，WLAN）和无线个人局域网（Wireless Personal Area Network，WPAN）的无线通信，以及用于产生无线通信中的完全安全专用信道；医学太赫兹层析成像；最重要的是人员安检和行李安检。太赫兹辐射光谱宽，相干性好，因此太赫兹图像包含的信息远远多于单一频率光源形成的传统图像。太赫兹辐射能穿透织物、陶瓷和塑料，可以探测隐藏在衣物下面的物体。它同样是非电离性的，因此对活组织或DNA无害，对人体、植物和动物也绝对安全。这些独特性质使得太赫兹射线比X射线和近红外辐射更加具有吸引力及信息量。用于筛查信件、信封和小型包裹，以及用于人体隐藏违禁物品探测的太赫兹成像扫描仪，已成功实现商业化。其中，一个系统是TeraSense技术（TeraSense Technology）公司的Terasense安全人体扫描仪，它工作在反射模式下，能在设防区外探测武器，包括冷兵器和枪、炸弹和手榴弹、爆炸带，以及3m外隐藏在衣物下面的各种违禁品。

参 考 文 献

［1］ Accetta, J. S., and D. L. Shumaker, *The Infrared and Electro-Optic Systems Handbook*, Volume7, Revised Edition, Bellingham, WA: SPIE International Society for Optical Engineering, 1998.

［2］ Desmarais, L., *Applied Electro Optics*, Upper Saddle River, NJ: Prentice Hall/Pearson, 1998.

［3］ Hecht, J., *Understanding Lasers: An Entry Level Guide*, 3rd Edition, Hoboken, NJ: Wiley – IEEE Press, 2008.

［4］ Kasap, S. O., *Optoelectronics & Photonics: Principles and Practices*, Pearson, 2012.

［5］ Lee, Y. - S., *Principles of Terahertz Science and Technology*, New York: Springer, 2008.

［6］ McAulay, A. D., *Military Laser Technology for Defense*, Hoboken, NJ: Wiley-Interscience, 2011.

［7］ Rosencher, E. , B. Vinter, and P. G. Piva, *Optoelectronics*, Cambridge, UK: Cambridge University Press, 2002.

［8］ Sayeedkia, D. (ed.), *Handbook of Terahertz Technology for Imaging, Sensing and Communications*, Oxford, UK: Woodhead Publishing Limited, 2013.

［9］ Uiga, E. , *Optoelectronics*, Englewood Cliffs, NJ: Pearson, 1995.

［10］ Waynant, R. , and M. Ediger (eds.), *Electro-Optics Handbook*, New York: McGraw-Hill, 2000.

［11］ Webb, C. E. , and J. D. C. Jones (eds.), *Handbook of Laser Technology and Applications: Volume Ⅲ*, Boca Raton, FL: CRC Press, 2003.

［12］ Wilson, J. , and J. Hawkes, *Optoelectronics: An Introduction*, Second Edition, Englewood Cliffs, NJ: Prentice Hall, 1989.

［13］ Woolard, D. L. , J. O. Jens, R. J. Hwu, and M. S. Shur (eds.), *Terahertz Science and Technology for Military and Security Applications*, Hackensack, NJ: World Scientific, 2007.

第6章 夜 视 技 术

不同形式的夜视设备，如夜视镜、夜视仪和夜视摄像机，对于安全与执法部门的夜晚执勤和军队的夜战能力提升至关重要。这些设备被执法和安全部门广泛地用于监视、监控，同时也被军方应用于敌对目标定位、监视和导航等。夜视摄像机甚至被私营企业和军事机构用于重要资产的周边环境监视。本章重点探讨像增强和热成像技术两种主流的夜视技术，以及它们对应的应用场景和局限性。之后探讨不同类型的夜视设备及其典型应用场景。

6.1　夜视的基本方法

夜视技术和相关的夜视设备使用户能在低光照条件下看到目标。现代夜视设备甚至能在接近完全黑暗的情况下实现目标观测。在低光照条件下要实现目标观测需要满足两个基本要求，即足够宽的光谱响应范围和足够灵敏的光强感知范围。人眼的光谱响应和光强感知范围较低，极大限制了人眼在低光照条件下能以可接受的对比度实现观测的范围。因此，通过技术手段扩展这两个参数范围，将使夜视变为可能。像增强和热成像技术即是目前应用最为广泛的两种基本夜视技术，下面将对其进行简要描述。

6.1.1　像增强

像增强技术基于如下工作原理：在低光照条件下，收集目标视场反射的处于可见光和近红外波段的部分光子。将收集到的光子在像增强管里通过光电转换、电子倍增和电光转换过程实现有效放大。像增强管型夜视设备其他重要组成部分包括用于收集光子的物镜、用于观测增强图像的目镜，以及用于提供电子加速所需直流电压的电源。

6.1.2　主动照明

在非常低的光照条件下，通常会将主动照明与像增强管结合以实现图像分辨率的提升，这种技术也称为主动夜视技术。用于照明的光源通常是发射光谱可覆盖 700~1000nm 波长范围的红外二极管。主动夜视技术的主要缺点是容易被敌方夜视仪探测到，因此容易暴露使用者的位置。这在战术军事行动中尤其不可取。

6.1.3　热成像

热成像夜视技术的工作原理是探测物体前景与物体背景之间的温度差。绝对零度以上的所有物体都会辐射红外能，物体辐射的红外能强度与其绝对温度的四次方成正比（斯忒藩-玻耳兹曼定律，Stefan-Boltzman Law），峰值辐射出现在与绝对温度成反比的波长上（维恩位移定律，Wien's Displacement Law）。因此，物体温度越高，其辐射的红外能强度越高，峰值波长越短。热成像设备本质上是一个能探测物体表面不同位置之间微小温度差的热传感器。温度差所携带的信息，以红外能的形式被热成像设备所收集，并转换为电子图像。利用红外辐射不仅能探测到目标物体与环境之间，而且能探测到物体自身不同位置之间的微小温差，这使得热成像设备具备能在几乎全暗的环境下进行观测的能力。

6.1.4　数字夜视

传统夜视设备的一个变型是数字夜视设备。在传统夜视设备中，光线被物镜收集并聚焦到增强器上；而绝大多数数字夜视设备则通过高灵敏度 CCD 图像传感器，将光学图像处理并转换成电信号，接着将电信号呈现在通常由 LCD 平板构成的微显示器上。微显示器通常做成目镜的形式而非传统数码相机屏幕，通过微显示器目镜可以观察图像。数字夜视技术相比传统夜视技术具有多个优势，如数字夜视设备相对成本更低，没有光阴极引起的图像畸变和荧光屏污染，不受亮光导致的暴露损伤，并能提供图像记录。

6.1.5　像增强对比热成像

像增强与热成像夜视设备具有相似的应用领域。对于给定的应用选择，主要的考虑因素包括成本、光照条件和环境类型。从成本的角度来看，像增强设备相比热成像设备具有决定性的优势。性能优异的像增强夜视设备，包括能挂载到武器上的变体，成本在几百美元。另外，热成像仪价格普遍在几千美元，军用级别的热成像设备甚至高达数万美元。在决定选用哪种夜视设备以前，还必须考虑光照条件。像增强夜视设备需要光照，即使微弱的光也足以使其获得想要的观测结果，而热成像仪则能在完全黑暗的环境下工作。此外，环境类型对设备选择也有重要影响，对于浓雾或茂密的树林环境，热成像仪是唯一的选择，因为长波（8～14μm）非常容易穿透烟、霾、尘和水汽。热成像仪同样能透过沙尘暴观测，在沙漠行动中它们是一种理想的选择。而在极端寒冷的条件下，像增强夜视技术是更好的选择。最后，热成像技术非常适合探测，但不适合于目标识别。在探测过程中，像增强夜视设备具有更好的识别能力，但是如果目标人员穿着伪装服，或者被探测的动物在远处静止不动，它们就一样很难被发现。

6.2　像增强设备

常见的像增强设备包括像增强管和增强 CCD。下面将简要介绍这两种类型的设备。

6.2.1　像增强管

像增强管能将低光照条件下的图像放大增强到人眼能看到或者数字图像传感器能探测到的水平。其工作原理如下：像增强管通过夜视设备的物镜收集来自自然界的环境光，如星光或月光；或者来自人造的光源，如街灯或红外照明器；低亮度的光子通过输入窗进入夜视设备并击中光阴极，光阴极通常是由镀在输入窗内部的薄层光敏材料构成的，为避免光阴极受到氧化，像增强管通常在 $10^{-9} \sim 10^{-10}$ torr（1torr = 133.322Pa）的真空度下工作；光阴极释放的光电子通过沿微通道板（MCP）的强电场加速和聚焦。MCP 有数百万个微通道，进入这些通道的电子，被 MCP 内部的另一个强电场加速，并通过这些通道内壁的反弹形成电子的二次发射进而实现倍增。进入 MCP 的 1 个电子，经过倍增大约可以产生 1000 个电子，从单级 MCP 输出的电子接下来将通过第三个电场获得加速并指向荧光屏；荧光屏是一种在像增强管输出窗口内侧沉积有发光薄层的装置，能将碰撞电子转换成光子。对于每个进入像增强管输入窗口的光子，从荧光屏发射出来后，将在输出窗口产生数以万计的光子。输入窗口与光阴极之间的电子加速，MCP 通道内的电子加速与二次发射，以及 MCP 与荧光屏之间区域的电子加速，共同导致了光子倍增效应。由这一多级增强或放大过程产生的物体图像比原始图像亮得多。

6.2.1.1　结构

像增强管的结构组成包括输入窗口、光阴极、微通道板、荧光屏、输出窗口和电源。图 6.1 给出了典型的像增强管的结构组成。

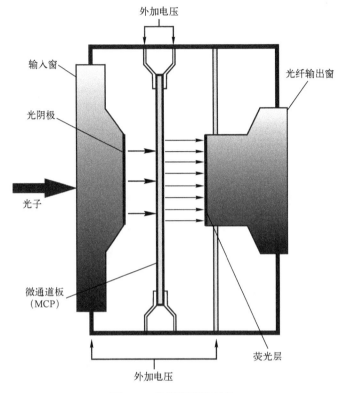

图 6.1　像增强管的结构

　　输入窗口材料是依据较短波长的灵敏度需要来选择的。常见的用于输入窗口的材料有合成二氧化硅（透射波长 ≥160nm）、光纤面板（透射波长 ≥350nm）、氟化镁（透射波长 ≥115nm）和硼硅酸盐玻璃（透射波长 ≥300nm）。

　　在像增强管中，各组成结构功能如下：光阴极将光子转换成电子，MCP使光生电子获得倍增，荧光屏将倍增后的电子再次转换为光子，电源提供的直流电压在紧邻真空陶瓷罩的不同区域产生加速电场。光阴极将光子转换成电子的效率，也称为光阴极辐射灵敏度或量子效率，是波长的函数。有多种材料适合用作光阴极，其中，半导体砷化镓和磷砷化镓晶体具有相当高的灵敏度。在光阴极与 MCP 输入表面之间，在 MCP 内部以及 MCP 与荧光屏之间均具有高压电场，可对光生电子和二次发射的电子实现电场加速。

　　MCP 是一层薄薄的玻璃板，厚度大约为 0.5mm，由数百万个平行排列的倾斜通道阵列构成，每个通道的直径为 5~6μm（图 6.2）。第一代的像增强管并未采用 MCP。早期的第二代像增强管采用单级 MCP，提供的电子倍增系数

大约为 10^3，二级和三级 MCP 能提供的增益分别为 10^5 甚至大于 10^6。根据实际所需的增益值，可选用不同级数的 MCP。流经 MCP 的带电流决定了像增强管的动态范围或线性度，因此，要想获得较高的线性度，则必须使用低阻 MCP 以实现较大的 MCP 带电流。

图 6.2　微通道板

　　荧光屏可将碰撞电子转换为光子，常用的类型包括 P24、P43、P46 和 P47。荧光屏的主要特征参数包括峰值发射波长、衰减时间、功率系数和发光颜色。衰减时间是荧光屏选择时需要重点考虑的一个参数。荧光屏类型选择时需要考虑将其衰减时间与读出方法匹配，并将光谱发射与读出灵敏度相匹配。当与线性图像传感器或高速 CCD 搭配使用时，建议选用衰减时间较短的荧光屏，以避免在下一帧图像中出现残像。另外，较短的衰减时间减少了闪烁现象发生的可能，推荐用于夜间观测与监视等应用。

　　输出窗口材料的选择要与读出方法相匹配。不同的输出窗口类型包括硼硅酸盐玻璃、光学纤维板（Fiber-Optic Plate，FOP）以及扭转光纤。硼硅酸盐玻璃窗口适用于中继镜读出，这种情况下，中继镜需要聚焦在荧光屏上。光纤输出板是一个标准的输出窗口，非常适合用于将 FOP 输入窗口直接耦合到 CCD 上的情况。光学纤维板由数百万到数亿个平行排列的光纤构成，可毫无畸变地将光学图像从一个表面传输到另一个表面，其光纤直径与 MCP 的通道直径相匹配。扭转光纤可用作输出窗口应用于夜间观察，采用扭转光纤可显著减小目镜的长度，因此可令夜视设备更加紧凑。

6.2.1.2　工作模式

　　像增强管包括门控模式和光子计数模式两种常见的工作模式。门控模式时，可通过改变光阴极与 MCP 内表面之间的电势差来打开或关闭光开关，进而控制增强图像的形成。在光开关打开时，光阴极的电势比 MCP 的电势低，光电子被吸引到 MCP 并倍增，接着击中荧光屏，产生一个增强的图像。在光开关关闭时，MCP 内表面的电势比光阴极的电势低，导致光电子回到光阴极，因此，在荧光屏上没有增强的图像。实际上，MCP 的电势是固定的，像增强管通过在光阴极上施加电压约为 200V 的负极性脉冲来开启。门控模式在分析高速光学现象时非常有效。

三级 MCP 的像增强管比单级 MCP 的像增强管灵敏度要高得多。这在极低光照条件下工作时尤其重要。当光照条件低至 10^{-4}lux 时，三级 MCP 有助于产生质量可以接受的图像。然而，当光照条件低至 10^{-5}lux 时，入射光子在时间和空间上是分立的，无法获取有层次的图像。在极低的光照条件下，当荧光屏上每秒钟只有几个光斑时，可通过探测每个光斑及其位置，并将它们积分成一个图像存储单元，继而可以获得高质量的图像。此时的亮度分布称为光子计数模式，通过每个位置的光子数之差给出。

6.2.2 增强 CCD

增强 CCD（Intensified CCD，ICCD）成功地利用了像增强管提供的光放大功能，克服了基本 CCD 传感器的限制。得益于像增强管的引入，增强 CCD 也具备高的光增益和门控模式运行两个重要特征。虽然像增强器最初是为军队和执法部门开发的，广泛用于监视、瞄准和导航，但 ICCD 技术与相关设备的发展将其使用范围扩展到了许多科学应用领域，如光谱学、科学与工业成像，以及医学诊断等。事实上，像增强管的发展正越来越多地受到科学应用的驱动。

6.2.2.1 构成

增强 CCD 主要由像增强管和 CCD 传感器两部分组成，像增强管的输出端直接耦合到 CCD 传感器上。光纤耦合是像增强管最典型的输出耦合方式（图 6.3），其具有结构紧凑、光畸变程度低的优点。光纤耦合方式的耦合效率较高，能让像增强管在较低的增益下工作，具有更好的动态范围性能。另一种耦合方式是透镜耦合，它是在像增强管的输出端与 CCD 之间使用了一个透镜（图 6.4）。在透镜耦合方式下，可以通过移开像增强器使 ICCD 传感器工作在非增强模式，因此，这种耦合方式支持增强与非增强工作模式的灵活切变。透镜耦合 ICCD 的缺点是较大的物理尺寸、较低的耦合效率和透镜引入的散射增加。电源是 ICCD 传感器的另一个重要组成部分。电源模块分别给 MCP 提供直流电压（典型值为 600～900V），使其获得所需的增益；给荧光屏提供直流电压（典型值为4~8kV）；以及给光阴极提供门控模式运行所需的负极性电压脉冲（典型为200V）。门控电压脉宽以及上升/下降时间取决于所需的门控参数，根据需要可获得小于1ns的门控脉宽以及小于1ns的上升/下降时间。

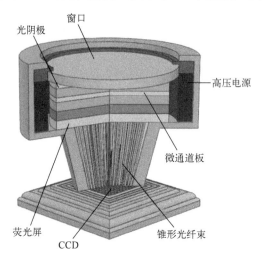

图 6.3　光纤耦合输出的 ICCD 结构

6.2.2.2　特性

ICCD 的主要特性参数包括光谱响应、空间分辨率、门控时间与重复频率、噪声、灵敏度、动态范围和帧频。ICCD 摄像机的光谱响应主要由像增强管的输入窗口材料、光阴极材料和光阴极尺寸决定。早期的像增强管（第2代）和同期的光电倍增管一样多采用铋或者多碱光阴极。目前，第3代像增强管的光阴极多由半导体材料如砷化镓和磷砷化镓制成。第2代像增强管的光阴极通过在石英窗口上蒸镀相应材料制成，可以将光谱响应范围向下扩展到160nm。石英窗口可被氟化镁窗口代替，其光谱响应甚至可扩展到接近120nm。光阴极的材料组分与厚度在制作过程中可以依据不同区域的波长响应需求进行调节。砷化镓、磷砷化镓和铟镓砷化物的光谱响应分别在350~950nm、280~820nm和370~1100nm。

ICCD 的噪声以及灵敏度同样由像增强管决定。其中，噪声的一个分量称为暗电流分量，也称为有效本底照度（Effective Background Illumination，EBI），其来源于光阴极中的热生电荷。当采用的门控时间较短时，暗电流通常可被忽略。

相比于电子倍增 CCD（Electron Multiplying CCD，EMCCD）和普通 CCD，

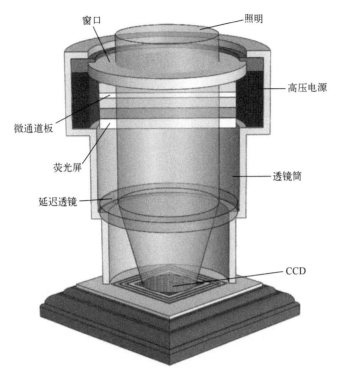

图 6.4　透镜耦合的 ICCD 结构

ICCD 的主要优势在于其光快门特性。通过在光阴极与 MCP 之间加上控制电压，像增强管就自然具备了快门功能。像增强管可用作一个速度极快的光开关，具有捕获纳秒级脉宽光信号的能力。其最小快门时间受一系列因素影响，但主要取决于光阴极结构与电子门控电路。门控操作使得 ICCD 在捕获高速光信号的实时图像的同时，可以剔除无关信号。像增强管的快门重复频率在标准模式下可达 50kHz，特殊要求的摄像机时甚至可达 500kHz。尽管摄像机 CCD 在此频率下无法读出数据，但是依然具有快门独立运行的优势，重复信号能通过采样与像增强管的输出信号在 CCD 上叠加，增强弱信号的可见性。

空间分辨率通常定义为每毫米内摄像机能分辨的线对数量。调制传递函数（Modulation Transfer Function，MTF）是测量光学系统分辨率的几种方法中最为常见的。MTF 是一种对光学系统从物面到像面传递各种细节能力的定量描述。像增强管中 MCP 与荧光剂的引入导致其 MTF 相比于 CCD 有所退化。MTF 是物体到像的调制传递（或对比度）的度量，换言之，它度量了光学系统从物体到像的细节重现（或传递）的准确程度。当亮度呈正弦波变化的黑白条纹图像聚焦到光阴极上时，随着条纹图像密度增加，图像对比度逐渐下降。对比度与每毫米线对（lp/mm）中的条纹密度之间的关系就是 MTF。近年来在精细磷光体沉积方面的进展，减小了条纹间隔，降低了微通道板的内径，使其性能大为改善。然而，分辨率依然被限制在 60lp/mm 以内。

ICCD 的动态范围由 CCD 尺寸决定，且随 ICCD 的增益成反比。采用具有更高动态范围的 CCD，将获得相应更高动态范围的 ICCD 摄像机。随着增益的增加，接收到的较弱信号可通过较低的读出噪声进行补偿，以保持动态范围不变。当读出噪声低于一个单光子时，ICCD 的动态范围将随增益的进一步增加而持续减小。ICCD 的帧频取决于所用 CCD 的规格，尤其是被像素数量以及像素的读取速率所决定。

6.3　热　成　像

前面介绍的像增强器以及基于 CCD 的夜视设备，具有对电磁频谱可见光区域较为敏感的光谱响应，其边缘部分略微扩展进入近红外区域。热成像传感器采用红外传感元件组成的焦平面阵列，对中波（$3 \sim 5\mu m$）以及长波红外（$8 \sim 14\mu m$）波段具有明显响应。热成像传感器收集物体的红外辐射（热辐射）用于成像，通过一系列复杂的数学算法，以一种可显示的方式来构建图像。它无须依赖可见光，可以在完全黑暗的情况下工作。热成像传感器比可见光传感器要昂贵得多。鉴于它们在军事中有重要应用，高端设备通常是受到出口管制的。下面将讨论热成像传感器的工作原理、类型以及应用。

6.3.1　工作原理

热成像传感器是利用感兴趣的目标或场景所发射的热辐射来成像。它通常包含一个前端光学系统、一个二维红外探测器单元阵列，以及以特定格式输出的图像处理电路。前端光学系统将视场内物体发出的红外辐射聚焦到红外探测器单元二维阵列上，生成详细的温度分布图案，称为热像图。热像图由探测器阵列视场内的数千个感应点产生。热像仪可测量细微的相对温差，将非可见的热图像转换成清晰、可见的图像，并通过取景器或显示器显现。大多数热成像传感器扫描速率为每秒 30 次，能够响应 $-20 \sim +2000\,^\circ\!C$ 的温度范围，以及小于 $0.1\,^\circ\!C$ 的温度差异。然后，温度分布图像转换成电脉冲，并被信号处理单元转换成用于显示的数据。图 6.5 展示了热成像的成像过程。

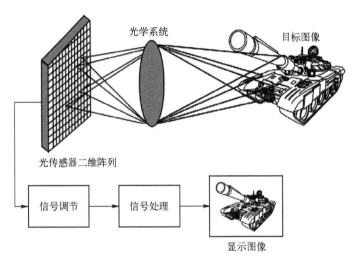

图 6.5　热成像

6.3.2　热成像传感器的类型

　　探测器技术有直接探测（或者称为光子计数）和热探测两种类型。在直接探测的情况下，探测器单元直接将光子转换成电子，可测的电量、电流，或者电导率的变化都与物体的辐射强度成正比。典型的探测器材质构成主要包括硒化铅（PbSe）、碲镉汞（HgCdTe）、锑化铟（InSb）和硅化铂（PtSi）。除了工作在短波以及红外波段的探测器，所有基于直接探测技术的热成像传感器，都要被冷却到接近 −200℃ 的超低温。能在较高温区工作的新型光子型红外传感器现已问世，可以使用固态热电冷却器或斯特林制冷器进行冷却。冷却后的热成像仪缺点明显，包括在使用过程中极易损坏，需要较长的冷却时间（通常为几分钟），具有有限的几千小时的工作寿命，高成本，大尺寸和大重量，以及较高的电力消耗导致的电池寿命短。但同时得益于制冷原因，这些探测器在空间分辨率以及灵敏度方面具有很大的优势。

　　另外，热探测也可采用非制冷型的探测器。它们利用二次效应，如电导率、电容以及热膨胀与探测器温度之间的变化关系。这一类的探测器主要包括辐射热计、热电偶、热电堆和热释电探测器。这些传感器可在室温工作，并且非常轻巧，如可以将微辐射热计型热像仪安装在头盔上。

6.4 几代夜视设备

在超过 40 年的历史中，夜视技术经历了几次重大的变革，每次变革都使夜视设备的性能获得了重要提升。技术上的每次重大变革都与新一代设备的出现有关，因此，我们经历了基于像增强管技术以及热成像技术的几代夜视设备。

6.4.1 像增强管技术

基于像增强管技术的夜视设备，至今已有 4 代。目前正处于第 4 代。下面的小节中对这几代设备进行简要介绍。

6.4.1.1 初代（0 代）夜视设备

最早的夜视设备出现于第二次世界大战中和 20 世纪 50 年代，这些设备被认为是初代（0 代）设备，技术上基于图像转换而不是像增强原理。这种夜视设备主要由可将入射光子转换成电子的光阴极构成。通过在阳极上施加正电势，使电子朝阳极加速。这种设备安装有一个红外辐射源，称为红外照明器。使用时，红外照明器朝目标场景发射红外辐射，红外辐射被目标反射回夜视设备，由物镜收集并被聚焦到光阴极上。

M1 和 M3 红外夜视设备也称为狙击镜或夜视镜，由美军在第二次世界大战和朝鲜战争中首先使用，用于辅助狙击手。这些夜视设备利用红外光源照射目标，采用的 S-1 型光阴极主要由银、铯、氧元素材料组成，也具有一个阳极，并通过静电转换和电子加速获得增益。初代夜视设备有几个局限，包括夜视设备在使用中非常容易被拥有红外观察设备的对手探测到、电子朝阳极加速导致的图像畸变以及设备使用寿命较短。

6.4.1.2 第 1 代夜视设备

第 1 代夜视设备也采用光阴极和阳极，从这一方面来说，它是初代夜视技术的升级版。与初代夜视设备不同，第 1 代夜视设备不采用红外光源，它更依赖于月球和恒星提供的环境光。为了增强灵敏度，第 1 代夜视设备的阴极管通常串联起来使用。与初代设备类似，这一代设备同样受到类似缺点的困扰，即较短的阴极管使用寿命和图像畸变，此外，在多云和缺少月光时，它们也表现不佳。第 1 代夜视设备在 20 世纪 60 年代的越南战争中投入使用，AN/PVS-2 型星光镜和 PNV/57 型头戴双目夜视仪是第 1 代夜视设备中典型的两个产品。

6.4.1.3　第 2 代夜视设备

第 2 代夜视设备在 20 世纪 70 年代投入使用，首次引入了 MCP 进行电子倍增，设备灵敏度有了极大提高。对于入射到光阴极上给定数量的光子，MCP 不仅对光生电子提供加速，而且大大增加了光电子数量，因此生成的图像更加明亮，并且只有极小的畸变。MCP 提供的光放大约为 20000 倍，即使在多云和少月光的极低光照条件下，也能极大地改善成像性能。在像增强管中引入 MCP，就不必再像第一代设备中那样将像增强管串联起来，这极大地减小了设备的尺寸，并且使得手持式和头盔式夜视设备成为可能。AN/PVS-4 与 AN/PVS-5 是第 2 代夜视设备中典型的两个产品，后来性能更好的光学器件如超二代（SUPERGEN）像增强管的引入，导致了第 2 代+夜视设备的到来。

AN/PVS-4 是首个由达拉斯光电子公司设计和制造的第 2 代+夜视设备，并在海湾战争和伊拉克战争中得到美军广泛的使用，目前已被第 3 代武器夜视设备所取代。该夜视设备配有 MX9644 型像增强管，图像分辨率为 32lp/mm，具备星光探测功能，识别范围分别为 600m 和 400m。AN/PVS-5 是一种用于航空和地面支援的双筒夜视镜，由 ITT 工业和 Litton 工业公司制造，配有 MX9916 型像增强管，这种夜视镜图像分辨率优于 20lp/mm，星光和月光探测范围分别为 50m 与 150m。

6.4.1.4　第 3 代夜视设备

与第 2 代设备相比，第 3 代夜视设备有两个独特的变化，包括采用了砷化镓光阴极以及在 MCP 上镀离子阻挡膜。由于砷化镓光阴极具有更高的量子效率或者辐射灵敏度，以及其光谱响应范围可延伸至近红外区，使得第 3 代夜视设备在更长的距离以及更暗的条件下也能进行目标探测。相比于第 2 代设备 20000 倍的光放大因子，第 3 代设备的光放大因子被提升至 50000 倍。离子阻挡膜的引入使像增强管的使用寿命从第 2 代设备的 2000h 提高到了第 3 代设备的 10000h，当然，使用寿命的提升是以牺牲辐射灵敏度作为代价的，毕竟离子阻挡膜的存在减少了能够到达 MCP 的光电子数。

AN/PVS-7、ATN NVG7 和 AN/PVS-14 是采用第 3 代像增强管技术的代表性夜视设备。由 ITT 工业与 Litton 工业公司设计，并由 ITT 工业公司、Litton 工业公司、Northrop Grumman 以及 L3 通信公司制造。AN/PVS-7 是一种单筒被动/主动夜视镜，其内置的 LED 使得可用其在低光照条件下进行主动夜视探测，且该设备是防水的并充有干燥氮气，使其可以在温度急剧变化的情况下工作。AN/PVS-7 的重要技术指标如下：分辨率优于 64lp/mm，视场角为 40°，星光探测与识别范围分别为 325m 和 225m。该设备曾在海湾战争、阿富汗的

"持久自由"军事行动以及伊拉克的武装冲突中得到过广泛应用。

ATN NVG7-3 型夜视镜与 AN/PVS-7 类似，可提供头戴式或头盔式版本，该设备同样配有红外光源用于在完全黑暗的环境下抵近照明。它有多种像增强器可供选择，探测与识别范围分别为 180m 和 100m，分辨率与视场角分别为 40lp/mm 和 40°。

AN/PVS-14 是一种单色自动门控被动夜视设备，配有型号为 MX11769 的第 3 代像增强管。它由 ITT 工业公司设计，Litton 工业公司和 ITT 工业公司制造（目前为 L3 勇士系统），于 2000 年前后投入使用，得到了美国和北约国家其他军事部门的广泛青睐。该设备通过电子学方法调节光阴极门控电压的占空比，保证了像增强管的优异性能。典型工作参数值为：分辨率优于 64lp/mm，视场角为 40°，星光探测与识别范围分别为 350m 和 300m。

第 3 代+设备提供了优于第 3 代设备的性能指标。与第 3 代+夜视设备有关的两个重要特征是自动门控电源系统和减薄的离子阻挡层。缺少或减薄离子阻挡层可有效改善夜光灵敏度，尽管这是以略微减少像增强管使用寿命作为代价的。相比于第 3 代设备的 20000h，第 3 代+设备的典型平均无故障工作时间（Mean Time to Failure，MTTF）为 15000h。在实际操作中，这其实无关紧要，因为像增强管在需要更换前很少达到 15000h 的工作时间。

当讨论夜视技术时，遇到的另一个常见术语是综合性能（Omnibus，OMNI）。综合性能指的是美军从 Exelis（前 ITT 夜视公司）签订的多年/多产品采购合同。在这些合同中，该公司交付了性能不断提升的第 3 代设备。当前的合同为 OMNI-Ⅷ。

6.4.1.5　第 4 代夜视设备

当前还没有第 4 代夜视技术，只有从初代到第 3 代，共 4 代设备产品。第 4 代夜视设备的最初设想是采用无膜以及门控技术，建议去掉第 3 代设备里在 MCP 中引入的离子阻挡膜。移除薄膜的目的在于减小背景噪声和增强信噪比，使更多的电子到达 MCP，从而使得图像畸变更小和亮度更高。同时，在光阴极上增加自动门控电源，可使设备能适应从低光照到高光照水平，或者从高光照到低光照水平的瞬态变化。移除离子阻挡膜也可以实现减少在亮斑或光源周围产生光晕效应的目的，但在设备性能有所提高的同时，缺少离子阻挡膜的原因，导致像增强管的故障率有所提高。基于这个原因，移除薄膜的想法被放弃，转而采用减薄的薄膜，即制造出了前面提到的第 3 代+设备。

6.4.2　热成像技术

截至目前，已有数代基于热成像技术的夜视设备。每一代不仅包含探测器种类的重大变化，而且也包括将目标成像到探测器上的光学系统的重大变化。

得益于过去 35 年中发展起来的红外探测技术，依据每组探测器含有的探测单元数不同，可将基于热成像技术的夜视设备划分为 4 代产品。第 1 代热成像传感器的探测器仅包含单个探测单元，或者只有几个探测单元（1×3），通常用一个机械式二维扫描仪扫描生成二维图像，另外，第 1 代热成像传感器的灵敏度深受背景辐射的限制。针对这一问题，在第 2 代热成像传感器中，引入了改进型前端光学系统来减小多余的光线，使背景辐射的问题得以解决，然而，这也导致了该设备对所有的视场都有固定的 f（焦距）数。第 2 代热成像仪是矢量探测器，通常包含 64 个或更多的探测单元，对应的二维扫描器在垂直方向上稍微进行了简化，只包含交错运动。第 3 代热成像仪包含由几列探测单元组成的双波段二维阵列，以及一个双焦距/可变焦距光学系统。这些热成像仪同样在一个方向进行扫描，并且通过对扫描方向上的信号进行时间延迟积分，来改善图像的信噪比。第 4 代热成像仪包含一个二维阵列探测器（160×120，320×240，680×480），称为焦平面阵列，其无须任何扫描机制便可获取二维图像。

6.5 夜视设备的分类

夜视设备具有不同的形式与外观结构，以适应不同应用环境的要求。它们包括单筒式、双筒式、护目镜式、观察镜式和摄像机式。图 6.6 给出了夜视设备具有代表性的外观结构。下面将对不同形式的夜视设备进行简要的介绍。

6.5.1 单筒夜视仪

单筒夜视仪是一种无放大倍率的单目镜夜视设备，它们结构紧凑、重量轻，使其成为头戴式设备的理想选择。许多先进的单筒夜视仪可以附着在步枪瞄准镜上，或者直接安装到武器上，也可以被安装到具有红点瞄准镜的武器上（安装在红点瞄准镜前），使其兼具夜视功能，还可以被安装到摄像机上。与夜视护目镜相比，单筒夜视仪的优势在于当使用者感到疲劳时，可以在两只眼睛之间来回切换，使独立的那只眼睛保持夜间适应能力以及一些周围视觉，当然，夜视护目镜使用时感觉更自然一些。AN/PVS–14 是一种很有代表性的单筒夜视仪，特别适合用于各种地面的夜间单兵作战行动。适应黑暗的那只眼睛能提供态势感知和近景视野，协同夜视设备对潜在的威胁以及目标提供远景视野，使作战人员的夜间战斗力大大增强。

图 6.6　夜视设备的常见形式

6.5.2　双筒夜视仪

　　双筒夜视仪是一种具有放大能力的双目镜夜视设备，因体积过大、重量过重而无法做成头戴式设备。双筒夜视仪主要用于在静止不动时放大远距离处的物像，因此，当任务要求主要进行静态远距离夜间观察时，它们会成为首选。双筒夜视仪的主要缺点在于多数情况下只具有固定的放大倍率，在进行导航或近距离观察时，会成为一个重要的限制。

6.5.3　护目镜夜视仪

　　护目镜夜视仪（Night Vision Goggle，NVG）是支持双眼观察、无放大倍率、支持头戴式设计的设备。护目镜夜视仪有单像管护目镜夜视仪和双像管护目镜夜视仪两种类型，都具有双目镜。与单筒夜视仪相同，护目镜夜视仪也是一种重要的导航设备。双像管护目镜能提供立体视觉，也能提供更好的深度感知以改善导航能力。与单筒夜视仪相比，护目镜夜视仪的缺点在于尺寸和重量的增加，使其适用性降低，如护目镜难以适配到摄像机上，并且不能提供安装到步枪或适配到步枪瞄准镜上的选项。AN/PVS-7 型是一种单像管被动/主动夜视护目镜，可以通过内置的 LED 进行主动夜视，也可以在低光照环境下工作。另外，该设备具有防水功能，并被填充了干燥氮气，使其能在极端温度变化条件下工作。其主要技术指标如下：分辨率优于 64lp/mm，视场角为 40°，星光探测与识别距离分别为 325m 与 225m。AN/PVS-7 曾在海湾战争、阿富汗的"持久自由"军事行动，以及伊拉克武装冲突中被广泛地应用。与 AN/PVS-7 类似，ATN 护目镜夜视仪 NVG7-3 型也提供头戴式或头盔式版本，该设备同样配有红外光源以用于完全黑暗的环境中的抵近照明，也同样提供多种像增强器选项。其探测与识别距离分别为 180m 和 100m，分辨率与视场角分别为 40lp/mm 和 40°。

6.5.4　夜视镜

常见的夜视镜有两种类型：一种是像常规步枪瞄准镜的夜视镜，也就是通常所说的武器瞄准镜；另一种夜视镜也称为昼夜系统，可以附着或安装在常规步枪瞄准镜前面，使其可以兼容夜晚使用，这种类型的夜视镜可以方便地装卸，以便适应全天候的作战需求。为了获得更好的性能，专用夜视镜通常是首选，但除了可在常规步枪瞄准镜前安装专用夜视镜或昼夜系统，还有一个很好的替代方案，就是使用一个像 PVS-14 型的单筒夜视镜，它可以通过昼夜系统适配器安装在常规步枪瞄准镜的目镜上，或者将其直接安装在步枪的夜视兼容的红点瞄准镜前。Bering Optics 的 D-760 与 D-790 型是最受欢迎的第三代步枪夜视镜。D-760 是有 6 倍固定放大倍率的第三代夜视镜，用于中远距离战斗。D-790 是 D-760 型 6 倍夜视镜的升级版，相比于 D-760 型，它利用最先进的光学镀膜技术有效提升了超过 20% 的光学透过率，因而能有效提升对比度、清晰度和作战距离。

6.5.5　夜视摄像机

夜视摄像机技术相关内容已在第 5 章有关监视摄像机的 5.2 节中进行了讨论，其应用在将 6.6.1 节与 6.6.2 节中进行进一步的讨论。

6.6　夜视设备的应用

夜视设备在军队、执法部门、监视、安防、导航、狩猎和野生动物观察等多个方面具有广泛的应用。这些设备不仅被军队、警察局、执法部门用于导航、监视和瞄准，而且也被私人侦探、消防员、猎人以及自然爱好者所使用。像增强和热成像夜视设备都在它们各自适用的领域获得了广泛应用。

6.6.1　像增强夜视仪

夜视技术由于即时性强的战术优势而被军队和警察广泛地使用，通过夜视技术他们可以在黑暗中观察，精确地探测甚至识别出远距离的目标。AN/PVS-14型单筒夜视仪就是这样一种被武装部队以及特种部队广泛使用的多功能夜视镜。

夜视摄像机广泛地应用于监视与安防，特别是在室内或受控环境的全时监视中。夜视安防摄像机可在低光照条件下，通过提高视频质量来增强安全防卫能力，若利用红外照明，它们同样可以在接近全黑的条件下有效地使用。或许夜视摄像机最大的特点在于它们是真正的24小时全时摄像机，因为将它们连接到数字视频记录仪后，是唯一能在安全区域内时刻记录所有事件的摄像机。夜视摄像机的典型分辨率可从400TV线到700TV线。远距离夜视安防摄像机广泛应用于监视大型停车场、巨型黑暗仓库、公寓大楼以及其他类似的全时监防资产。交通监视、公共区域可疑活动的监视、安全设施以及关键国有资产，也是夜视安防摄像机重要的应用领域。

6.6.2　热成像夜视仪

热像仪在路基装甲车、海军舰艇和空中平台，如航空器、直升机和导弹中，被广泛应用于监视、目标捕获和目标追踪等。同时，这些系统也具有很多常规的非军事应用，包括生物监视、战斗中的搜救行动、气体泄漏探测、火山监控和电气故障接头热量的探测。

在军事应用中，热成像具有多种不同的优势：首先，它不会被对手探测到，因为它是一种被动传感器，不会发射任何辐射来生成图像；其次，在面对这种传感器时，探测目标极其难以隐藏，因为相比于工作在可见光波段的传感器，热辐射甚至能穿透大气云层。热成像传感器的一个局限是它难以将敌我双方区分开来，不过友军可以通过热信标来克服这一缺点。

热像仪在灭火行动中也是一件重要的工具，它可以让消防员透过烟雾与残骸找到晕迷的、为生存而挣扎，或者太过害怕而无法出来的人员。热像仪同样能警示消防员过道的门是否过热，或者另一面是否可能有高温火焰。专为灭火任务设计的热像仪能在非常困难与恶劣的环境下工作。

热像仪也被执法机构与军队广泛应用于导航、探测和瞄准等不同场合。热像仪可以让他们在不暴露自身位置的前提下探测到潜在的威胁。最新型的热成像步枪瞄准镜也已经足够坚固，可以承受步枪射击时的后坐力冲击，因而在军队中大受欢迎。虽然热像仪在用于人类或动物探测时表现非常高效，但在区分敌我关系时仍然是一个挑战，特别是在生死攸关的时刻，这仍然是一个亟须解决的重要问题。热成像摄像机是最有效的监视工具之一，因为它们不受光照条件的限制，不管在白天还是黑夜都可以工作得很好，而普通的 CCTV 摄像机则受限于光照条件，在黑暗环境中下几乎不能工作，同时，对烟、雾环境的穿透能力同样有助于热成像技术超越其他监视技术。图 6.7 展示了用于边境与海岸监视的 HRC-E FLIR 型热成像传感器，该传感器具有 2°～25°的连续缩放，以及长距离的探测能力，可探测到 15km 以外的人类尺寸大小的目标。

图 6.7 HRC-E FLIR 型热成像传感器

最新的用于监视、目标探测以及追踪的传感器采用了多传感器结构，将可见光传感器与红外传感器结合起来，通过融合两类传感器的成像数据综合形成最终图像。

参 考 文 献

［1］ Biggs, K., M. Burris, and M. Stanley, *The Complete Guide to Night Vision*, CreateSpace Independent Publishing Platform, 2014.

［2］ Bantutov, E., *Night Vision Devices? It Is Simple*! Lambert Academic Publishing, 2015.

［3］ Holst, G. C., and T. e S. Lowheim, *CMOS/CCD Sensors and Camera Systems*, Bellingham, WA：SPIE Press, 2011.

［4］ Hradaynath, R., *Introduction to Night Vision Technology*, Defence Research & Development Organization, India, 2002.

［5］ Hradaynath, R., *Selected Papers on Night Vision Technology*, Bellingham, WA：SPIE Press, 2001.

［6］ Nakamura, J., *Image Sensors and Signal Processing for Digital Still Cameras*, Boca Raton, FL：CRC Press, 2005.

［7］ Vollmer, M., and K. - P. Mollmann, *Infrared Thermal Imaging：Fundamentals*, *Research and Applications*, Weinheim, Germany：Wiley-VCH, 2017.

［8］ Williams, T., *Thermal Imaging Cameras：Characteristics and Performance*, Boca Raton, FL：CRC Press, 2009.

第7章 爆炸物探测与识别

常规和简易爆炸装置已成为恐怖分子与其他反民族分子的常用作案手段，严重威胁人们的生命财产安全。据报道，近期爆炸性威胁造成的死亡人数远远超过化学、生物和放射性威胁造成的总死亡人数。从爆炸物威胁范围和爆炸物探测器所必备的特性着手，本章继续描述用于探测和识别爆炸物的各种技术手段，重点介绍基于激光技术的远距离爆炸物探测，并总结了一些典型爆炸物探测系统的显著特征。

7.1 简 介

鉴于常规和简易爆炸装置对维护世界和平、促进社会和谐构成的巨大威胁，安全和执法机构必须配备探测、识别和消除爆炸威胁所需的相关仪器。此类设备通常安装在人员流动性大的公共场所、货物运输站（如机场、火车站和港口）以及关键基础设施和战略资产的其他场所。此外，防止路边炸弹和监控集装箱运输也至关重要。及时探测和安全消除爆炸物可挽救许多人的生命，避免公共财产遭受损害，了解爆炸物的类型（甚至是爆炸后）有助于确定爆炸物的来源。在对爆炸物的探测和识别技术进行讨论之前，本节先简要描述现有的和可预见的威胁场景，并概述爆炸物探测和识别设备应对这些威胁场景需要具备的功能。

7.1.1 威胁场景

了解可能的爆炸威胁场景和各种爆炸物探测设备的使用方法，有利于在预期的场景中选择合适的探测设备。易受爆炸性威胁的可能应用场景包括：

（1）人员常规筛查：对大量人员进行例行筛查，如在机场、火车站和其他重要设施的入口处，筛查所有进入人员是否携带任何爆炸性材料，包括对包裹、公文包和背包等手提行李进行检查。

（2）车辆检查：即在安全检查站对车辆中的人员和携带的物品进行检查。

（3）邮递物品筛查：对到达特定地点或寄送给特定人员的邮寄和运输物

品进行检查。

(4) 可疑目标筛查：在公共场所调查可疑人员或物品（如废弃包裹）时，对少量人员、车辆或邮寄/运输物品进行筛查。

(5) 炸弹搜查：对已确定安放炸弹的建筑物、公共交通工具（如公共汽车、火车、飞机）或其他区域进行炸弹搜查。

(6) 特殊情况或事件安保：如举办节日庆典、政治会议或外国政要来访期间，需要在爆炸物检测方面加强安全措施。

(7) 保护关键基础设施：包括军事设施、核电站、水坝、通信设施、水资源、炼油厂和太空资产。

评估爆炸物探测器对给定应用的适用性时，主要考虑探测器的技术、探测概率、误报率、实时性、便携性和野外适用性、对新兴威胁的适应性、操作者的技能水平、辐射危害（如有）、设备尺寸和制造成本。爆炸物探测技术可以分为体探测技术和痕量探测技术两大类，采用这两类技术的体探测和远距离探测设备均已投入使用。但并非上述所有威胁场景都要求探测设备具备一切功能，同样也并非所有技术都适于构建探测设备以得到实际应用，如一些体探测技术（X 射线散射等）可用于行李检查，但由于 X 射线辐射对人体健康有危害，因此不能用于人员检查。在威胁迅速逼近且时间紧迫的情况下，如寻找自杀式炸弹袭击者、路边炸弹和广域监视时，远距离探测设备则成为首选。对机场和火车站等人员流动性大的场所进行人员筛查时，探测设备需要同时具有高吞吐量和高检测率，此时设备尺寸和成本就显得不是特别重要。随着自制炸药等爆炸物新品种的出现以及新炸药技术的发明，探测设备对新爆炸威胁的适应性在所有场景下都变得尤为重要，野外适用性和便携性往往是探测路边炸弹设备的首要考虑性能。

7.1.2 爆炸物探测器：具备的特性

评估爆炸物探测设备在给定应用场景下的适用性，需综合考量其性能参数和操作使用因素。关键性能参数包括：①灵敏度或探测概率；②选择性；③分辨率；④动态范围；⑤误报率。

关键的使用参数包括：①系统吞吐量；②便携性和野外适用性；③安全问题；④隐私问题；⑤包括消耗品在内的成本；⑥操作人员技术水平要求；⑦工作环境；⑧待探测的爆炸物种类。

7.1.2.1 性能参数

下面简要介绍主要性能参数。

灵敏度定义为系统在给定条件下可以探测到的最小爆炸材料数量，可用相关参数探测限（Limit of Detection，LOD）来表征。LOD 是爆炸物探测器系统响应警报的最小爆炸物量。需要注意的是，指定的 LOD 通常是理想值而非典型现场条件下的实际值。灵敏度或 LOD 是探测概率的量度，探测概率受大量因素影响，包括爆炸物包装、对包裹进行扫描、传送、抽真空的方式、操作员的技能、对手阻止检测的对策和爆炸物的环境等。

选择性是指爆炸物探测系统在存在干扰物的情况下探测出特定爆炸物分子的能力。探测设备的选择性差会降低其探测概率以及增加误报的可能。所述干扰物是指非爆炸性化学物质，可能是环境中天然存在的化合物，也可能是人为添加到爆炸混合物中以避免发现爆炸物。干扰分子可能会导致探测系统无法探测出爆炸物的存在，或不存在爆炸物时指示其存在给出错误警报。

分辨率是爆炸浓度连续变化时设备可以探测到的最小浓度变化。

动态范围是指从 LOD 到能够可靠探测的最大浓度的爆炸浓度范围。

误报率是评估爆炸物探测器系统性能的一个关键参数，进一步可分为假阴性和假阳性两种类型，理想的爆炸物探测系统应具有较低的误报率。当存在爆炸物但系统未能检测出时，就会发生假阴性警报，其报警率等于爆炸物存在时系统未能检测到爆炸物的次数除以执行的测试总数。假阳性警报是指没有爆炸物存在但系统发出存在爆炸物的错误警报，其报警率等于没有爆炸物的情况下检测到的报警数除以测试总数。假阳性报警率往往会随着灵敏度的增加（或 LOD 的降低）而增加，LOD 阈值的增加则会导致假阴性报警率的增加。

7.1.2.2 使用时的考虑因素

下面简要描述除了性能参数要考虑的各种使用因素。

吞吐量是指设备分析样本的速率。筛查包裹或人员时，检测系统的吞吐量可用人/min 或包裹/h 来表示。面对大样本容量的应用时，则需要高吞吐率探测设备，如在机场必须对每个人和包裹都进行检查。

便携性和野外适用性是针对用于现场条件的爆炸物探测器的要求，如防止路边炸弹，探测火车、公共汽车和飞机中的爆炸物，以及对怀疑安装爆炸物的特定位置进行清理。当设备安装在单个固定位置时，不需要考虑这两个特性。

对用于筛查人体是否夹带爆炸物的探测设备而言，潜在的健康危害和公共安全是选择设备的首要考虑因素。例如，使用 X 射线背向散射设备进行人员筛查以检测隐藏的爆炸物或其他违禁品，往往会对人体健康造成较大危害，因此，X 射线人体扫描仪已被毫米波成像等其他更安全的技术取代。

隐私是进行人员筛查时需要考虑的一个重要因素。即使采用安全的低辐射量反向散射 X 射线设备对人员进行筛查也会因为 X 射线图像过于暴露体态特征而引起人们的强烈反对。

设备成本包含维护成本和消耗品成本在内，一定程度上还取决于设备的性能参数以及其他附带的相关功能。因此，选择探测设备时需要考虑场景具体应用及需求以节约成本。

操作人员所需的技能水平反映了设备的操作简易程度，也因设备本身不同而有所差异。用于取证分析的复杂探测设备，通常需要专家进行操作，而用于对人员和行李进行常规检查的现场便携式装置，经过简短培训的公职人员即可对其进行操作。此外，操作人员还需重视仪器设备的相关设置和预热时间。

评估用于特定应用的爆炸物探测系统的适用性时，必须考虑温度、湿度、灰尘、风况等环境因素，尤其是爆炸性材料污染物。若被探测的物品中混有爆炸性材料污染物，则可能会导致高灵敏度的探测设备发出误报，此时需要提高设备的探测阈值，使其高于正常值。

设备能够探测到的爆炸物组也会影响其对特定应用的适用性。针对某些爆炸物类型的探测设备比其他类型更常用于某些特定的目标，如能够有效探测黑火药的设备在探测塑胶炸药方面没有显著效果，但更适用于邮件筛查。然而，更多的是希望该设备不仅能探测所有已知的爆炸物，还能适应由简易爆炸装置和自制炸弹引起的新爆炸威胁。

7.2　爆炸物探测技术

爆炸物探测技术可分为体探测技术和痕量探测技术。这两种技术都有各自的优点和局限性，恰好互补。下面分别概述体探测方法和痕量探测方法以及每种方法所具有的不同技术。

7.2.1　体探测技术

体爆炸物探测技术是指通过测量材料特性，如质量、密度和有效原子序数（也称为 Z 数）来探测爆炸物材料的宏观质量。大多数炸药，如 RDX、TNT 和 HMX 都含有氢、碳、氮和氧元素。尽管这些元素存在于所有材料中，但元素比例和浓度具有材料特异性，构成了探测爆炸物的基础，其中碳氧比和氮氧比就可用于区分易爆材料和安全材料。体探测技术可分为成像探测技术和基于核的技术。主要的成像探测技术包括单能 X 射线、双能 X 射线、背向散射 X 射线、毫米波成像、太赫兹成像、计算机断层扫描（Computed Tomography，CT）、X光透视和介电测量。基于核的技术主要包括热中子分析、脉冲快中子分析、核磁共振（Nuclear Magnetie Resonance，NMR）和核四极共振（Nuclear Quadrupole Resonance，NQR）。下面将简要介绍这些技术。

7.2.1.1　X射线机

X射线扫描仪通过对行李进行扫描检查，输出X射线图像以供检查人员判断是否夹带枪支或其他武器以及是否存在爆炸物。单能X射线机使用单能量的高能X射线束，根据被检物体对X射线的吸收程度不同显示透射图像，对接线、熔接点和金属零部件等尤为敏感，因此可用于炸弹探测，但单能X射线机所提供的信息有限，无法用来探测车辆或者货物中是否存在爆炸性材料。双能量X射线机进一步可分为两种类型：一种是使用宽X射线束并携带两个探测器，另一种是使用低能和高能X射线束。由两种能量照射产生的两个独立图像在计算机中处理以生成最终图像用来对材料进行识别，多轴双能量系统还可根据材料的厚度进行区分。基于双能量和双能量/多轴技术的自动化X射线检测设备已实现商业化，这些设备提供被检材料的标准透射X射线图像和背向散射X射线图像（背向散射X射线机的工作原理已在5.7.2节中讨论过）。透射X射线图像用于识别金属物体等高密度材料，背向散射X射线图像可突出显示塑胶炸药等有机材料。传统背向散射X射线机的缺点是难以探测出隐藏在高密度材料后的低Z数材料，双光束背向散射机器克服了这一问题，同时也增加了机器成本。

7.2.1.2　毫米波成像

毫米波成像技术可使操作员看穿衣服等轻质材料，其工作原理与背向散射X射线扫描仪的工作原理相同，仅工作频率或波长有所不同。基于毫米波成像的扫描仪可用于筛查人员是否藏有武器和爆炸物，其工作原理已在前面的5.7.3节中讨论过，此处不再赘述。

7.2.1.3　太赫兹光谱

太赫兹光谱是检测和识别爆炸物的有效工具。太赫兹辐射在纺织品、塑料、木材和沙子等材料中表现出较强的穿透力，使得隐藏在这些材料后的物质得以可视化。当这些材料被太赫兹辐射照射时，物质对辐射的吸收和再发射是其特有的，因此可用于对其进行识别。基于太赫兹成像的人体扫描仪可用于探测隐藏在衣服下的武器和爆炸物，尤其是RDX、TNT、HMX和PETN等炸药在0.3~3THz频带内有明显的特征表现。

7.2.1.4　计算机断层扫描检查

计算机断层扫描（CT）使用 X 射线辐射来生成被筛查或检查对象的 3D 图像。沿径向相对放置的 X 射线源与探测器围绕被检对象进行旋转，以拍摄不同角度下的 2D 图像，再通过计算机处理大量 2D 图像生成 3D 图像。CT 扫描设备还能对可疑区域进行选择性 CT 扫描，而不需要每次都无针对性地从所有可能的角度进行扫描。虽然 CT 扫描图像的空间分辨率较低，但密度分辨率较高，可用于区分爆炸类材料和多数无害的低 Z 数材料，3D 图像也可以显示出被隐藏或模糊的对象。CT 扫描设备复杂且价格昂贵，吞吐量也较低。已有大量商用的爆炸物体探测 CT 扫描仪，如 InVision Technologies 公司的 CTX-5500 型机场行李扫描仪、Gate Technologies 公司的 eXaminer SX 型机场行李扫描仪以及 L-3 Communications Security & Detection Systems 公司的 ClearScan™ 型机舱行李扫描仪。

7.2.1.5　X 光透视

X 光透视也是一种 X 射线成像技术，使用低能量 X 射线照射被筛查对象形成静态或动态图像，其工作原理是基于透射 X 射线把密度不同的物质区分开来。X 光透视仪属于便携式设备，可由一人完成运输和安装，通常用于探测邮件和小包裹中是否夹带爆炸物与违禁品。典型的 X 光透视筛查设备有 Control Screening 公司的 MAILGUARD 型 X 射线筛查系统和 Scanna MSC 公司的 SCANMAX-15/20/25 型邮政 X 射线扫描仪等。

7.2.1.6　介电法

介电法是一种成像技术，它使用低能量微波场照射被筛查的物体，常用于人员筛查。该技术通过检测微波场中隐藏物体的介电和损耗特性，将其与人体的已知正常值进行比较，以筛查出介电特性不同的异常区域。此类设备采用非电离辐射，不仅安全还能保护个人隐私，但缺陷是只能提供异常信息而不能用于辨别爆炸物。

7.2.1.7　核磁共振

核磁共振（NMR）是一种基于核的技术，所有基于核的技术都会研究材料的原子核以进行爆炸物探测。NMR 是根据磁共振信号来区分不同的化学组分，对自旋量子数不等于 0 （$I \neq 0$）的原子核起作用，如 ^1H、^{13}C 或 ^{14}N，其中 ^1H 是最重要的 NMR 探针。探测的是外磁场中已经取向的原子核自旋方向的变化，该外磁场通过施加元素特定的射频激发而产生。由于需要强均匀磁场来测量磁共振信号，故无法在一些野外探测设备上使用这一技术。除此之外，还需考虑某些良性材料（如磁记录介质）被外部磁场擦除的风险。

7.2.1.8 核四级共振

N元素自旋量子数等于1，能发生核四极共振现象，且对于爆炸物，N元素含量丰富，容易探测，因此常以N元素作为激发对象，使用NQR探测系统对置于脉冲射频场中的爆炸物进行检测。由于核四极矩的作用，使得原子核具有相应的能量，表现为一系列分立的能级。如果从外部施加一射频场，原子核吸收外部电磁场能量从低能级跃迁到高能级。同样，处于高能级的原子核在移除射频场时也会释放能量（即辐射出相应频率的电磁波）回到低能级，释放的能量与原子和晶体结构有关。NQP技术具有较低的误报率、探测概率与给定质量的爆炸物形状无关，并且没有任何电离辐射。其缺点是需要近距离筛查物体，无法探测所有类型的爆炸物以及被金属防护罩遮蔽的爆炸物，可将NQR技术与其他补充技术结合使用以克服这些缺点。

7.2.1.9 热中子分析

热中子分析，也称为热中子活化，该方法探测爆炸物的工作原理为发射的低能中子束与被测材料中的氮原子核相互作用，导致热中子被吸收并随后发射高能伽马射线（氮元素的特征能量为10.8MeV），通过测量这些特征伽马射线谱即可实现对元素的识别与检测。氮原子核与热中子有很强的相互作用，与碳原子核和氧原子核的相互作用较弱，因此检测到10.8MeV伽马射线均可表明材料中存在氮元素，即表明该物体很可能含有爆炸性材料。

中子和伽马射线都容易穿过大多数材料，因此该技术可用于行李检查、车辆检查和未爆炸弹药检测等各种应用中。然而，低能中子束被禁止用于检查大型货物集装箱，此外，较大的辐射危害也使得该技术不能用于人员筛查。除无法对所有类型的爆炸物进行检测外，其缺点还包括容易对含氮非爆炸性材料发生误报。

7.2.1.10 脉冲快中子分析

脉冲快中子分析，也称为脉冲快中子活化，使用纳秒级的超短快中子脉冲与目标原子核相互作用以产生特征伽马射线发射。脉冲快中子分析技术可以产生包括碳、氢、氮和氧在内的多种元素的信息，使用该技术还可以确定爆炸材料的位置。脉冲快中子分析可探测大多数爆炸性材料、筛选大型货物集装箱以及确定代表性材料的3D位置，但辐射危害大、系统复杂、生产成本高。

7.2.2 痕量探测技术

体探测方法常用于直接探测爆炸物本体，而痕量探测方法适用于探测爆炸物附近存在的微观爆炸颗粒或蒸气，也包括相关爆炸物处理人员皮肤或衣服上残留的爆炸物。对蒸气进行探测的方法依赖于从固体或液体爆炸物中释放出的气相分子，空气中爆炸物的浓度取决于爆炸物的蒸气压力和其他因素，如爆炸物的包装、爆炸物在给定位置存在的时间以及该位置的空气循环。颗粒物探测的对象是固体爆炸材料中的微小颗粒，这些颗粒通过与炸药直接接触或与处理爆炸材料人员的手间接接触而黏附在表面上。颗粒物采样一般需要直接接触才能从受污染的材料表面取样，而蒸气采样不需要接触便可取样。

一些重要的痕量探测方法包括离子迁移谱（Ion Mobility Spectrometry，IMS）、化学发光法、热氧化还原、表面声波（Surface Acoustic Wave，SAW）探测法、化学制剂法、质谱法和激光光谱技术，如红外光谱、拉曼光谱或其变体紫外共振拉曼光谱、LIBS、LIF 和激光光声光谱（Laser Photoacoustic Spectroscopy，LPAS）。下面简要介绍以上几种探测技术，后 4 种技术将在下一节远距离探测技术中进行讨论。

7.2.2.1　离子迁移谱技术

IMS 通过离子迁移时间的差别来进行离子的分离定性，以达到探测爆炸物的目的。操作员通过抽取目标物附近的空气或通过擦拭表面来收集爆炸性分子样本，然后将其传送到 IMS 探测器的电离区域，样本被电离形成带电离子后，带电离子会在电场作用下产生迁移，各种离子迁移率不同，所以迁移时间有差别。迁移时间是关于离子的电荷、质量和大小的复杂函数，时间为几毫秒。大多数 IMS 探测器都具有颗粒和蒸气样品收集功能，通常制造成便携式系统，操作方便，每分钟几个样本的吞吐量，预热时间约为 10min（若制造成平台设备则需要更长的预热时间），需要定期进行校准工作。对具有相似大小和质量的离子的两种材料进行探测时，IMS 光谱峰的分辨率有限，不足以进行区分，往往通过使用色谱分离柱（GC）来解决，即在样品引入 IMS 之前，使用 GC 色谱柱对每种材料进行分离。商用的独立 IMS、GC/IMS 和其他基于 IMS 的爆炸物探测系统已在包裹、人员和车辆筛查中得到广泛应用。

7.2.2.2　化学发光技术

化学发光是指化学荧光反应中的光辐射，两种化学物质反应形成一种激发的中间体，其随后跃迁回基态，以光的形式释放能量。激发态的含氮化合物通常发生化学荧光反应辐射红外光，多数爆炸材料中含有硝基（$-NO_2$）或硝酸根（$-NO_3$）基团形式的氮元素，塑胶炸药中的大多爆炸材料也都含有硝基（$-NO_2$）基团，因此通过化学发光法测量样本发射的红外光强度来探测爆炸物。红外光是材料中存在的 NO 含量的量度，NO 含量又指示原始含氮爆炸材料的量。化学发光技术不能用于探测非硝基爆炸物，也无法用于识别爆炸物。为此，可用 GC/化学发光（GC/CL）技术，即先使用 GC 色谱柱分离，再使用化学发光技术。CL 探测器携带方便，操作简单，设置时间小于 1min 或到数分钟不等，且多数设备具有蒸气/颗粒样品收集功能。Scintrex Trace 公司的 E-3500 型和 Thermo Electron 公司的 EGIS-Ⅱ/EGIS-Ⅲ型分别是使用 CL 和 GC/CL 技术的两种代表性爆炸物探测系统。

7.2.2.3 热氧化还原探测技术

热氧化还原技术是基于爆炸物分子的热分解以及随后的硝基（—NO_2）反应。多数军用炸药是含有大量-NO_2基团的硝基化合物，热氧化还原探测设备吸入样品，样品通过浓缩管选择性地吸附目标爆炸物材料。然后样品被快速加热分解并释放可以探测的 NO_2分子，随后由系统对释放的 NO_2分子进行还原和探测。热氧化还原爆炸探测器多为便携式，易于设置和使用，但只能探测爆炸材料中-NO_2基团的存在，并不能将爆炸物与其他含有-NO_2基团的潜在干扰物区分开来。因此，只能鉴别类似爆炸物的物体（检测到硝基爆炸材料的存在），无法识别一类特定的爆炸物。Scintrex Trace 公司的 EVD-2500 型和 EVD-3000 型爆炸物探测器是常见的使用热氧化还原技术的商用爆炸物探测器。

7.2.2.4 表面声波探测技术

SAW 探测设备的核心部件是一个表面涂覆化学选择性涂层的压电晶体。当该涂层与待测气体相互作用（化学作用或生物作用，或者是物理吸附）时，晶体共振频率发生变化，测量声表面波共振频率的变化就可以反映气体浓度的变化（两者成正比关系），从而探测爆炸性材料。频率的变化主要受表面选择性涂层对化学蒸气吸收的影响。许多 SAW 探测设备的涂层还具有化学气体可逆吸附的独特物理特性。基于 GC/SAW 的气体传感器先通过 GC 柱将待测气体各组分在时间上分离实现定性，分离后的各组分气体先后到达 GC 柱口，出来的分离气体快速地附着在 SAW 探测器表面进行检测，独特的时间保留特性有助于识别探测到的爆炸性分子，也可用于探测爆炸物以外的化学物质。Electronic Sensor Technology 公司生产的 Znose 4200、4300、4600 和 7100 型设备是使用 GC/SAW 技术的常见化学和爆炸探测设备。

7.2.2.5 基于化学制剂的探测技术

基于化学制剂的爆炸物探测，也称为基于显色反应的爆炸物探测，是将气溶胶或液体形式的特定化学制剂沉积在残留样品上，然后观察颜色变化。操作员通过特殊试纸擦拭受污染的表面进行取样（样品为颗粒形态），按特定顺序放置化学制剂，并观察每次添加制剂时的颜色变化，以确定有无爆炸材料存在。因此，添加制剂的顺序至关重要。气溶胶形式的制剂用于探测 RDX、PETN、Semtex-H 和无烟火药等爆炸物，液体制剂通常用于氯酸盐、溴酸盐和过氧化物制作的简单爆炸物探测。采用化学制剂法的爆炸物探测系统属于操作简单、成本低的便携设备，对爆炸物的阳性探测受操作员对颜色的判断以及样品浓度的影响较大。Mistral Security 公司的 EXPRAY 套件（型号：M1553）、Drop-EX 套件（型号：M1584）和 PDK 套件（型号：M1582）都是基于化学制剂技术的常见爆炸探测设备。

7.2.2.6　质谱

质谱（Mass Spectrornetry，MS）是探测和识别爆炸物的有效实验室工具，其工作原理为对痕量分子进行采样和电离，电离分子通过质量过滤器，根据它们的荷质比（电荷-质量比）进行识别。大多数用于爆炸物探测的 MS 系统都使用气相色谱仪进行前端处理，气相色谱法和质谱法两者相兼容，都在气相中取样并处理相同数量的样品（量级小于 1ng）。GC/MS 爆炸探测设备根据其独特的 GC 保留时间，针对性地识别质谱仪探测到的不同分子。MS 分析具有出色的鉴定特异性，但其样品分析时间相对较长，且一些 MS 系统还需要气体供应或真空泵。Bruker Daltonics 公司的 MM2 型和 Constellation Technology 公司的 CT-1128 型探测器都是典型的 GC/MS 爆炸探测设备。

7.3　远距离爆炸物探测

X 射线成像、太赫兹光谱和毫米波成像等体探测方法与基于激光技术的痕量探测方法都在远距离爆炸物探测中得到应用。相关体探测方法已在 7.1 节中讨论，此处不再赘述。使用基于激光技术的痕量探测方法对远距离爆炸物进行探测是国际上研究最多的技术之一，但目前还没有成熟的产品能够在国土安全相关领域常遇到的环境和野外条件下进行探测，其中一个主要问题来自由激光波长的吸收和散射损失而导致的反向散射光信号强度降低（与距离平方成反比），此外常见爆炸物中相关的痕量水平极低（十亿分之几到百万分之几的范围），使得探测变得更加困难。第二个主要问题涉及在干扰背景中对目标爆炸剂进行唯一识别，除了有机分子中存在的氮、氧、氢和碳元素，许多化学制剂的原子组成也包括硫、磷、氟和氯元素。因此，需要高度灵敏和高选择性的探测方法。基于激光技术的光谱探测法具有快速、灵敏和选择性的潜力，能够探测和识别各种爆炸物，也可以升级以应对新的威胁。评估远距离爆炸物探测设备的适用性时，相关波长的大气透过率是一个重要的考虑因素。常用的激光光谱技术有红外光谱、拉曼光谱、激光诱导击穿光谱（Laser-Induced Breakdown Spectroscopy，LIBS）、激光诱导荧光（Laser Induced Fluorescence，LIF）光谱和激光光声光谱（Laser Photo Acoustic Spectroscopy，LPAS），下面将简要进行讨论。

7.3.1　红外光谱

　　长期以来，基于透射、反射或吸收特性的红外光谱一直是探测和识别化学物质（包括大气污染物、危险化学制剂和痕量爆炸物）的有效技术。傅里叶变换红外（Fourier Transform Infrared，FTIR）光谱作为"分子的指纹"广泛用于分子结构和物质化学组成的研究，覆盖了所有红外波长，克服了色散型光谱仪测量时间长等缺点。在FTIR光谱仪中，红外能量从一个发光的黑体源发射出来进入干涉仪发生光谱编码，生成的干涉图信号具有独特的特性，即编码了所有测量波长的所有信息，意味着在获得干涉图时，所有波长同时被测量了。干涉仪使用参考激光器（如氦氖激光器）进行精确的波长校准、反射镜位置控制和数据采集定时，然后干涉图信号离开干涉仪照射被测样品，一部分辐射从样品表面反射或透射，只对特定波长的激光有吸收，探测透射光还是反射光视具体情况而选择。所使用的探测器是专门为测量干涉图信号而设计的，探测到的模拟信号被数字化，在计算机中进行快速傅里叶变换（Fast Fourier Transform，FFT）计算，从而得到以波长或波数为函数的光谱图，显示样品分子指纹特有的吸收峰。由于没有两种分子结构能够产生相同的红外光谱，因此具有"指纹"特征，可用于区别不同化合物结构上的微小差异，构成探测和识别特定化学成分的基础。将被测材料的"指纹"与存储在仪器内的各种化学成分的已知"指纹"进行比较，以对未知成分进行肯定识别，光谱显示的吸收峰大小可用于确定待测样品中已识别成分的浓度。图7.1显示了FTIR光谱设备示意图。

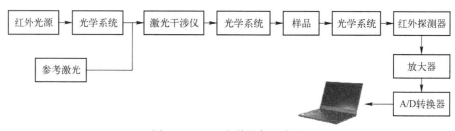

图 7.1　FTIR 光谱设备示意图

共振红外光热光谱是另一种有前途的红外光谱技术，用于快速和选择性地远距离探测痕量爆炸物。该技术使用可调谐中红外激光源（如 QCL）的光照射目标表面，激光波长可根据目标爆炸材料的吸收指纹进行调谐。随着激光波长的调谐，在目标爆炸物质所特有的一种或多种波长上会产生共振吸收。被探测的爆炸性物质在特定激光波长处产生热量与周围表面形成对比，该热量与吸收系数成正比。当激光波长在被测样品的共振吸收带上调谐时，红外焦平面阵列探测器观察产生热量并成像，热响应被用于确定爆炸物质的类型和浓度。图 7.2 所示为共振红外光热成像光谱设备的简化示意图，这一理论已通过实验证明可用于探测和识别痕量爆炸物，如 RDX、TNT 和带有硝酸铵的透明、有吸收或反射的基底等。

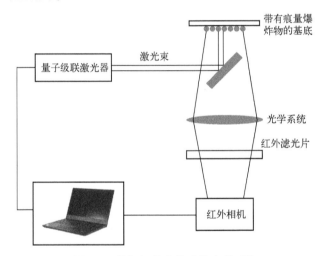

图 7.2　共振红外光热成像光谱系统

7.3.2　拉曼光谱

拉曼光谱技术提供了另一种远距离探测爆炸物的方法，一直以来被广泛用作实验室环境中鉴定化学制剂的标准分析工具。拉曼光谱探测的原理基于单色光非弹性散射技术，是指单色光与样品相互作用后，光子的频率发生改变。当光子和分子相互作用时，其中一些能量转移给目标分子（或从目标分子获得），产生具有更长（或更短）波长的散射光，具体取决于能量是否转移到目标分子（或从目标分子获得）。频率差由目标分子振动模式的能量决定，因此构成分子指纹或识别基础，可用模式识别算法识别复杂的混合物。

拉曼技术的一个主要缺点是灵敏度极差，这是由于撞击样品的大约 10^7 个光子中才有一个会发生拉曼散射。拉曼光谱的微弱回波信号强度限制了其在痕量探测中的应用，同时它还对环境光以及来自样品本身或附近其他化学物质的荧光较为敏感，使得拉曼信号易受环境光及样本荧光干扰。通过使用共振拉曼光谱可以克服上述问题，使用可调谐激光选择波长以匹配或近似匹配目标分子中的共振吸收波长，从而使信号强度以 10^6 量级进行增强。荧光掩盖拉曼信号的问题可以通过使用紫外或红外激光来解决，红外激光没有足够的能量产生荧光，紫外激光虽然在可见光附近产生荧光，但能够与拉曼信号很好地分离。图 7.3 显示了典型的拉曼光谱装置。

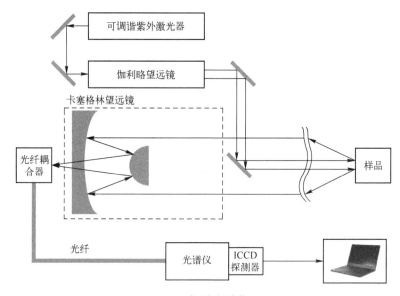

图 7.3　拉曼光谱装置

7.3.3　激光诱导击穿光谱

激光诱导击穿光谱（LIBS）将高能激光束聚焦在痕量样品上，将微量样品分解成激发离子和原子的微等离子体。等离子体的形成伴随着连续辐射但不包含任何有用的信息。在几微秒的短时间内，等离子体以超声速膨胀并冷却，由此观察到离子、原子和小分子组分的特征原子发射线，这些发射线经光谱仪探测后用于分子指纹识别和爆炸性物质的后续识别。使用时控 ICCD 摄像机可以避免连续辐射。图 7.4 显示了典型的激光诱导击穿光谱装置。使用 LIBS 难以准确地在充满许多干扰物质的真实环境中探测和识别爆炸物，通常使用双脉冲 LIBS 技术以提升探测和识别的准确性。在双脉冲 LIBS 中，第一个脉冲激光聚焦到样品表面产生等离子体，几微秒后传输的第二个脉冲对等离子体再次激发用于产生返回信号。这不仅提升了选择性，还提高了灵敏度，通过在 LIBS 发射分析中增加瞬时分辨率，可进一步提高选择性。

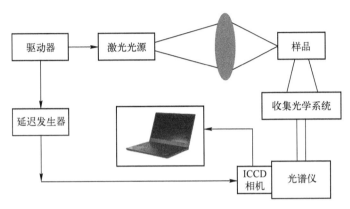

图 7.4　激光诱导击穿光谱示意图

波长为 1064nm 的光源已广泛用于 LIBS 系统中，由于 1064nm 波长的光对人眼有严重伤害，研究人员又尝试了使用 266nm 波长的激光。与 1064nm 波长相比，波长 266nm 光源的 MPE 限值高了 600 倍，还使系统具备构建拉曼光谱的能力。

美国能源部劳伦斯伯克利国家实验室在研究激光烧蚀技术（如用于探测爆炸物和其他危险化学品的 LIBS 技术）方面做出了开创性的工作。该实验室的一位科学家创立的 Applied Spectra 公司开发了一种基于 LIBS 的便携式爆炸物探测系统。据报道，该系统的军用原型在 2008 年对 100 多个样品进行了现场测试，能够在 30~50m 的距离外测试样品是否含有几种爆炸物残留物，或者样品是否由岩石、木材、金属或塑料等材料组成，探测的准确率达到 85%。

7.3.4　激光诱导荧光光谱

激光诱导荧光（LIF）光谱也是一种光谱技术，用激光束照射被检样品，使样品中的分子从基态激发到高能态，当分子弛豫到基态的较低能级时，会自发辐射光子即荧光。荧光光子的能量小于被吸收的能量，因此荧光发射波长比激发波长长。虽然激光诱导的荧光可以产生非常强烈的信号，但这种技术仅限于具有强电子跃迁的材料，常用于紫外范围内。由此产生一种 UV-LIF 技术，测量荧光光子以提供有关构成样品分子类型的信号。LIF 是燃烧诊断和炸药分解研究的重要工具，UV-LIF 光谱技术已被用于检测生物材料。

光解离 - 激光诱导荧光（Photodissociation – Laser – Induced Fluorescence，PD-LIF）是另一种有效的探测技术，采用光解离和激光诱导荧光相结合的方法，可用于对各种爆炸性物质（包括硝酸铵、硝酸尿素、RDX、DNT、TNT 和 PETN）进行远距离探测。

使用 PD-LIF 光谱探测爆炸性物质可分为三步：第一步，使用可调谐脉冲紫外激光覆盖目标爆炸物的吸收带对其进行照射，使爆炸材料气化解离形成气相双原子 NO 碎片。第二步，这些振动激发态 NO 碎片被激光泵浦到更高的能态。第三步，处于较高能态的 NO 碎片最后弛豫回到低能态并发出荧光。光电探测器通常是带有窄带滤光片的日盲 PMT，用于探测荧光光子，其中滤光片用于抑制散射激光。在这种情况下，荧光光子的波长低于泵浦光子的波长且荧光光子的波长和诱导荧光所需的激发光子的波长都非常精确，可以采用窄带激光源和窄带探测器。例如，使用波长 236nm 的激光激发样品会产生 226nm 的荧光光子，使得下一步探测 NO 碎片具有更高的灵敏度和特异性。与固相多原子分子相比，气相双原子 NO 分子的优势在于其具有更明显的光谱，可用于对爆炸性物质进行指纹识别，相对较强的荧光信号可以采用人眼安全的激光强度进行激发。传统荧光光子通常具有较长的波长，因此 PD-LIF 光谱技术不易受传统荧光过程的影响而发出误报。

7.3.5　激光光声光谱

激光光声光谱（LPAS）是红外光谱的一种，通过光声传感器（如传声器或压电传感器）进行探测。LPAS，尤其是石英增强型（QE-LPAS）已成为一种很有前景的工具，用于探测和识别从几米到几十米远距离的危险化学品、生物战剂和爆炸性物质。图 7.5 显示了 QE-LPAS 的简易示意图。使用能够覆盖目标爆炸物吸收光谱的可调谐中红外激光器（如量子级联激光器），照射吸附在表面的痕量粒子或痕量蒸气形式的痕量爆炸物样品。激光发出的脉冲频率应与石英晶体探测器共振频率相同，当激光波长与被测爆炸物的吸收波长相匹配时，一部分吸收的激光能量通过无辐射跃迁转化为分子的平动能，使样品内部产生热量。由激光能量调制引起的样品周期性产热导致压力调制，压力波动被石英晶体探测器探测到。使用与石英晶体探测器的谐振频率一致的频率对压力波进行调制，被调制的压力波驱动探测器进行振荡，从而产生周期性的电信号。

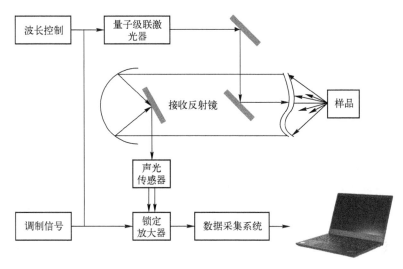

图 7.5　石英增强型激光光声光谱

除了样品的热学和光学性质，耦合介质的特性也起着重要作用。探测到的信号被反馈到锁定放大器的信号输入端，另一个输入端接入用于调制激光辐射的参考信号。探测到的信号通过合适的数据采集接口反馈到 PC 平台，以波长控制信号和探测信号作为输入，使用配备的软件处理得到爆炸物质的强度-波长吸收光谱曲线，光谱显示了被测爆炸样品在特征吸收波长处的下降程度。对于给定的激光功率和耦合介质特性，石英晶体探测器的高 Q 因子以及恰当功率的量子级联激光源有利于远距离探测较低痕量浓度的样品，该距离的远近还取决于吸附微量爆炸物质颗粒样品表面的性质，如在其他参数保持不变的情况下，铝表面比木材表面提供了更大的可探测范围。使用脉冲激光和产生声波压电探测的激光光声光谱可在吸光度小于 10^{-7} 的状态下测量。据报道，使用 LPAS 装置可从超过 20m 的距离外探测到浓度低于 100ppb 的爆炸物。

7.4　代表性爆炸物探测系统

前面讨论了不同的体、痕量和远距离爆炸物探测技术，其中一些技术不仅能探测爆炸物质的存在，还能识别其类型，下面简要概述每个不同类别中一些具有代表性的爆炸物探测系统的显著特征。

7.4.1　体探测系统

在前面讨论的所有体探测技术中，X 射线技术是行李和包裹筛查中最常用的技术。已有许多制造商提供这类设备，包括用于固定安装的机器和用于移动使用的便携式机器。计算机断层扫描、核四极共振和荧光透视技术也已用于行李、邮件和包裹筛查，毫米波成像技术和太赫兹成像技术已用于人员筛查。

　　Smiths Detection 公司的 Hi-SCAN 6040i 是一款入门级 X 射线扫描仪，用于在机场检查站和关键基础设施处检查个人物品与随身行李。来自 L3 Communications Security and Detection Systems 公司的 eXaminer 3D X 型设备（图 7.6）使用 3D 连续流计算机断层扫描技术，凭借其可靠的威胁探测、较高的平均故障间隔时间（Mean Time Between Failure，MTBF）、较快的平均修复时间（Mean Time to Repair，MTTR）、较高的在线吞吐量和较低的误报率，该型号探测器非常适合用于航空航站楼进行具有挑战性的人员行李检查和特殊要求处理。Control Screening 公司生产的 MAILGUARD X 射线扫描仪（图 7.7）是一个紧凑

图 7.6　eXaminer 3D X 射线检测器

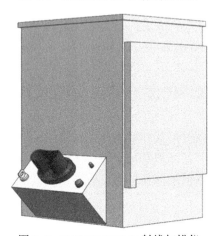

图 7.7　MAILGUARD X 射线扫描仪

型 X 射线安检系统，可以放置在桌面上进行使用，设备基于荧光透视法，可探测隐藏在钱包、电子产品、邮件、邮袋和包裹等小件物品中的违禁品。Quantum Magnetics 公司生产的 QScan QR-160 型设备使用核四极共振技术探测爆炸物，适用于筛选邮件、包裹和个人物品，可在独立模式下使用，也可与 X 射线系统相结合进行使用。

7.4.2　痕量探测系统

前面简要讨论了不同的痕量爆炸物探测技术，其中，IMS、GC、MS、SAW、化学发光（Chemiluminescence，CL）法和热氧化还原法是常见的技术手段。通常不止使用一种技术来改进探测设备的性能，如 GC-IMS、GC-IMS/CL、GC/CL、GC/MS 和 GC/SAW 探测设备等。除此之外，还有使用光谱学技术的爆炸物痕量探测系统。

Scintrex Trac 公司的 EVD-3000+（图 7.8）是一款手持式爆炸物探测器，使用热氧化还原技术探测塑料和高压蒸气爆炸物、C-4、TNT、炸药、PETN、Semtex、RDX、黑火药以及硝酸甘油的蒸气和颗粒痕迹。E-3500 型探测器也是一种便携式设备，基于化学发光技术且不使用任何外部载气或放射源，能够探测所有威胁性爆炸物，包括国际民用航空组织（International Civil Aviation Organization，ICAO）标记物、军用塑料和 TATP。这两种型号的设备都可以探测微粒和蒸气的痕迹，从而对行李、邮件、车辆、文件和容器进行非侵入式搜索。

图 7.8　EVD-3000+痕量爆炸物探测器

Electronic Sensor Technology 公司生产的 ZNose 4200 型是一款使用 GC/SAW 技术的便携式气味分析仪。凭借其探测和测试所有类型蒸气的能力，可准确、快速地识别生物、化学和有机化合物的痕迹。该设备通过探测爆炸物和生物/化学武器产生的化学蒸气和气味，在预防国土安全威胁方面得到应用。

EGIS Defender 是一款便携式紧凑型爆炸物探测器，将高速气相色谱（High-Speed Gas Chromatography，HSGC）与微差离子迁移谱（microDMx）相结合，可探测塑料、商业和军用爆炸物，以及 TATP、HMTD、增强型 AN-FO 和 ICAO 标记化合物与皮克级的高灵敏性的麻醉剂。EGIS Defender 的另一个重要特性是可以通过软件升级来应对新出现的威胁。Smiths Detection 公司的 IONSCAN SENTINEL-Ⅱ（图 7.9）型设备是一个非接触式的检测通道，也使用了离子迁移谱技术，以筛查人员是否夹带微量爆炸物和毒品，适合应用于高吞吐量的场合，如机场安全检查站、海关和楼宇门禁控制等。

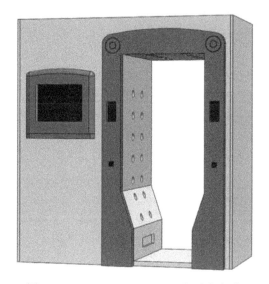

图 7.9　IONSCAN SENTINEL-Ⅱ 步行门户

7.4.3　远距离探测系统

7.3 节中所讨论的几种光谱技术，虽然可用痕量探测技术远距离探测爆炸物，但并非所有技术都已达到了可以转化为野外使用的成熟水平。大多数商业光谱爆炸物探测设备使用的是拉曼光谱技术和共振拉曼光谱技术。据报道，一些基于 LIBS 的远距离爆炸探测器（如前所述 Applied Spectra 公司开发的设备）已经过现场测试，而基于其他技术如红外光热成像、光解离激光诱导荧光和激光光声光谱的探测设备，目前仍处于实验水平。

图 7.10（a）所示的来自 SciAps 公司的 ObserveR™ 型传探测器属于便携式拉曼系统，用于对爆炸物、有毒工业化学品（Toxic Industrial Chemical，TIC）

和0.1~3m 距离的有毒工业材料（Toxic Industrial Material，TIM）进行远距离探测和识别。它自带许多爆炸性样品、TIC 和 TIM 的拉曼特征库，并提供大量用户可编程的新输入项。Inspector 300 型（图7.10（b））和升级的 Inspector 500 型设备是同一家公司生产的具有相同应用的便携式拉曼探测器，分别在785nm 和 1030nm 波长下工作，适用于探测可产生高强度荧光的样品。ReporteR 是 SciAps 公司的手持式拉曼探测设备，是 Inspector 300 的小型化版本。台式拉曼系统为 SciAps 公司研究的升级系列，可在波长 532nm、633nm、785nm 和 1064 nm 下运行。

Thermo Scientific 公司生产的 Gemini 分析仪（图7.10（c））是一种手持式探测设备，将基于 FTIR 和拉曼光谱的互补与确定的化学识别技术集成到单台设备中，以探测爆炸物和化学战剂。Gemini 分析仪还配有一个扩充程序库，使操作员能够识别未知的爆炸物、化学战剂、工业化学品和前体。与单独使用 FTIR 和拉曼光谱这两种技术相比，结合使用能够探测更多类别的样品。

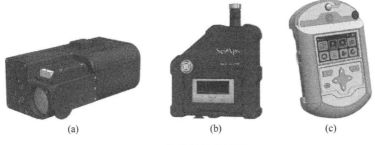

(a)   (b)   (c)

7.10 拉曼爆炸传感器

参 考 文 献

［1］ Baudelet, M.（ed.），Laser Spectroscopy for Sensing：Fundamentals, Techniques and Applications, Cambridge, UK：Woodhead Publishing Limited, 2014.

［2］ Cremers, D. A., and L. J. Radziemski, Handbook of Laser Induced Breakdown Spectroscopy, Chichester, UK：Wiley-Blackwell, 2006.

［3］ Demtroder, W., Laser Spectroscopy Volume - 1：Basic Principles, Fourth Edition, Berlin：Springer, 2008.

［4］ Demtroder, W., Laser Spectroscopy Volume - 2：Experimental Techniques, Fourth Edition, Berlin：Springer, 2008.

［5］ Marshall, M., and J. C. Oxley (eds.), Aspects of Explosive Detection, Amsterdam: Elsevier Science, 2008.

［6］ Sayeedkia D. (ed.), Handbook of Terahertz Technology for Imaging, Sensing and Communications, Oxford, UK: Woodhead Publishing Limited, 2013.

［7］ Sun, Y., Field Detection Technologies for Explosives, Hertfordshire, UK: ILM Publications, 2010.

［8］ Woolard, D. L., J. O. Jens, R. J. Hwu, and M. S. Shur, Terahertz Science and Technology for Military and Security Applications, Hackensack, NJ: World Scientific, 2007.

［9］ Yinon, J., Counterterrorist Detection Techniques of Explosives, Oxford, UK: Elsevier Science, 2007.

第8章 CBRN① 威胁的检测

因武器化的 CBRN 材料、人为错误以及自然或技术原因而引发的事件称为 CBRN 事件，该类事件具有相似的短期和长期后果。这就要求第一反应人员配备专门的设备以及去污染和反措施系统，以检测、识别和减轻这类威胁。本章首先简要介绍了不同类型的化学、生物和放射性威胁，然后讨论了针对这些类型威胁的检测技术。在本章中，相比非光电技术，将更多地对光电技术进行讨论。

8.1 CBRN 威胁

某些化学、生物、放射性和核材料对人类生命和财产构成严重危害，统称为 CBRN 材料。CBRN 威胁是指来自这些材料的武器化和非武器化形式的威胁，可能在短时间内造成大规模伤亡和巨大的财产损失，因此人为和意外发生的 CBRN 威胁可能成为国土安全的重大隐患。下面将讨论不同类型的 CBRN 威胁，以及这些威胁可能对人类生命和财产造成的损害程度。另外，在本节末尾，还将介绍过去使用 CBRN 制剂的简要历史。

8.1.1 CBRN 威胁的种类

由于技术的进步，与几年前相比，生产有害物质变得相对容易得多，大大增加了在军事甚至民用空间中发生危险化学、生物、放射性和核事故的风险，对整个社会和环境造成潜在的破坏性后果。顾名思义，CBRN 威胁的领域包括化学和生物制剂以及放射性和核材料，其中，化学物质包括化学战剂、危险工业化学品，甚至家用化学品，导致中毒和受伤；生物制剂，如危险细菌或病毒以及生物毒素，在释放时会引起发烧、不适、疲劳、呼吸急促、呕吐、腹痛和大面积视力障碍等疾病；接触有害放射性物质也会导致疾病；核爆炸产生的热效应和爆炸效应会导致大规模人身伤亡与财产破坏。

---

① CBRN，即 Chemical, Biological, Radiological and Nuclear，化学、生物、放射与核。

8.1.2 化学战剂

化学战剂（Chemical Warfare Agent，CWA）是有毒化学物质，其目的是在战争期间对敌方武装部队造成杀伤或失能，以及在恐怖主义行径中用于对付武装部队和普通民众。这些物质可大致被分类为神经毒剂、起疱剂、氰化物和有毒工业化学品，它们是极其危险的材料，能够造成灾难性的医疗事件，导致大规模的破坏。

神经毒剂通过影响神经冲动的传递对神经系统产生不利影响，它们属于有机磷化合物。很多神经毒剂在化学战中备受重视，如塔崩（邻乙二甲基酰胺磷酰氰化物，美国称为 GA）、沙林（异丙基甲基膦酰氟酸盐，美国称为 GB）、梭曼（美国称为 GD）、环己基甲基膦酰氟酸盐（美国称为 GF）和乙基二异丙基氨基甲基硫代膦酸酯（美国称为 VX）。所有的神经毒剂都具有强扩散性，这些剧毒性的物质通过皮肤和呼吸吸收时都会快速起效。食用被神经毒剂污染的液体或食物同样可能导致中毒。

起疱剂，也称为糜烂剂，是一类有毒化合物，会对皮肤和眼睛造成类似烧伤的严重损伤。该类物质被吸入后，会影响上呼吸道和肺部，产生肺水肿。起疱剂包括硫芥类、氮芥类、砷化合物和路易氏剂等，其中硫芥类起疱剂在化学战中最为常见。图 8.1 所示的图像说明了使用芥子气的效果。

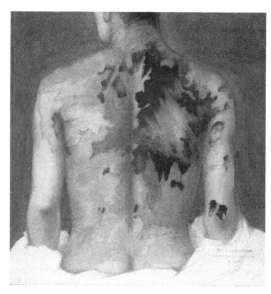

图 8.1　使用芥子气的效果（资料来源：维基共享）

　　氰化物或氰化物剂，也称为血液性毒剂，是氰化物类的化学制剂。它们阻止身体组织正常利用氧气，进而对身体机能产生不利影响。这些制剂能够抑制某些特定的酶发挥作用，因此也称为全身中毒性毒剂。氰化钠和氰化钾、氰化氢和氯化氰就属于这类化学战剂。氰化钠和氰化钾是白色至淡黄色的盐，易于在食物或饮料中投毒。当氰化物盐与增强皮肤渗透的化学物质混合时，可以作为接触性毒药传播，但被混合物污染的表面通常会变得潮湿或油腻，因此采用此类投毒手法，可能会被提前探知。氰化氢和氯化氰在接近室温时会由液体变成气体，需要在高浓度水平下释放才能有效。接触氰化物可产生恶心、呕吐、焦虑、心悸、过度换气和眩晕，可能导致意识不清、昏迷和死亡。

　　一些有毒工业化学品是潜在的化学战剂。虽然它们的毒性与危险性没有神经毒剂、起疱剂和氰化物强，但较低的毒性可以通过大剂量来弥补。氯气和光气会产生类似于芥子气的效果，而诸如对硫磷等的有机磷农药与神经毒剂属于同一化学类别。

8.1.3　生物战剂

　　生物战剂（Biological Warfare Agent，BWA）是指细菌、病毒、真菌等微生物，以及由它们产生的毒素，在生物战或生物恐怖袭击中，它们的扩散会引起严重的健康危害，造成大规模死亡、发病和失能。这些战剂的作用不是瞬间的，受影响人群出现症状的时间跨度从几个小时到几周不等。这些生物战剂可以自我复制，少量的释放即可引起疾病暴发。图 8.2 所示的图片仅说明了生物战剂攻击的一小部分破坏性影响。

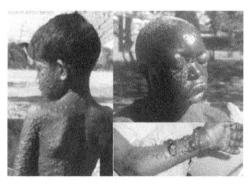

图 8.2　生物战剂攻击的影响

　　如上所述，生物战剂归类为细菌、病毒和毒素。常见的细菌生物战剂包括炭疽杆菌（引起炭疽）、鼠疫耶尔森菌（引起鼠疫）、梅氏布鲁氏菌（引起布鲁氏菌病）、流产布鲁氏菌（导致牛胎儿过早流产）、马莱伯克霍尔德菌（引起鼻疽）和伪马利氏伯克霍尔德菌（引起类鼻疽）。细菌战剂通常以气溶胶形式传播。炭疽病杆菌是最常见的细菌战剂，它们能通过皮肤上的伤口穿透身体，也能以气溶胶或摄入的形式感染人类，引起炭疽病。通常，除非在吸入炭疽孢子后数小时内开始抗生素治疗，否则炭疽是致命的。炭疽孢子对高温、潮湿、消毒剂和紫外线辐射等恶劣环境条件具有较强的抵抗力，这使得炭疽杆菌成为最重要的生物战剂。在生物战或生物恐怖袭击中，鼠疫杆菌可直接以气溶胶的形式被吸入，进而导致肺鼠疫。肺鼠疫具有高度传染性，可以通过空气中的飞沫在人与人之间传播。人布鲁氏菌病是一种多系统疾病，具有广泛的临床表现，其诊断需要通过血培养分离的方式进行微生物学确认，或通过血清学检测证明特异性抗体的存在。布鲁氏菌病又称为地中海热、马耳他热、胃缓解热和起伏热，是一种人畜共患传染病，通过摄入受感染的食品、直接接触受感染的动物或吸入气溶胶，从动物传播给人类。马鼻疽是一种可在马科动物（即马、骡子和驴）中传播的疾病，可表现为皮肤或全身性病变。皮肤受到感染，可引起结节，并伴有局部淋巴结炎，而全身性病变通常表现为支气管炎或大叶性肺炎。在没有抗菌治疗的情况下，人类感染可能引起生命危险。类鼻疽，也称为惠特莫尔病，是一种影响人类或动物的传染病，主要在热带气候下传播，能够通过直接接触污染源传播给人类和动物。在受污染的水体和土壤中，均可发现导致类鼻疽病的麦氏伯克霍尔德氏菌。

常见的病毒包括天花病毒（引起天花）、埃博拉病毒（引起埃博拉出血热）和马尔堡病毒（引起马尔堡出血热）。病毒的感染途径也是气溶胶。天花病毒是天花的病原体，被认为是最严重的生物恐怖主义威胁之一。据报道，在1754—1767年的法国-印第安人的战争中，英国士兵曾将其用作生物武器，向美洲印第安人分发被天花感染的毯子。天花于1977年在全世界被根除，但由于其作为生物恐怖主义战剂的潜力，近年来又重新引起了人们的兴趣。在20世纪80年代，苏联开发了一种可用于洲际弹道导弹的气溶胶生物武器，其内容物就是天花病毒。埃博拉病毒病（Ebola Virus Disease，EVD）或埃博拉出血热是一种严重的致命性疾病。埃博拉病毒具有高度传染性，可通过直接接触受感染者或动物的血液、体液和组织传播，引起严重出血和器官衰竭，进而导致死亡。该疾病的症状通常包括突然发烧、极度虚弱、肌肉疼痛、头痛和喉咙痛。马尔堡病毒病是一种病毒性出血热，类似埃博拉病毒病，可同时影响人类和非人类灵长类动物。该病具有高度传染性，通过接触血液和其他身体分泌物在人与人之间传播。马尔堡病毒病的早期症状包括发热、寒战、头痛和肌肉酸痛，随后可能导致出血热和死亡。

属于生物制剂类的常见毒素包括肉毒梭状芽孢杆菌（引起肉毒杆菌中毒）、金黄色葡萄球菌（引起 B 型葡萄球菌肠毒素中毒）、蓖麻毒素（引起蓖麻毒素中毒）和单端孢霉烯毒素（引起单端孢霉烯 T2 毒素中毒）。蓖麻毒素是一种植物毒素，单端孢霉烯属真菌科，这两种毒素均可通过受污染的食物和水传播。肉毒杆菌病是一种罕见但严重的疾病，其病原体是一种称为肉毒梭状芽孢杆菌的细菌，该种细菌于土壤中天然存在。根据传播途径不同，肉毒杆菌病可分为两种：因食用受污染的食物引起的食源性肉毒杆菌病，以及由伤口感染引起的伤口肉毒杆菌病。婴儿肉毒杆菌病即为一种食源性肉毒杆菌病，是食用土壤或蜂蜜中的细菌孢子引起的，其症状包括视觉重影或视力模糊、眼睑下垂、言语不清、吞咽困难、口干和肌肉无力。金黄色葡萄球菌是一组可引起多种疾病的细菌，也称为葡萄球菌感染，是由于直接感染或细菌产生毒素引起的，可引起疖子、脓疱病（一种细菌性皮肤感染）、食物中毒、蜂窝组织炎（皮肤及其下方组织的细菌感染）和中毒性休克综合征等一系列疾病。蓖麻毒素是一种天然存在于蓖麻豆中的毒素蛋白。蓖麻毒素引起的疾病不具有传染性，不能通过偶然接触在人与人之间传播，然而与身体或衣服上有蓖麻毒素的人接触可能会导致免疫力下降。据报道，美国军方曾尝试使用蓖麻毒素作为可能的战剂。此外，据报道，在 20 世纪 80 年代，一些恐怖组织曾在伊拉克使用蓖麻毒素作为战剂。单端孢霉烯是一种由真菌产生的毒素，由于其毒性极高，且非常难以销毁，因此是臭名昭著的霉菌毒素之一。接触单端孢真菌毒素会导致眼睛干涩、疲劳、呕吐、腹泻、腹痛、精神障碍、皮疹和出血等症状。

8.1.4　放射性和核装置

这类 CBRN 威胁包括放射性扩散装置（Radiological Dispersal Devices, RDD）和试验型核爆炸装置（Improvised Nuclear Devices, IND）。RDD 旨在传播放射性物质，由该类物质产生的放射性会造成环境污染、财物破坏和人身伤害。RDD 中使用的潜在材料包括锎-241、锎-242、铯-137、锶-90、铱-132、钚-238、钋-210、镭-226 和钴-60。

RDD 分为被动 RDD 和主动 RDD 两种类型。被动 RDD 使用无屏蔽放射性物质，以人工方式散布在目标地点，而主动 RDD 将常规炸药与放射性物质相结合，并利用爆炸力来散布放射性物质。主动 RDD 也称为脏弹，是一种常规炸弹，而不是产生当量的核装置。爆炸性 RDD 最初可能会在爆炸中心造成数人死亡，但它们主要还是用于在目标人群中制造恐慌情绪，从而产生心理伤害而不仅是身体伤害。还有一些 RDD 称为大气 RDD，其中的放射性物质更易于通过气流传播。脏弹等放射性扩散装置对恐怖分子很有吸引力，因为制造武器所需的技术很简单，并且世界各地都有许多下落不明的放射性材料来源，这为有些国家或恐怖组织提供了获得这些用于制造 RDD 材料的便捷途径。然而，可用于脏弹的放射性物质，在医疗、工业、学术等有益的领域，也得到了广泛的应用。

IND 的设计目的是获得可产生当量的核爆炸。与使用几乎任何放射性材料都可以制造的 RDD 不同，试验性核爆炸装置需要高浓缩铀或钚等裂变材料，因此有些国家或恐怖组织手中的核装置只能使用非法获得的裂变核武器材料或被盗核武器的部件制造。如果 IND 未能产生核当量，将导致裂变材料在局部地区的扩散，其效果与 RDD 类似，而核当量的产生导致灾难性的生命损失、基础设施的破坏和大面积的污染，其影响包括爆炸伤害，如原发性、二级、三级爆炸伤害；热/烧伤，如闪光烧伤、火焰灼伤和眼睛伤害；放射性伤害及其长期效应等。

8.1.5 化学战与生物战

化学战和生物战之间的区别主要在于构成化学或生物武器的制剂类型、制剂的散布方式以及使用武器所产生的影响。下面将简要介绍这两类武器之间的区别。

（1）化学战使用人造化学制剂，而生物战中使用的战剂为天然来源。所有化学战剂，包括塔崩、沙林和梭曼等神经毒剂、硫芥等糜烂性毒剂、氰化氢等血液性毒剂以及有毒工业化学品（包括氯气和光气）都是人造的。另外，病毒、细菌和真菌等生物战剂是真正的生物体，生物战中使用的毒素也是来自这些生物体。

（2）化学战剂和化学武器可以在大型工业生产环境中大批量制造，并且生产成本相对较低。相比之下，生物战剂和武器难以开发，价格要贵得多，并且生产量小。

（3）除沙林毒气外，所有化学战剂都有特殊的气味和味道。生物战剂则无臭无味。

（4）化学战剂以气溶胶或液体的形式传播。生物战剂以气溶胶的形式在空气中传播，或在水和食物中作为污染物传播。

（5）化学战剂可以穿透皮肤，其效果通常是立竿见影的，在多数情况下，化学战剂导致死亡或受伤的原因是大面积烧伤或中毒。大多数生物战剂不会穿透皮肤，对身体的影响较为缓慢，需要几天时间才能出现症状，造成死亡的原因通常是疾病，如炭疽病和天花。

（6）使用生物战剂造成的死亡率要高得多。与相同重量的化学武器相比，生物武器可以造成 100~10000 倍的死亡人数。

8.1.6　化学和生物武器使用史

尽管由于恐怖主义威胁的增加，化学和生物战剂在今天造成了严重的危害，但它们的使用自古有之，并不是近现代才出现的现象。自公元前 1000 年以来，在不同的世纪里都发生过使用化学和生物战剂的事件，其中化学武器攻击事件比生物武器攻击事件早得多。我们不可能将历史上的每一次化学和生物攻击都一一列举，因此这里仅按照时间顺序，对主要事件进行简要介绍。

（1）公元前 600 年，雅典的索伦在围攻基拉城期间，对城市的饮用水下毒。公元前 184 年，迦太基的汉尼拔在一次海战中，将装满蝰蛇（一种毒蛇）的陶罐扔到敌舰的甲板上。

（2）在 12 世纪，有人在攻城战中将天花或瘟疫病人的尸体扔入城内。在 15 世纪，莱昂纳多·达·芬奇提出了一种基于砷的反舰武器；同一时期，西班牙人向那不勒斯附近的法国人提供掺杂麻风病人血液的葡萄酒。1650 年，波兰炮兵将军卡齐米日·谢米诺维奇向敌人发射了充满狂犬唾液的炮弹。

（3）1763 年，英国军官提出了一项计划，向围攻宾夕法尼亚州皮特堡的印第安人分发天花病人用过的毯子，这导致了流行病的暴发。

（4）在第一次世界大战期间，发生了几起使用化学战剂的事件，但生物战剂对人通常不那么成功，其重点主要放在了用炭疽病或鼻疽感染敌方牲畜上。1914 年，德国炮兵向英国军队发射了大约 3000 枚 105mm 炮弹，其中装有氯化茴香胺的肺部刺激物。然而，炮弹的爆炸破坏了其中的化学制剂，因此德军并没有看到他们所期望的效果。此后，在 1914 年末，德国科学家弗里茨·哈伯提出了通过使用数千个装满氯气（一种窒息剂）的气瓶来制造毒气云的想法。1915 年 4 月，德军在法国伊普尔战役期间部署了这些方案。据报道，这一方案导致了约 6000 名法国人窒息、肺部组织损伤和失明，但由于气体的扩散依赖于风向，实施攻击任务的德国士兵也遭遇了惨重的损失。1915 年，盟军也使用氯气发动了自己的化学攻击。这一举措拉开了化学制剂竞赛的序幕，交战双方都开始使用杀伤力更大的化学武器，德国使用了光气，而法国使用了氰化物气体。1917 年 7 月，德国首次使用了能够灼伤皮肤和肺部的芥子气。据估计，在第一次世界大战期间，有 90000 名士兵因化学袭击而丧生，另有 130 万士兵受伤。

（5）1919 年俄国内战期间（1917 年 11—1922 年 10 月），英国军队曾对苏联红军士兵使用芥子气，这是化学武器在战争中的一次大规模使用。

（6）在西属摩洛哥的第三次里夫战争（1921—1927 年）期间，西班牙非洲军团反复使用芥子气对付里夫部落，试图在 1924—1925 年间平息里夫的柏柏尔叛乱。

（7）1941—1945 年，德国纳粹武装部队用齐克隆－B 和一氧化碳对德国、奥地利和波兰的集中营进行了大面积的化学武器攻击，造成数百万囚犯死亡。

（8）在 1963—1967 年的也门战争期间，埃及使用 CN 催泪瓦斯、芥子气和光气窒息剂来支持南也门对抗北也门的保皇党军队。一些报道声称，埃及还对也门保皇党势力使用了有机磷酸盐神经毒剂；估计有 1400 人在袭击中丧生。

（9）1975—1983 年，老挝和越南军队在老挝的万象、川圹和琅勃拉邦省对平民和士兵使用化学战剂，造成约 6500 人死亡。1978—1983 年间，越南军队在柬埔寨西部进行了化学袭击，造成 1000 多名士兵和平民死亡。

（10）1979—1981 年，苏联和阿富汗军队在阿富汗进行了多次化学战剂袭击，造成 3000 多名平民和叛军士兵死亡。

（11）1983—1988 年，伊拉克军队使用化学战剂进行了大量的袭击，在伊朗和伊拉克两国，造成了大约 21000 名伊朗士兵和平民的死亡。

（12）1988 年，伊拉克军队在伊拉克哈拉布贾发动了化学袭击，使用了氰化物、芥子气和神经毒剂，造成了大约 5000 人死亡，8000 名伊拉克库尔德平民受伤。

（13）1995 年 3 月，日本发生了一起令人震惊的化学毒剂袭击事件。麻原彰晃的邪教组织"奥姆真理教"（Aum Shinrikyo）于周一早上的高峰时段，在东京地铁站（世界上最拥挤的地铁系统之一）释放了沙林神经毒剂。邪教成员分为 5 个袭击小组，分别在 5 列拥挤的地铁上用雨伞尖端戳破了装有液体沙林的塑料袋，然后匆匆离开。该事件造成 12 人死亡，数千人送医。

（14）在 2001 年 10 月的另一起神秘事件中，佛罗里达州小报《太阳报》和纽约的美国广播公司（American Broadcasting Company，ABC）、哥伦比亚广播公司（Columbia Broadcasting System，CBS）和美国全国广播公司（National Broadcasting Company，NBC）的办公室收到了大量带有炭疽病毒的信件，导致了数人患病。在纽约州长乔治·帕塔基（George Pataki）的办公室中，也发现了炭疽病毒。同月，参议院收发室收到了含有炭疽病毒的信件。这些事件造成 5 人死亡，另有 10000 名美国居民因为可能接触到了炭疽而需要大量药物治疗。据报道，这些袭击使用了武器级的炭疽。警方至今仍未能查明这些袭击肇事者的身份。

（15）2003—2013 年，伊斯兰恐怖分子在伊拉克使用硫芥、氯气、沙林神经毒气、化学毒素、农药、鼠药和其他毒剂，针对美国士兵、警察、在校儿童和平民进行了大量化学和生物武器袭击。

（16）2014—2016 年，在伊拉克不同的地方发生了数起使用硫芥和氯气的化学武器袭击。

（17）2013—2017 年，叙利亚至少有 34 起化学袭击事件，主要使用了氯气、沙林毒气和其他未查明的化学战剂。2013 年在古塔发生的一次沙林毒气袭击中，有 1400 人丧生。2018 年 4 月 7 日，在大马士革附近，反叛分子控制的杜马镇发生了一起疑似但尚未确认的化学武器袭击，估计有 42 人因窒息而丧生，数百人罹患眼睛灼伤、呼吸困难，并且有迹象表明他们的嘴巴和鼻孔中流出了白色泡沫。

8.2　化学战剂检测

包括化学战剂和有毒工业化学品在内的化学制剂，通常用于在常规战争中针对武装部队，但由于这些化学战剂在恐怖主义活动中被频繁使用，其威胁已扩展到了平民。因此，必须具备迅速检测、识别和监测化学制剂的能力，以便有效地利用军事和民用国防资源。及时评估化学危害的范围和严重程度，有助于确定无污染和受污染的区域，同时向第一反应人员提供必要的信息，以便实施预防措施和启动对策。下面将讨论化学制剂检测中的重要参数、可用于化学制剂检测的技术（以光学技术为重点），以及具有代表性的商业化学制剂检测系统。

8.2.1　检测参数

在为给定的威胁情况选择合适的检测器时，需要考虑的参数包括检测灵敏度、选择性、响应时间、误警率、便携性、设置、预热和恢复时间、运行和环境条件、用户界面、校准要求和成本。其中一些参数已在第 7 章中的爆炸物的检测中进行了讨论，为保持连续性，下面将对每一项参数在化学战剂检测中的意义进行简要说明。

灵敏度（LOD），是指化学制剂的最低检测浓度，同时也是一种重要的性能参数，反映检测器分辨待测制剂浓度差异的能力，对于化学制剂浓度的微小变化，检测器越灵敏，输出信号强度变化就越大。灵敏度取决于许多因素，其中包括化学制剂的类型以及运行和环境条件。灵敏度一般用 mg/m³、μg/m³ 或 ppm/ppb/ppt 来度量，其中 1g/m³ 等于 1ppm。目前，较为典型的几种检测器，其灵敏度通常在每立方米几十微克到几十毫克范围。

选择性是指检测器区分目标物质与杂质的能力。高选择性检测器仅对目标化学成分有响应，而低选择性检测器对很多化学成分都有响应，其中也包括无毒物质。选择性检测器只对几种特定的化合物有响应，并且当暴露于其他与待测物质化学成分类似的物质中时，选择性检测器可能会产生假阳性响应。非选择性和选择性检测器均可用于区域危险品检测，前者用于在疑似区域中作为广谱早期预警系统使用，后者则可用于将潜在的化学制剂威胁从其他非危险性物质中区分出来。

响应时间是指检测器对目标化学制剂做出响应所花费的时间，它包括采集和分析样品以及提供反馈所需的时间。不同的检测技术下，响应时间通常从几秒到几十秒不等。理想情况下，为防止目标人群暴露于化学制剂中，检测器应该实时或几乎实时地做出响应。目前可用的检测技术更适合监测化学制剂的浓度，或在发生化学攻击的先兆时，对可能用于化学攻击的制剂进行识别。

误警有两种类型：假阳性，即检测器在没有化学制剂的情况下显示有化学制剂存在；而假阴性则是当有化学制剂存在时，检测器未能检测到。当待测物中存在与危险化学制剂类似的成分时，通常会发生假阳性误警，重复的误警可能会导致未来真正的警报被忽视。假阴性会带来更大的风险，当暴露于危险化学制剂中而未能产生警报，可能会导致危险的情况。

从野外作业的角度来看，便携性是很重要的。操作所需的支持设备是否便携，也应作为评价检测器是否便携的标准之一。

启动时间、预热时间和恢复时间分别是启动检测器、检测器开机至能够进行分析以及从试剂中移除后显示屏返回基线"无响应值"所需的时间。

环境条件，如温度、湿度、风、灰尘和空气中的污染浓度等，会对采用不同技术的化学制剂检测器的性能产生不同的影响，提前了解这些信息会对在不同预期环境下选择不同检测器有所帮助。

检测器是否适合预期用途的另一个重要评价标准是用户界面，包括如何使用生成的信息，用户所需的培训水平以及使用检测器的环境等。友好的用户界面可以明确地显示检测结果，有利于针对检测结果做出迅速的反应，对于应急人员来说更是如此。

校准要求规定了设备需要校准的周期，以确保运行符合要求的性能规范。

校准通常使用已知的无毒化学品作为目标化合物的模拟剂进行。

成本是另一个因素，包括维护成本和耗材成本。

8.2.2　检测技术综述

第 1 章概述了用于检测化学战剂和有毒工业化学品的技术。除了光电离检测、火焰光度检测和火焰电离检测，第 7 章中结合爆炸物检测，进一步详细讨论了其他技术，包括光声光谱法和基于 FTIR 光谱的主动红外检测技术。该讨论对于化学制剂的检测同样有效。下面将详细介绍被动红外检测和差分吸收激光雷达（Differential Absorption Lidar，DIAL）技术。

8.2.3　被动红外检测

被动或主动红外检测能够在安全距离外远距离检测、识别和确定浓度，该技术利用的是气体或气相中化学制剂的光谱特征。根据所采用的技术和算法，一些红外传感器可以专门针对单一化学物质进行识别和浓度测量，其他传感器只识别化学物质所属的类别，并提供相对浓度的测量。主动传感器采用自身的红外光源，被动传感器依赖于化学气雾和背景之间的热对比度或温差。所有温度高于绝对零度的物体都会在红外波段发射能量，不同的化学物质会在特定的窄波长波段发射或吸收光，产生可用于识别化学物质的特征光谱或"指纹"。被动红外检测是基于这一原理工作的，比背景温度高的化学物质会释放特定波长的红外能量，比背景温度低的化学物质会吸收特定波长的红外能量，该波长仅与物质本身的性质有关。根据不同波长能量的吸收和释放情况，可以产生特定的化学物质光谱；将其与存储在设备库中的光谱进行比较，就能够识别该化学物质。从本质上讲，化学物质的检测和识别取决于所测得的化学特征光谱的唯一性，以及该特征是否能从背景干扰中分离出来。图 8.3（a）是一个简化的示意图，说明了被动红外检测的工作原理。被动红外检测传感器包括单波段成像仪、多光谱成像仪和高光谱成像仪。单波段成像仪需要多个传感器组合以检测不同化学物质或化合物类别。多光谱成像仪和高光谱成像仪具有高分辨率光谱，可以检测和识别更大范围的化学物质。多光谱成像和高光谱成像的主要区别在于波段的数量与光谱宽度，前者一般通过不同的传感器获得 3~10 个波段的检测结果，后者则通过一个成像光谱仪，获得数百至数千个更窄的波段。无论是被动红外检测还是主动红外检测，为确保在安全距离内实现样品检测，目标化学战剂对应的特征吸收波长必须位于大气的透射窗口内。这些窗口如图 8.3（b）所示，包括 2~5μm 范围内的中红外波段（Medium-Wave Infrared，MWIR）中的三个分立的小透射窗口，以及 8~14μm 中长红外波段（Long-

Wave Infrared，LWIR）中的一个大窗口。使用 2~5μm 波段的系统称为 MWIR 传感器，使用 8~14μm 波段的系统称为 LWIR 传感器。

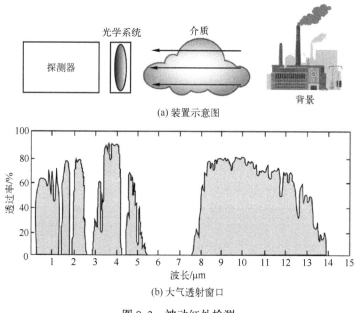

(a) 装置示意图

(b) 大气透射窗口

图 8.3　被动红外检测

8.2.4　差分吸收激光雷达

差分吸收激光雷达是最常用的检测化学战剂、有毒气体和污染物的技术。它使用两个波长：一个对应于目标分子的峰值吸收波长；另一个对应于目标分子的弱吸收波长，通过测量两个不同波长的背向散射信号的接收值之比，可以得出目标化学战剂的浓度。图 8.4 显示了 DIAL 系统的结构原理。两个激光脉冲分别称为"开（ON）"波长和"关（OFF）"波长，被发射到大气中可能受到潜在化学战剂污染的目标区域。如前所述，"开"波长对应于可疑有害物质的峰值吸收，"关"波长与"开"波长略微失谐，对应于同一物质的弱吸收。对于给定的化学物质，"开"和"关"波长的选择是唯一的。使用可调谐激光器，可通过输出不同物质的"开"和"关"波长，对感兴趣的区域进行扫描。显然，"开"波长（称为 λ_{ON}）处吸收最强，相应的背向散射信号较弱，λ_{OFF} 反之（吸收较弱，散射较强），通过对两个不同波长反馈信号的分析，能够实时了解到大气成分，两个背向散射信号的比率则给出了目标分子的浓度。

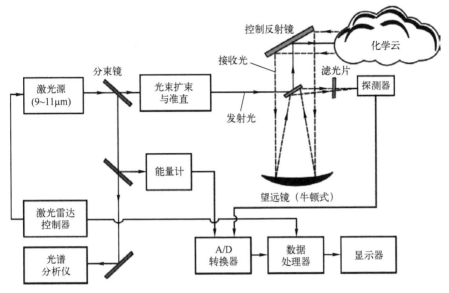

图 8.4　差分吸收激光雷达

许多化学战剂在 $3\sim4\mu m$ 和 $9\sim11\mu m$ 波段都有显著的吸收带，因此，波长在 $9\sim11\mu m$ 波段的 CO_2 激光器已被广泛应用于化学制剂检测。一些 DIAL 系统同时采用可调谐中红外光源和 CO_2 激光源，可同时输出这两个波段的光。然而，图 8.4 中 DIAL 系统的原理只使用了一个 CO_2 激光器。激光束经过扩束与准直后，在扫描万向镜的帮助下，被定向发射到大气的预期方向。接收望远镜能够接收背向散射信号，并进一步将反馈信号聚焦到检测器子系统。干涉滤光片用来过滤不需要的波长，只允许特定波长的辐射通过它。之后，检测到的信号经数字化后被送入数据处理器，以提取目标化学物质种类和浓度的信息。

8.2.5　化学制剂探测的代表性系统

有大量的检测器采用了 8.2.2 节中概述的不同技术，可用于检测化学战剂和有毒工业化学品。一些具有代表性的系统包括化学制剂探测器（Chemical Agent Monitor，CAM）和 RAID - M（离子迁移谱技术）。AP2C 及其升级版 AP4C 便携式化学污染控制检测器，来自 PROENGIN（火焰光度测定），Ahura 公司的 FirstDefender 和 FirstDefender - XL（拉曼光谱），HAZMATCAD、Chem-Sentry - 150C 和 CW Sentry Plus（SAW 技术），MiniRAE - 2000、MiniRAE - 3000、ppbRAE 系列，MultiRAE Plus 和 ToxiRAE Plus，全部来自 RAE 系统，以及来

自 Thermo Scientific 的 TVA-1000B 型号毒性气体分析仪（光电离检测）。

专门用于检测和识别化学战剂的激光雷达系统的大多数信息都是保密的，不可以公开报道。一些大气和气象激光雷达系统除了监测大气污染物与气象参数，还能对有机磷酸盐等化学战剂进行安全距离外检测，如俄罗斯的 Laser Systems 公司的 mobile lidar complex 系统。一些典型化学战剂和有毒工业化学品的被动红外检测器包括：FLIR 公司的 GF-300/320 和 GF-304 单波段成像仪，Bertin 公司的 Second Sight-MS 多光谱成像仪，Bruker 检测系统的 RAPID Plus 高光谱扫描仪，Bruker Optics 的 SIGIS-2 和 Mesh Inc. 的 iMCAD，以及 Bruker Optics 的 HI-90 高光谱成像仪和 Mesh Inc. 的 Firefly。下面将简要讨论这两类设备的显著特点。

（1）移动激光雷达系统结合了气溶胶激光雷达、风力激光雷达、长波（Long-Wave，LW）DIAL 和短波（Short-Wave，SW）DIAL，最大探测范围分别为 20km、5km 和 3km。该系统能够检测碳氢化合物、氟利昂气体和有机磷酸盐类等。扫描激光雷达提供 +/-180° 的方位角和 -15° ~ +90° 的仰角视场。

（2）GF-304 和 GF-300/320 主要用于检测气体泄漏。GF-304 采用制冷型量子阱红外光电检测器，可用于 8 ~ 8.6μm 波长范围内制冷剂气体的检测。

（3）FLIR GF300/GF320 红外热像仪采用了一个制冷型锑化铟检测器，能够检测石油和天然气生产、运输和使用过程中排放的甲烷与挥发性有机化合物（Volatile Organic Compound，VOC）。

（4）Second Sight MS 是一种被动远程化学和有毒气体云检测器，基于红外光谱成像技术设计，以识别气体类别，并测量其浓度随传播距离的变化。对于在红外波段 III 有吸收的所有可疑气体云，此设备均能实现早期预警和实时可视化。

（5）RAPID Plus 是第二代被动红外远程检测器，可以自动检测、识别和监控所有已知的化学战剂与重要的有毒工业化学品，最远距离可达 5000m。

（6）SIGIS-2（图 8.5）是一种扫描红外气体成像系统，由一套红外光谱仪、一套单检测器元件和一套扫描仪系统组合而成，对于潜在的有害气体云，该设备可以从远距离对其进行识别、量化和可视化。

（7）改进的移动式化学制剂检测器（improved Mobile Chemical Agent Detector，iMCAD）是一种先进的远程传感器，使用被动式 FTIR 仪器与热成像仪和可见光摄像机结合。它可以在 6000m 外检测、识别和测绘化学武器蒸气、化学气溶胶、有毒工业化学物质和生物颗粒。

图 8.5　SIGIS-2 扫描红外气体成像系统

（8）HI-90（图 8.6）是一种由迈克耳孙干涉仪和焦平面阵列检测器组合而成的高光谱成像系统。该系统可以从几千米远的距离对潜在的危险气体进行识别、量化和可视化。

图 8.6　HI-90 高光谱成像系统

（9）Firefly 是一种 FTIR 高光谱成像传感器，用于远距离可视化和识别化学蒸气羽流。

219

8.3 生物战剂的检测

生物战剂，包括病原微生物，以及一般源自微生物、植物或动物的毒素。它们有可能引起大规模的疾病暴发，在广泛的地理范围内感染大量人口，造成重大伤亡，同时也会对整个国家的社会、经济和心理造成影响，是一种对国土安全的重大威胁。它们易于传播，具有传染性，能够在宿主体内复制，并且在发病和通过临床测试确认前，在几天、几周甚至数月内都不会被发现，这些特性使它们变得更加危险。因此，需要实时的生物制剂检测系统，以便第一响应者不必等待症状出现即可采取措施阻止其传播。在蓄意的生物袭击中，及早发现和识别生物战剂，对于启动纠正性应急反应以有效管理此类事件至关重要。

8.3.1 检测参数

生物战剂的检测参数与前面讨论的化学战剂的检测参数大体上没有什么不同，灵敏度或检测极限、选择性和响应时间也是最关键的检测参数。相比化学制剂，浓度低得多的生物战剂即可构成致命威胁，如每升 100 个颗粒的炭疽杆菌或每升 10 个颗粒的土拉弗朗西斯菌就可以感染一个人，因此生物战剂检测器的灵敏度需求比化学战剂检测器更高。将病原体与环境中目标生物制剂浓度高得多的其他非危险生物和非生物成分区分开来，对实现低假阳性率也非常重要。快速检测对于第一响应者的有效干预至关重要。理想情况下，检测应该实时进行，但目前的技术还无法实现。

8.3.2 检测技术综述

第 1 章概述的生物战剂检测技术大致分为点检测和远程检测技术。点检测技术进一步分为能够检测和识别生物危害的特异性点检测技术和只能检测而不识别生物危害的非特异性点检测技术。远程检测系统，顾名思义，是能够在释放点的远程检测到生物战剂的存在。常见的非特异性点检测技术包括粒度计、荧光系统、活粒度采样器和虚拟压实仪。重要的特异性点检测技术包括分子生物学、流式细胞术、质谱和免疫测定技术。安全距离外检测系统基于激光雷达技术，其中紫外激光诱导荧光（UV-LIF）激光雷达是一种很有潜力的远程检测设备。第 1 章概述了各种光电和非光电技术，下面将介绍 UV-LIF 激光雷达系统。

8.3.3 紫外激光诱导荧光激光雷达

粒子被另一束激光激发到更高的能级后，产生的比激励激光波长更长的光发射，称为激光诱导荧光（LIF）效应，是生物战剂的安全距离外检测的基本原理。生物战剂分子主要由芳香族氨基酸和辅酶组成，色氨酸、酪氨酸和苯丙氨酸等芳香族氨基酸吸收 280～290nm 波段的激光辐射，并在 300～400nm 波段发出荧光。因此，可以通过使用特定波长的紫外激光激发来检测生物战剂。同样，仅通过 LIF 信号即可实现对生物制剂的区分，因为尺寸在 1～10μm 范围内粒子的荧光横截面足够大，使单粒子探询成为可能。

图 8.7 为典型的单静态 UV-LIF 激光雷达系统的示意图。该激光雷达系统的主要组件包括一个三倍频或四倍频 Nd-YAG 激光器，分别具有 355nm（三倍频输出）或 266nm（四倍频输出）的输出波长；用于传输和接收的望远镜；用于记录背向散射信号和生物荧光信号的光电倍增管；用于记录分散荧光光谱的带有门控 ICCD 阵列的光谱仪；激光雷达控制器。工作时，266nm 处的四次谐波向生物云透射，望远镜接收背向散射和生物荧光信号，然后将其馈送到光电倍增管（PMT）通道，其中门控 PMT 通道接收背向散射信号，并且每当沿光束路径有云时就存在，用于测量到云的距离；日盲 PMT 通道接收荧光信号，并且仅在存在可疑云时才被激活。带有门控 ICCD 的光谱仪用于识别产生荧光的生物分子的性质。接收器通道的带宽通常保持较小，以屏蔽不需要的背景辐射。

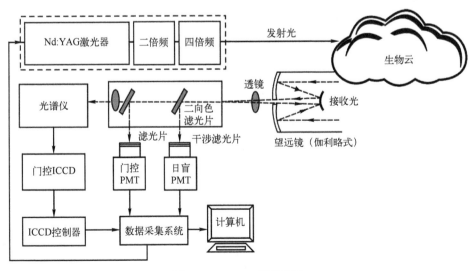

图 8.7 UV-LIF 激光雷达

早期的 UV-LIF 激光雷达系统采用 350nm 附近的激励波长。该波长存在一个根本问题，即许多无害的荧光团、氨基酸和其他物质也在该波长下被激发，因此 350nm 激光很难对无害物质和有害有机物气溶胶进行区分。所以，采用 280nm 和 350nm 区域的双波长，可以更有效地剔除无害目标并更好地识别有害生物气溶胶。

8.3.4　生物制剂检测的代表性系统

针对生物战剂的检测识别技术不像化学战剂那样成熟，因此，虽然有大量利用各种技术的可现场使用的化学制剂检测器，但生物制剂检测器的数量要少得多，并且不是所有生物制剂检测技术都可以转化为有价值的现场系统。一些更知名的生物试剂检测器包括 Smiths Detection 公司利用线性后指数聚合酶链反应（LATE PCR）技术的 Bio-seeq Plus 生物制剂识别器，FLIR 公司使用 UV-LIF 技术的 IBAC-2 生物检测系统，PROENGIN 公司使用火焰分光光度法技术的 MAB 生物制剂监测仪，AP4C-FB 化学和生物组合检测器，以及 Smiths Detection 公司基于荧光光谱学的智能生物传感器（Smart Bio Sensor，SBS）。下面简要介绍每种检测器。

（1）Bio-Seeq PLUS 是一种便携式、高精度生物制剂识别器，利用 LATE PCR 技术，通过 DNA 复制检测痕量水平的病毒和细菌生物战剂，包括炭疽（pX01 和 pX02）、鼠疫、天花、兔热病、Q 热病和布鲁氏菌病。LATE PCR 技术能够减少假阳性，提高结果的整体可靠性。

（2）IBAC-2 是一种持续的实时监测系统，在存在空气传播的生物威胁时，可在不到 60s 的时间内做出反应。它基于 UV-LIF 技术，在每升空气低于 100 个含剂颗粒时，即可检测孢子、病毒、细菌和毒素 4 类生物威胁。

（3）生物报警监测器（Biological Alarm Monitor，BAM）使用火焰分光光度法技术分析大气中的颗粒，并在检测到浓度水平高于指定阈值的可疑生物制剂（包括细菌、真菌、病毒和生物毒素）时发出警报。BAM 生物监测器的灵敏度为 20 ACPLA，响应时间通常为 10~15s，几乎是实时响应。图 8.8 显示了 BAM 生物监测器。

（4）AP4C-FB 是一种化学和生物制剂检测器，它结合了 AP4CF 型化学制剂检测器和 BAM 生物制剂检测器的功能。AP4C-VB 是 PROENGIN 公司的另一种化学和生物制剂报警系统，专为集成在移动平台上而设计。

（5）智能生物传感器（Smart Bio Sensor，SBS）使用荧光光谱来检测和分类生物制剂或空气中的毒素，包括细菌和真菌孢子、病毒和生物毒素。该检测器不受环境生物物质的影响，并提供近乎实时的检测，响应时间约为 1min。

SBS 设计用于在各种军事环境中的野外使用，能够集成于车载平台，用于提醒部队注意生物制剂或生物毒素的存在，并对潜在威胁进行分类。SBS 还可用于保护关键基础设施，用于提醒紧急救援人员发生了生物事件。

图 8.8　BAM 生物制剂监测器

大多数关于危险生物气溶胶安全距离外检测系统开发的信息都是保密的，但仍有一些公开的实验系统，如挪威国防研究机构的 UV-LIF 激光雷达系统和远程生物安全距离外检测系统（Long Range Biological Stand‑off Detection System，LR-BSDS）。

（1）图 8.9 为挪威生物激光雷达的简化示意图。它是一种仅使用商用现货（Commercially-off the-Shelf，COTS）组件的原型系统，主要组件包括波长为 355nm、脉冲能量为 150mJ、重频为 10Hz 的脉冲 Nd-YAG 激光器、1200mm 焦距牛顿望远镜、用于接收弹性散射光的 PMT 和用于接收非弹性散射光的门控 ICCD 耦合光谱仪。

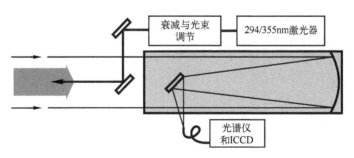

图 8.9　挪威生物激光雷达

（2）LR-BSDS 用于检测、跟踪和绘制最远距离达 30km 的大面积气溶胶云。该系统有三个主要组件，包括一个以 100Hz 重频运行的人眼安全激光发射器，一个 24 英寸的接收望远镜，和一个集成了信息处理器的转移电子增强光电二极管检测器。此系统提供有关气溶胶云的结构信息，如大小、形状、相对强度和云位置，包括范围、宽度、高度、距地面高度和漂移率。LR-BSDS 旨在作为军级资产，提供有关气溶胶云的位置和结构的早期预警与信息。这些信息用于增强污染防治方面的工作，并引导其他生物检测行动。

8.4　辐射检测装置

辐射检测器用于检测和识别特定类型辐射，包括环境中的 α、β、γ 和中子辐射，外部/内部受到放射源污染的人体的表面辐射，以及在辐射区域工作、暴露于外部辐射源时人们受到的辐射。不同类别的辐射检测器有其特定的用途，如用于检测比辐射，测量特定水平或范围的辐射能量，测量单位时间内 X 射线或伽马射线的暴露量，以及测量累积剂量（戈瑞）和当前剂量率（戈瑞/单位时间）。辐射检测设备主要分为辐射测量仪和剂量计。下面将简要讨论这两种设备。

8.4.1　辐射测量仪

辐射测量仪是一种便携式仪器，用于检测、识别和量化外部或周围电离辐射场，以及检测和监测人员、设备和设施是否受到辐射与放射性污染。使用这些测量仪的应急人员应当是接受过危险材料处理培训的专业人士，如执法机构、消防员、健康护理专家等，这些应急人员需要进行放射性事故的应对，或对在拦截放射性危险品转移过程中泄漏的危险品进行处理。有些称为辐射寻呼机的小型辐射检测器可由个人佩戴，当辐射水平升高时，它们会以声音、图像或振动的形式报警。辐射寻呼机用作早期检测的个人报警装置，其设计仅对高穿透力的电离辐射（如伽马和中子）响应，而不对 α 和 β 辐射响应。应急响应人员配备有比辐射寻呼机更大、更灵敏的辐射测量仪，该警报可用于提醒应急响应人员，以定位放射源或材料，或量化辐射水平以评估放射性问题的规模。一些辐射测量仪具有读出单元，通过可互换的探头来检测不同类型的电离辐射。辐射测量仪有两种类型：一种使用充气检测器，另一种使用闪烁检测器。辐射测量仪中使用的常见充气检测器包括盖革-穆勒（Geiger-Mueller，GM）管、离子室和比例计数器。下面简要介绍基于充气检测器和闪烁检测器的辐射测量仪。

8.4.1.1　盖革计数器

盖革计数器围绕盖革–穆勒管配置，该管是一个金属圆筒，充满低压的惰性气体，如氖气或氩气，一端由陶瓷或云母窗密封。一根细金属线（通常是钨丝）的一端延伸进管子内部，另一端连接到电源的正极，电源的负极连接到金属管的侧壁上，细金属线和侧壁分别充当阳极与阴极。图 8.10 显示了盖革计数器的原理。

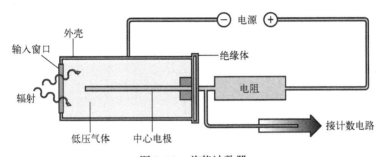

图 8.10　盖革计数器

进入管子的放射性粒子使气体电离，产生正离子和电子。带负电荷的电子立即被阳极吸引，而正离子流向阴极。当电子在气体中向下移动时，会碰撞到更多的原子，从而引发一种称为盖革放电的电离链式反应，产生更多的正离子和电子。到达阳极的大量电子产生在计数器上测量到的电脉冲。辐射场的强度以计数速率或频率表示，其单位为每秒计数（Counts Per Second，CPS）。目前使用不同的单位，如每小时毫伦琴（mR/h）或每小时微西弗特（μSv/h），来显示给定区域内辐射的严重程度。大多数盖革计数器都有一个相关的放大器和扬声器，每次有电脉冲时都会发出咔嗒声。计数器再次使用前，需要通过一个称为淬灭的过程来复位，这一过程可通过释放吸引自由离子的卤素气体来实现，也可以使用大值电阻来阻止电流流动。盖革计数器可用于测量 α、β、γ 辐射和 X 射线的强度。盖革计数器局限性在于无论入射辐射的能量如何，它们都会产生相同幅度的输出脉冲，即无法区分不同的辐射。

8.4.1.2　电离室

电离室与盖革计数器类似，也是充气辐射检测器，用于测量 β、γ 和 X 射线辐射的强度。它由一个充满气体的腔室组成，该腔室带有两个电极，称为阳极和阴极。电极可以是平行板的形式，如平行板电离室，或为内部阳极线同轴的圆柱形结构。电离室仅利用入射辐射与气体之间每次相互作用产生的离散电荷，而不涉及其他辐射仪器，如盖革-穆勒计数器或比例计数器中存在的倍增机制。正负电荷在到达各自的电极时，会导致可观测的电流脉冲流过外部电路。电离室对各种能量的辐射响应一致，是测量高水平伽马辐射的首选。图 8.11 说明了电离室的工作原理。

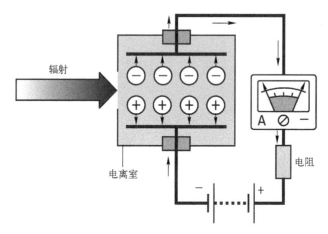

图 8.11　电离室

8.4.1.3　比例计数器

比例计数器与盖革计数器类似，利用气体倍增现象来增加脉冲幅度。几乎所有的比例计数器都使用小直径的金属丝阳极，放置在一个较大的圆柱形腔内，该腔室同时充当阴极和封闭气体。盖革计数器无论入射辐射的能量如何，输出脉冲的振幅都相同，但在比例计数器中，沿着粒子轨迹形成的每个初始自由电子都会产生自身独立且大小相等的雪崩电离，因此最终的总电荷与沿粒子轨迹形成的初始离子对的数量成正比。输出脉冲的大小与入射能量之间的比例可以区分不同类型的粒子。比例计数器通常用于 α 和 β 射线以及中子检测，并在一定程度上也可用于 X 射线光谱学。

8.4.1.4　闪烁计数器

闪烁计数器包括闪烁体、PMT 探测器和信号处理电路三个模块。工作时，闪烁体与电离辐射接触时会发出荧光，荧光光子在 PMT 探测器的帮助下按固定的比例转换为电流脉冲；之后，电流脉冲进入信号处理电路，该模块能够通过被送入其中的信号，对电离辐射进行测量与计数。图 8.12 展示了闪烁计数器的结构特征。固体闪烁荧光体可以是碘化钠、硫化锌、碘化锂等无机晶体，也可以是二苯乙烯、蒽等有机晶体，还可以是塑料荧光体。液体闪烁计数器的闪烁荧光体则使用溶剂和荧光体的混合物，电离辐射中的能量被转移到溶剂中，溶剂又将其转移到荧光体上，将它们激发到不稳定的高能级。对荧光体回到稳定状态时释放的能量进行检测，即可测量辐射。

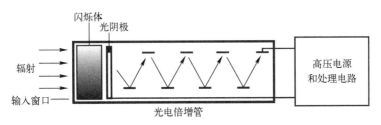

图 8.12　闪烁计数器

8.4.2　剂量计

剂量计是一种辐射检测装置，用于测量暴露于电离辐射的人员受到的辐射水平，包括放射技师、在核设施中工作的人员、使用放射治疗的医生和使用放射性核素的实验室工作人员等。第 1 章概述了不同类型的剂量计，包括个人剂量计和操作剂量计，有用于获取全身辐射剂量的穿戴式个人剂量计，也有可以佩戴在手指上或夹在头盔上以测量局部身体辐照并得到放射性比度的专业类型。需要注意的是，剂量计不能测量暴露于放射性环境时人体内的辐射剂量。

在胶片型的个人剂量计中，显影的照相胶片密度表示接收到的辐射剂量。但是，由于不同胶片特性有所区别，相同剂量的辐射可能会产生不同的密度。将胶片与暴露于已知辐射剂量的相同胶片的密度变化进行对比，可以有效解决这一问题，消除因胶片性质或冲洗程序不同而导致的变化。胶片剂量计的另一个缺点是曝光不足和曝光过度之间的动态范围有限，但这一动态范围可以通过在装有胶片的支架上安装一组小的金属滤光片来扩展，以覆盖胶片的选定区域。

热致发光剂量计基于结晶材料（如氟化锂），电离辐射会在其中产生电子-空穴对，它们被快速捕获并固定。在辐射暴露期间，被捕获电荷的数量在材料中积累。若在正常温度下进行暴露，则被捕获的电荷或多或少会永久存储；当提高晶体温度时，被捕获的电荷将快速被释放，释放的电子与被捕获的空穴复合，或者释放的空穴与被捕获的电子复合，这两个过程都可以发射光子，且发射光的总强度与被捕获电荷的原始数量成正比，而这些电荷又与暴露期间累积的辐射剂量成正比，因此通过使用 PMT 检测器测量光输出，即可得到辐射剂量。由于读出过程有效地清空了所有的捕获过程，因此材料可以循环重复使用。

电离室剂量计是与高增益负反馈运算放大器结合使用的电离室，在反馈路径中连接了一个标准电阻器或电容器，如图8.13所示，电阻器用于测量腔室电流，电容器用于测量在固定时间间隔内收集的电荷。电离室的工作原理已在8.4.1.2节中讨论过，此处不再赘述。

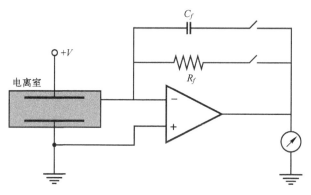

图 8.13　电离室剂量计

8.4.3　代表性辐射检测器

全球许多公司提供了不同类别的辐射检测器。某一类型的大多数设备都具有类似的规格。下面简要介绍一些代表性设备的突出特点。

（1）Images Scientific Instruments 公司的 GCA-07-DL 是一款手持式数字盖革计数器，能够检测能量高于 3MeV 的 α 粒子，高于 50keV 的 β 辐射以及高于 7keV 的 X 射线和 γ 辐射。辐射场强度以计数速率或频率表示，前者的单位为计数/min（Counts Per Minute，CPM）或计数/s，后者的单位为每小时毫伦琴（mR/h，英制）或每小时微西弗特（μSv/h，公制），该设备计数分辨率为 1CPM，量程为 1CPM～1000CPS，辐射测量分辨率为 0.001mR/h，量程为 0.001～1000mR/h 或 0.01～10000μSv/h。同公司的 DTG-01 是一款具有相似功能和规格的台式盖革计数器。

（2）Fluke Biomedical 的 451P 型离子室测量仪是一款手持式加压离子室测量仪，提供微伦琴（Micro-Roentgen，μR）数量级的分辨率。它可以检测高于 1MeV 的 β 辐射以及高于 25keV 的 X 射线和 γ 辐射。其量程为 0～5R/h，具体取决于辐射水平，响应时间在 1.8～5s 不等。

（3）MIRION Technologies 的 RI-02 设计用于高度稳定和准确地测量 β、γ 和 X 射线辐射的剂量率和累积剂量，其剂量率量程为 0.1mR/h～100R/h（1μSv/h～1Sv/h），最多可测量高达 1000R（10Sv）的累积剂量，辐射能级检测范围为 20keV～2MeV。

（4）MIRION Technologies 的 RAD-60/62 电子剂量计是高精度辐射测量仪器，用于可靠地检测和记录 γ 射线与 X 射线，以确保用户的人身安全。RD-60 适用于独立条件下的各种日常辐射监测。RAD-62 是一款集成的多种功能固态剂量计，可用于自动剂量管理系统。两种剂量计的累积剂量范围均为 0.1mR～999R（1μSv～9.99Sv），剂量率和能量响应范围分别为 0.5mR/h～300R/h（5μSv/h～3Sv/h）和 60keV～6MeV。

（5）DMC-3000 个人电子辐射剂量计具有卓越的 γ 和 X 射线能量响应性能，其主要性能规格包括 X 射线和 γ 射线能量范围：15keV～7MeV；累积剂量范围 1μSv～10Sv（0.1mR～1000R）；剂量率范围：0.1μSv/h～20Sv/h（0.01mR/h～2000R/h）。它具有可编程报警功能，带有可视 LED、声音和振动报警指示灯以及简单的双按钮导航。DMC-3000 剂量计可以连接各种附加模块，包括 β 模块、中子模块和遥测模块，以扩展剂量计的检测和通信功能。图 8.14 为带有附加中子模块的 DMC-3000 电子剂量计。

图 8.14　带有附加中子模块的 DMC-3000 电子剂量计

参 考 文 献

［1］Accetta, J. S. , The Infrared and Electro-optic Systems Handbook, Volume 7, Bellingham, WA: SPIE International Society for Optical Engineering, 1993.

［2］Baudelet, M. (ed.), Laser Spectroscopy for Sensing: Fundamentals, Techniques and Applications, Cambridge, UK: Woodhead Publishing Limited, 2014.

［3］Demtroder, W. , Laser Spectroscopy Volume 1: Basic Principles, Fourth Edition, Berlin: Springer, 2008.

［4］Demtroder, W. , Laser Spectroscopy Volume 2: Experimental Techniques, Fourth Edition, Berlin: Springer, 2008.

［5］Ellison, D. H. , Handbook of Chemical and Biological Warfare Agents, Second Edition, Boca Raton, FL: CRC Press, 2007.

［6］Gupta, R. C. (ed.), Handbook of Toxicology of Chemical Warfare Agents, Second Edition, London: Academic Press, 2015.

［7］Khan, M. , Electrochemical Detection of Chemical Warfare Agents, Latvia: LAP Lambert Academic Publishing, 2013.

［8］Knoll, G. F. , Radiation Detection and Measurement, Chichester, UK: John Wiley & Sons, 2010.

［9］Sferopoulos, R. , A Review of Chemical Warfare Agent (CWA) Detector Technologies and Commercial-Off-The-Shelf Items, No. DSTO-GD-0570, Victoria, Australia: Defence Science and Technology Organisation Victoria (Australia), Human Protection and Performance Division, 2009.

［10］Sun, Y. , and K. Y. Ong, Detection Technologies for Chemical Warfare Agents and Toxic Vapours, Boca Raton, FL: CRC Press, 2004.

［11］Waynant, R. , and M. Ediger (eds.), Electro-Optics Handbook, New York: McGraw-Hill, 2000.

［12］Weitkamp, C. (ed.), Lidar: Range Resolved Optical Remote Sensing of the Atmosphere, New York: Springer, 2014.

术语汇编

声学武器（低致命）：一种低致命性武器，它利用音频声音、次声或超声来达到预期的效果。低致命声学武器包括三大类：声光装置，如眩晕手榴弹；以通常超过 85dB 的分贝级发射音频、超声或次声频率范围声波的声学发生器发射高速空气涡流的涡流发生器。

主动对抗：分为软杀伤对抗和硬杀伤对抗。软杀伤对抗会改变要保护平台的电磁、声学或其他形式的信号特征，从而对来袭威胁的跟踪或感知能力产生不利影响。在硬杀伤主动对抗的情况下，高能量激光被用来损坏传感器系统的前端光学元件。

ANSI Z136.1 激光安全标准：文件通过定义 7 种激光危险等级的控制措施，为激光和激光系统的安全使用提供指导。

雪崩光电二极管：利用内部增益机制的高速、高灵敏度光电二极管，其工作原理是施加比 PIN 光电二极管相对更高的反向偏置电压。

生物战剂：细菌、病毒、真菌等微生物及其产生的毒素。

起疱剂：也称为发疱剂，是化学战剂。这些有毒化合物会导致严重的皮肤和眼睛损伤，就像烧伤造成的那样。吸入时，它们会影响上呼吸道和肺部，产生肺水肿。硫芥子气和路易氏剂毒气都是起疱剂的例子。

辐射热测量计：一种热敏元件，其传感元件是具有高温系数的电阻。辐射热测定器与光电导体不同；在光电导体中，光子–电子的直接相互作用会引起材料电导率的变化，而在辐射热测定器中，温度变化会引起电阻的变化。

爆炸物的体探测方法：体炸药探测是指通过测量质量、密度和有效原子序数（也称为 Z 数）等材料特性来探测炸药材料的宏观质量。X 射线散射、中子和基于 γ 射线的技术、磁性技术、毫米波成像和太赫兹光谱是重要的体探测方法。

子弹摄像机：形状像步枪子弹壳的摄像机。

二氧化碳激光器：使用最广泛、开发最多样的气体激光器类型。激光介质是二氧化碳、氦（He）和氮（N_2）的混合气体。它在以 10.6μm 和 9.4μm 为中心的两个主要波长带内产生激光辐射。

CBRN 威胁：来自武器化和非武器化形式的化学、生物、放射性和核材料。

电荷耦合器件（CCD）：一种光敏器件，由数千至数百万个光敏元件以阵列组成，其形式为 MOS 电容，称为蚀刻在硅表面上的像素。图像以电荷的形式存储在不同的 MOS 电容中。电荷由合适的电子器件读出，然后转换成代表图像的数字位模式。

化学战剂：有毒的化学物质，其目的是在战争期间杀死、造成伤害或使对手的武装部队丧失能力，以及在恐怖主义行为中使武装部队和平民人口丧失能力。这些物质大致分为神经毒剂、起疱剂、氰化物和有毒工业化学品。

化学发光（爆炸物探测）：化学发光反应过程中发出的光。化学发光是通过测量化学发光反应中发出红外光的强度来探测爆炸物的含量。红外光是对材料中存在的 NO 含量的度量，进而成为原始含氮爆炸材料含量的指示。

CMOS 传感器：一种光敏设备，它将光的强度记录为可变电荷，类似于 CCD 传感器。与 CCD 传感器不同，在 CMOS 传感器中，每个像素都有自己的电荷-电压转换器、放大器和像素选择开关。与 CCD 传感器中使用的无源像素传感器体系结构不同，称为有源像素传感器体系结构。此外，传感器通常还包括片上放大器、噪声校正和模数转换电路以及对像素传感器工作至关重要的其他电路。CMOS 芯片输出数字位。

相干性：当不同的光子（或与这些光子相关的波）具有相同的相位时，光称为相干的，并且这种相位关系在时间上保持不变。

碰撞级联：见凯斯勒现象。

比色化学制剂传感器：采用涂有制剂的吸附剂基底，如纸张或纸签。当目标化学物质与基底接触时，它会与制剂发生反应，产生独特的颜色变化，这样就可以识别化学制剂。

计算机断层扫描：使用 X 射线辐射来产生筛查或检查对象的三维图像。

爆燃：一种以导热为基础传递分解反应的放热过程。爆燃是以亚声速传播的热引发反应。

探测率（光电传感器）：其 NEP 的倒数。探测率值较高的传感器比探测率值较低的传感器更灵敏。像 NEP 一样，探测率取决于噪声带宽和传感器面积。

爆炸：一种涉及化学不稳定分子的反应，当分子被激发时，瞬间分裂成许多小碎片，然后重新组合成不同的化学产物，释放出大量的热能。在这种情况下，反应速度是超声速的。1000m/s 被认为是区分爆燃和爆炸的最小速度。

介电测量法：介电测量是一种利用低能量微波场照射被筛查物体的成像技术。它通常用于人员筛查。

差分吸收激光雷达：使用两个波长：一个对应于目标分子的峰值吸收波长，另一个对应于目标分子的弱吸收。两个接收到的背向散射信号的比值来测量目标化学战剂的浓度。

数字夜视：与传统夜视的不同之处在于，在传统夜视设备中，可用光线通过物镜收集并聚焦到增强器上。大多数数字夜视设备通过高灵敏度的 CCD 图像传感器处理光学图像并将其转换为电信号。

直接探测（热成像）：在直接探测的情况下，探测器元件将光子直接转换成电子。累积的电荷、电流或电导率的变化与场景中对象的亮度成正比。

定向能武器：主要利用定向能以会聚电磁能束的形式向目标方向定向，对敌方装备、设施和人员造成有意破坏。有意破坏可能是致命的，也可能是非致命的。根据定向电磁能的波长，这些武器可分为高功率微波武器、毫米波武器和激光武器。

隐蔽式摄像机：使用隐蔽物或隐蔽的外壳。这类摄像机通常用于在一个空间内追求实现特定美学的建筑师使用，或者用于在不了解目标个体情况的条件下进行监视，如在诱捕行动中。

发散（激光束）：激光束离开光源时光斑扩散的参量。它是波长（λ）和输出光学系统口径的函数。

圆顶摄像机：圆顶形状的摄像机。

剂量计：测量给定时间内电离辐射所沉积的能量，因此可用来估算人体在辐射地区工作时因暴露于外部电离辐射而得到的有效剂量。

动态范围（爆炸物探测）：从最低探测极限到能可靠探测的最大浓度的炸药浓度。

电泵浦：使用电学放电，在气体激光器中很常见。气体放电等离子体中的激发电子通过另一元素的原子或分子直接或间接地将它们的能量传递给激光物质。

电子武器（低致命性）：工作原理通常是向目标人体发出高电压、低电流的放电。放电电压通常从 1MeV 到几十兆伏特。放电电流限制在 5mA 以下。电击干扰了大脑和肌肉之间的交流，导致肌肉不自主收缩和运动功能受损。

带电水炮：一种需要与身体直接接触才能产生预期效果的电子武器。

掺铒玻璃激光器：输出波长为 1540nm，作为掺钕 YAG（或玻璃）军用激光测距仪和激光目标指示器的人眼安全替代品很有吸引力。

掺铒 YAG 激光器：输出波长为2940nm。由于其能极大地被人体组织中的水吸收，该波长在整形外科领域的医疗应用前景看好。

外腔二极管激光器：一种半导体二极管激光器，其谐振腔由二极管激光芯片外部的一个或多个光学元件组成。

虚警率（爆炸物探测）：有假阴性和假阳性两种类型。当系统发出指示存在爆炸物的警报时，即使没有爆炸物，也会发生误报。假阴性警报发生在系统没有探测到存在爆炸物的情况下。虚警率是系统发出肯定或否定错误警报的次数除以执行的测试总数。

光纤激光器：一种固体激光器，其增益介质是掺有稀土元素离子，如钕（Nd^{3+}）、铒（Er^{3+}）、镱（Yb^{3+}）、铥（Tm^{3+}）、钬（Ho^{3+}）或镨（Pr^{3+}）的玻璃光纤。

火焰电离探测（化学战剂探测）：原理上类似于光电离探测技术，在这两种情况下分析物都是电离的，不同之处在于 FID 传感器使用氢火焰作为电离源，而不是紫外线辐射。

火焰光度学（化学战剂的探测）：一种原子光谱学技术，它使用原子的特征发射光谱在化学战剂返回到较低能量状态时对其进行指纹识别。

闪烁噪声：其或 $1/f$ 噪声出现在导电介质不是金属的所有导体中，并且存在于所有需要偏置电流才能运行的半导体器件中。其振幅与频率成反比。在低于100Hz的频率下，闪烁噪声通常占主导地位。

流式细胞计数法（化学战剂探测）：一种广泛使用的技术，用于分析流体中粒子通过至少一束激光束时的物理和化学特征。流式细胞仪使用激光衍射系统对液相浓缩后分散的颗粒大小进行计数和测量。

荧光技术（探测生物战剂）：包括用光激发生物制剂的分子成分，通常是在光谱的紫外线区域。基于荧光的设备利用内源性荧光团（即生长于或源自生物体内的荧光团）的特性，通过生物发光来探测生物制剂。

荧光透视：一种 X 射线成像技术，它使用低能 X 射线来形成筛查对象的静态或动态图像。该设备通过探测透过物体的 X 射线辐射来工作。

FM-CW 激光测距仪：类似于其雷达对应物（FM-CW 雷达）的测距技术。在这种情况下，窄线宽激光器的频率用斜坡或正弦信号调制、准直后向目标发射。对应于反射的镜面反射或漫反射激光束的接收信号与代表透射激光束的参考信号混合以产生拍频，用于计算距离。

盖格计数器：一种辐射测量仪器，通常用于探测 β 粒子和 γ 射线。

第0代夜视设备：基于图像转换，而不是图像增强。夜视设备主要由光电阴极组成，它能将入射光子转化为电子。通过对阳极施加正电位，电子朝阳极加速。该设备使用主动红外照明。

第 1 代夜视设备：对第 0 代技术的改进。第 1 代夜视设备与第 0 代设备的一个主要差别是：不需要像第 0 代设备用于提供场景照明的红外源。第 1 代设备依赖于月亮和星星提供的环境光。

第 2 代夜视设备：使用微通道板进行电子倍增，导致设备灵敏度显著提高。

第 3 代夜视设备：与第 2 代夜视设备使用的技术相比，第 3 代夜视设备有两个明显的变化。其中，包括在 MCP 上使用砷化镓光电阴极和离子阻挡涂层。

第 3 代+设备：提供比第 3 代设备更高的性能规格。与第 3 代+夜视设备相关的两个重要特征是自动门控电源系统和较薄的离子阻挡层。

第 4 代夜视设备：构想是使用无膜和门控技术。这项提议是从第 3 代设备中引入的 MCP 中移除离子阻挡膜。用于光电阴极的自动门控电源的引入使得该设备能够瞬间适应从低光到高光或从高光到低光照度的波动。去除离子阻挡层也是为了减少亮点或光源周围的光晕效应。

生成复合噪声：由光电传感器中电流产生的波动和复合率引起的。这种类型的噪声在工作在红外波长的光导传感器中占主导地位。

硬杀伤系统（激光对抗）：一种激光对抗系统，能够对任何光电系统的前端光学系统造成物理破坏。

氦氖激光器：有效介质是氦和氖的混合气体，主要是氦，只有 $10\% \sim 20\%$ 的氖。它产生可见光（543.5nm，632.8nm）和红外（1153nm，3391nm）的激光辐射。

异质结激光器（半导体激光器）：在异质结激光器的结构中，有源层和相邻层中的一个或两个是不同材料的。若相邻层中只有一层是不同材料的，则称为简单异质结，若两者都不同，则称为双异质结。

全息瞄准镜：一种非放大瞄准镜。在使用全息武器瞄准镜的情况下，射手通过一个玻璃观察窗进行观察，其中内置了十字线图像的激光传输全息图。当记录的全息图被来自激光二极管的准直光束照射时，射手在一定距离处能看到叠加在视场上的十字线图像。

同质结激光器（半导体激光器）：在同质结半导体激光器的结构中，所有层都是相同的半导体材料。例如，GaAs/GaAs 激光器。

图像增强：在基于像增强管的夜视设备中使用。它的工作原理是收集从目标场景反射的很少量的光，以便在弱光条件下在电磁光谱的可见光和近红外波段进行观察。收集到的光子通过光电转换、电子倍增和电子光子转换过程被放大。

像增强管：工作原理是图像增强或加强。

免疫测定：一种依靠生物化学来测量分析物的存在和/或浓度的测试。免疫检测技术可以利用特异性抗原/抗体相互作用的原理来探测和鉴定生物制剂。

红外成像扫描仪：依赖于人体发射的红外辐射和隐藏在其中的违禁物品（如果有），这是由于人体不同部位和隐藏物体的温差造成的。

红外光谱学（化学战剂探测）：在红外光谱学中，通常在 $2.5\sim15\mu m$ 电磁光谱的中红外区域的红外辐射穿过样品。辐射部分被吸收，部分被透射。探测到的辐射波长光谱代表了分子的吸收或透射，因此也代表了样品的指纹。

增强型 CCD：利用像增强器提供的光学放大来克服基础 CCD 传感器的局限性。增强型 CCD 主要由像增强管与 CCD 传感器构成，像增强管的光输出耦合到 CCD。增强型 CCD 的两个重要特点是高光学增益和门控操作。

电离室：一种使用充气探测器的辐射测量仪器。

离子迁移率光谱法（探测化学战剂）：一种分析技术，它允许可以根据电离分析物分子在气相中的质量、电荷和迁移率来进行区分。

IP 摄像机：一种联网的数字摄像机，能够通过快速以太网链路传输数据。

机械瞄准器：一种武器瞄准器，由一个具有前瞄准器（通常是块状或柱状）和具有凹槽的后瞄准器的合适对准标记系统组成。瞄准时，前瞄准器和后瞄准器的凹槽需要对准，同时也要对准目标。

辐照度：也称为功率密度，被定义为落在目标上的激光辐射的单位面积功率，以 W/m^2 表示。

约翰逊噪声：也称为奈奎斯特噪声或热噪声，是由电阻元件中带电粒子的热运动引起的。噪声电压的有效值取决于电阻值、温度和系统带宽。

凯斯勒现象（空间碎片）：指这样一种情况：由于每次碰撞都会产生空间碎片，进一步增加更多碰撞的概率，因此物体之间的碰撞会产生级联效应。

动能武器（低致命性）：通过将动能从武器转移到目标人物或物质物体上而达到预期效果。常见的动能武器包括动能冲击弹，如橡胶和塑料子弹、豆袋弹、弹丸弹、泡沫弹、海绵弹以及水炮。动能冲击弹是有意设计的，目的是在不穿透身体的情况下给人带来痛苦并使人丧失能力。

激光致盲弹：在激活时产生极其强烈的闪光。该弹包含爆炸性材料和惰性气体，如氩气、氖气和氙气。当爆炸材料被点燃时，会产生高压、高温气体，导致在高温下形成等离子体，并伴随着极强的闪光发射。闪光产生全向和定向辐射，其波长范围从紫外到红外。

激光对抗措施：构成电光对抗措施的一个子集，用于对付工作于从紫外到红外的电磁辐射光谱区间的系统。这些措施可分为被动对抗和主动对抗。主动对抗又分为软杀伤和硬杀伤对抗。

激光眩目器：一种非致命性武器，它在可见光波段（通常是蓝绿色区域）发射高烈度激光束，暂时损害对手的视力，而不会对其眼睛造成任何永久或持久的伤害或不良影响。

激光诱饵：用来根据实际要保护目标的波长和脉冲重复频率代码来模拟激光特征。

激光栅栏：也称为激光墙，使用多对激光源和传感器沿要保护的基础设施的周边创建不可见的激光围栏。入侵信号源和传感器之间的这条视线用来激活警报或将信息立即转发到附近的哨所以便采取行动。

激光手榴弹：请参见激光致盲弹。

激光诱导击穿光谱（爆炸物探测）：一种用于爆炸材料安全距离外探测的痕量探测技术。它将高能激光束聚焦在痕量样品上，将样品的一小部分分解成由激发离子和原子组成的等离子体。等离子体发出的光具有离子、原子和小分子物质的特征。这些光发射由分光计探测，以识别元素组成。

激光诱导荧光光谱（爆炸物探测）：一种用激光束照射被测样品的光谱技术。产生的荧光光子被测量用来探测爆炸物。

激光传声器：一种监视设备，可以用来从几百米的距离窃听可疑和流氓分子。

激光光声光谱学：红外光谱学的一种形式，通过光声传感器（如麦克风或压电传感器）进行探测。石英增强型 LPA 是 LPA 的一种改进形式，用于安全距离外探测爆炸物。

激光扫描仪：也称为激光雷达传感器，利用时间飞行法的原理来创建不可见的红外屏障，并在红外平面被打破时触发警报或特定事件。

激光瞄准镜：也称为激光瞄准辅助装置，是一种瞄准装置，它使用一个小型、低成本、低功率的半导体二极管激光模块进行目标瞄准和指向，特别是在夜间作战期间。

激光三角测量（激光测距仪）：使用简单的三角定律来计算到目标的距离。

激光墙：请参见激光栅栏。

铅盐半导体激光器：由碲化铅（PbTe）、硒化铅（PbSe）、硫化铅（PbS）或它们的合金本身或与硒化锡（SnSe）、碲化锡（SnTe）、硫化镉（CdS）和其他材料的单晶组成的 P–N 结半导体激光器。

激光雷达传感器：请参阅激光扫描仪。

光敏电阻器：请参见光电导体。

探测极限：探测器系统对化学、生物或爆炸剂做出报警响应的最低剂量。

质谱（爆炸物探测）：一种分析技术。它根据炸药样本转化为气态离子的情况来探测爆炸物，无论有没有破碎，然后通过质荷比和相对丰度来表征这些离子。

最大允许暴露量：最高功率密度，单位为 W/cm^2（连续波光源的情况下）或能量密度，单位为 J/cm^2（脉冲光源的情况下），其对身体暴露表面造成损害的风险可以忽略不计。它是在给定的波长和曝光时间下在角膜或皮肤上测量的。MPE 被指定为单位表面的功率或能量，为通过完全开放的瞳孔（$0.39cm^2$）的可见光和近红外功率或能量。

微通道板：一个约 0.5mm 厚的薄玻璃盘，由数百万个倾斜的玻璃通道阵列组成，每个通道的直径为 $5 \sim 6\mu m$，平行捆绑在一起。MCP 中使用的级数取决于所需的增益值。流经 MCP 的条带电流决定了像增强管的动态范围或线性度。

毫米波成像扫描仪：工作原理与背向散射 X 射线扫描仪相同，不同之处在于前者使用的电磁辐射称为毫米波，位于无线电波和红外线之间的光谱区域的 $30 \sim 300GHz$ 频段，而不是 X 射线。

锁模：锁模现象可以被认为是一群光子被相位锁定在一起的过程。这一群光子在腔镜之间来回反弹时，每次经过锁模元件都会透射过去。锁模脉冲的重复频率等于谐振腔的往返渡越时间。

M^2 值：衡量光束质量的一个指标，因此被定义为实际光束的发散角与具有相同束腰尺寸的理想衍射极限高斯光束的发散角之比。根据 ISO-11146 标准，也称为光束传播比。

单色性：辐射的单一频率或波长特性。激光辐射是单色的，这一特性源于激光发射光的受激发射过程。

掺钕玻璃激光器：一种以玻璃基质中的钕离子为激活介质的固体激光器。基质材料为硅酸盐、磷酸盐和熔融石英玻璃，其中硅酸盐和磷酸盐更为常见。

Nd：YAG 激光器：由于具有高增益、良好的热性能和力学性能，在所有掺钕激光器中，Nd：YAG 激光器是最重要和应用最广泛的一种。其激活介质为掺钕钇铝石榴石，其中三价钕取代了三价钇。

Nd：YLF 激光器：一种掺钕固体激光器。激活介质为掺钕的氟化钇锂。

Nd：YVO$_4$激光器：一种掺钕固体激光器。激活介质为掺钕的钒酸钇。这种激光材料很重要，因为它的几个特性使它对激光二极管泵浦特别有吸引力。这包括较大的受激发射截面和808nm附近的强宽带吸收。

神经毒剂：一种化学战剂，通过影响神经冲动的传输而对神经系统产生不利影响。它们属于有机磷化合物类。塔崩、沙林和梭曼都是神经毒剂的例子。

眼部危害距离：当光的强度或单位表面能量低于美国国家标准协会眼睛安全标准规定的角膜最大允许曝光量时，离光源的距离。

非线性波混频（爆炸物探测）：一种用于爆炸物探测的安全距离外测量技术。在这种情况下，两束激光在爆炸物存在的区域重叠。存在于重叠区域的分子与激光相互作用，携带化学信息的类激光束传输到探测器。

核磁共振（爆炸物探测）：通过探询材料的原子核进行爆炸物探测。核磁共振根据磁共振信号区分不同的化学成分。

核四极共振（爆炸物探测）：当爆炸材料中的四极核暴露在脉冲射频场中时，核四极共振通过氮四极探测来探测爆炸物。

光泵浦：利用光辐射，用于具有透明激活介质的激光器。固体和液体染料激光器就是典型的例子。脉冲固体激光器中最常用的泵浦源为闪光灯，连续波固体激光器中则为弧光灯。

全景瞄准器：大视场火炮瞄准器的一种。它允许炮手在不移动头部的情况下瞄准所有方向，同时放置火炮以确定方向。

粒度仪（生物战剂探测）：工作原理是基于确定预定大小范围内的相对颗粒数量。

被动对抗：用于平台保护的被动对抗包括使用装甲、伪装、防御工事和其他保护技术，如自密封燃料箱。

被动红外探测（化学战剂探测）：在被动红外探测的情况下，由于所有温度高于绝对零度的物体都在红外区发射能量，不同的化学物质在特定的窄波段发射或吸收光，产生可用于识别化学制剂的独特光谱或指纹。

潜望式瞄准具：使操作员能够在没有直接视线的情况下观察预期的环境。它还允许操作员在观察周围场景的同时，保持在掩体下或在装甲后面或在水下位置。

相移式激光测距仪：在相移测距技术中，具有正弦功率调制的激光光束向目标发射，接收来自目标的漫反射或镜面反射。测量接收的激光光束的相位，并与发射的激光光束的相位进行比较，以计算飞行时间，从而计算距离。

光电二极管：结型半导体光传感器，当半导体中的 P-N 结被具有足够能量的光照射时，会产生电流或电压。光电二极管主要由硅、锗、铟镓砷化物（InGaAs）、硫化铅（PbS）和碲镉汞（HgCdTe）构成。

光电离探测（化学战剂探测）：依赖于分子的电离来探测化学制剂。

光电倍增管：一种工作在紫外线、可见光和近红外光谱的极其灵敏的光电传感器。PMT 的内部增益约为 10^8，甚至可以探测到单个光子的光。它们是由玻璃真空管构成的，其中包含一个光电阴极、几个倍增电极和一个阳极。当入射光子撞击光电阴极时，由于光电效应而产生电子。这些电子加速朝向阳极，在此过程中，由于倍增电极的二次发射过程，电子发生了倍增。

PIN 光电二极管：在 P 层和 N 层之间增加了一个超高阻本征层。这具有减少光致电子-空穴对的渡越或扩散时间的效果，反过来又导致改善了响应时间。PIN 光电二极管具有低电容的特点，因此提供了高带宽，使其适合于高速光度学和光通信应用。

聚合酶链式反应技术（生物战剂探测）：临床实验室鉴定微生物最常用的分子生物学技术之一，从而可以探测细菌和细菌孢子或病毒等生物制剂。

正比计数器：一种使用充气探测器的辐射测量仪。与盖革计数器类似，利用倍增机制来增加脉冲幅度。

致盲激光武器第四号议定书：规定了禁止使用和转让致盲激光武器的准则。它是在 1995 年 10 月 13 日维也纳公约期间通过的。

PTZ 摄像机：PTZ 代表平移、倾斜和变焦。PTZ 摄像机具有平移/倾斜和变焦功能，使其能够利用单个安全摄像机监控大片区域。

脉冲快中子分析：也称为脉冲快中子活化，使用纳秒量级的超短快中子脉冲，这些脉冲与感兴趣的原子核相互作用，产生特征 γ 射线发射，用于探测爆炸物。使用超短快中子脉冲还可以确定探测到爆炸材料的位置。

热释电传感器：自发电极化，当光线照射这些传感器时，温度变化会改变自发电极化。热释电传感器是一种低成本、高灵敏度的设备，对温度变化和电磁干扰具有稳定性。热释电传感器只对调制光辐射响应，对连续波入射光无输出。

Q 开关：一种产生脉冲宽度在数纳秒量级的短激光脉冲的机制。

量子级联激光器：一种紧凑型高功率波长灵敏半导体激光器，在中红外到远红外波段发射。虽然传统的半导体激光器都是带间器件，但量子级联激光器是单极器件，在这种情况下，激光发射发生在子带间，也称为导带内电子的带内跃迁。

量子效率：释放的光电子数与吸收的入射光光子数之比。它是输入辐射功率转换为光电流的百分比。

辐射测量仪：一种便携式辐射探测和测量设备，用于探测和测量外部或环境电离辐射场。

拉曼光谱（爆炸物探测）：一种痕量探测技术，用于爆炸剂的安全距离外探测。在这种情况下，探测的基础是目标分子的非弹性拉曼散射引起的波长漂移。入射光子的非弹性散射，其中一些能量损失传递到目标分子（或从目标分子获得），根据能量是否损失（或从目标分子获得），返回波长更高（或更低）的散射光。这种差异是由目标分子的振动模式的能量决定的，因此构成了指纹或识别的基础。

红点瞄准器：请参见反射镜瞄准器。

反射瞄准器：也称为反射式瞄准镜，射手通过一个部分反射的玻璃元件，在无限远处看到反射或发光瞄准点的投影，或者放置在透镜或曲面镜焦点上的其他图像，结果是焦点上的任何东西看起来都像是位于无限远处的观察者面前。当红色发光二极管用来产生一个发光的十字线时，称为红点瞄准镜。

反射式瞄准镜：请参见反射瞄准具。

分辨率（爆炸物探测）：当浓度连续变化时可以探测到的最小浓度变化。

响应时间（光电传感器）：表示为上升/下降时间参数，而在热敏传感器中，响应时间表示为时间常数参数。上升和下降时间是输出分别从最终响应的 $10\% \sim 90\%$ 和 $90\% \sim 10\%$ 所需的持续时间。它确定传感器可以响应的最高信号频率。时间常数被定义为输出从零初始值达到最终响应的 63% 所需的时间。

响应时间（化学或生物探测）：探测器对目标化学或生物制剂做出响应所花费的时间。它是收集和分析样本所需的时间周期与提供反馈所需时间的累积。

响应度（光传感器）：在响应的线性区域中确定的电输出与辐射光输入的比率。若光电传感器产生的是电压输出而不是电流输出，则其单位为安培/瓦（A/W）或伏特/瓦（V/W）。响应度是入射辐射波长和带隙能量的函数。光谱响应是一个与之相关的参数。

卫星激光测距：使用激光测量地球轨道卫星距离的技术，目的是确定卫星的轨道参数及其与预测值的变化，并通过这种技术精确地确定地球质心的时间变化。

肖特基光电二极管：在 N 极材料上溅射一层薄薄的金涂层，形成肖特基效应 P-N 结。肖特基光电二极管增强了对紫外线的响应。

闪烁计数器：一种用于测量 α、β 和中子粒子的辐射测量仪器。闪烁计数器包括响应入射辐射产生光子的闪烁体、将光子转换为电信号的光电倍增管，以及提取所需结果的处理电路。

选择性（化学或生物探测）：探测器区分目标制剂和样品中可能存在的其他干扰物的能力。

选择性（爆炸物探测）：爆炸物探测系统在存在干扰物的情况下探测特定爆炸物分子的能力。

半导体激光器：使用半导体材料作为激活介质。在这种情况下，光增益通常是通过在导带中高载流子密度的普遍条件下触发的带间跃迁的受激发射过程来实现的。

灵敏度（化学或生物探测）：也称为探测极限或 LOD，是化学或生物制剂的最低可探测浓度，也是对探测器区分被分析制剂浓度的微小差异能力的一种衡量。

灵敏度（爆炸物探测）：系统在给定的一组条件下可以探测到的爆炸材料的最小量。

散粒噪声：光电传感器中的散粒噪声是由光电子的离散性质引起的。它与暗电流和光电流的统计涨落有关，取决于通过光电传感器的平均电流和系统带宽。

斜率效率：由阈值电流以上的特性 $I-V$ 曲线的斜率决定，单位为 mW/mA（或 W/A）。斜率效率强烈依赖于温度，并随着温度的升高而降低。

狙击手探测器：一种能够探测和识别战场光电瞄准系统的光电设备。该装置的工作原理是猫眼效应。

软杀伤系统（激光对抗）：一种激光对抗系统，它只能使敌方部署的光电设备和光电传感器暂时瘫痪。这些系统中的脉冲能级在几百毫焦耳到几焦耳的范围内。

空间相干性：在波束宽度上保持相位不变，表明与运动方向垂直的不同光子的相位是相关的。

自发辐射：原子或分子在没有任何外界干预或激发的情况下，自己从受激发的较高能级跃迁到较低能级，并在此过程中发出共振光子的现象。自发辐射过程的速率与爱因斯坦系数成正比。

受激发射：受激发射的情况下，首先存在一个称为激发光子的光子，其能量等于共振能量（$h\nu$）。这种光子扰乱另一个受激的组分（原子或分子），并使其下降到较低的能级，在这个过程中发出与激发光子具有相同频率、相位和偏振的光子。受激辐射过程的速率与较高激发能级的粒子反转数和相关的爱因斯坦系数成正比。

电击警棍/皮带/枪：一种电子武器，需要与身体直接接触才能产生预期的效果。

表面声波传感器（化学战剂探测）：一种表面声波器件，利用涂有化学敏感聚合物的压电晶体表面引导的声波。存在于化学蒸气中的化学物质会被聚合物吸附在压电基板的表面，从而改变基板上的表面波传播的幅度和频率。信号被处理以识别从样品中吸附的化学物质，并通过假设达到吸附平衡来确定化学物质的浓度。

表面声波传感器（爆炸物探测）：通过测量表面声波传感器谐振频率的变化来探测爆炸性材料，该变化是由传感器表面的化学选择性涂层吸收化学蒸气引起的。

TEA CO$_2$激光器：横向激励大气压 CO$_2$激光器是一种高功率脉冲 CO$_2$激光器。

望远镜瞄准具：一种武器瞄准具，通常由镜片和金属套筒内的反射面组成。枪手观测用的目镜较小，放大率较低。望远镜远端的透镜称为物镜，可以增加放大率。

时间相干性：相位关系随时间保持不变。

太赫兹频段（成像）：太赫兹辐射（0.333THz）可以穿透各种介电材料，如织物、纸张、塑料、皮革和木材，它是非电离的，对人体的影响最小，由于水有非常大的吸收，金属的反射率很高。这构成了使用太赫兹成像的基础，包括探测隐藏的武器和隐藏的爆炸物。

热成像摄影机：工作原理是利用物体辐射的热量，而不是物体反射的可见光。

热成像：一种夜视技术，它的工作原理是探测前景和背景中的对象之间的温差。红外能量形式有关温差的信息由热成像设备收集并转换成电子图像。

热中子分析（爆炸物探测）：也称为热中子活化，依赖于低能中子束与被检查物质氮核的相互作用，导致热中子被吸收，并随后发射特征能量为 10.8MeV 的高能 γ 射线。探测到任何发射的 10.8MeVγ 射线表明存在氮，这表明该物体很有可能含有爆炸性材料。

热氧化还原（爆炸物探测）：探测爆炸物的热氧化还原技术是基于炸药材料的热分解释放出 NO$_2$ 分子，然后还原和探测。

热传感器：吸收辐射，会产生温度变化，进而导致传感器的物理或电学性质发生变化。换句话说，热传感器对入射辐射引起的整体温度变化做出反应。热电偶、热电堆、测辐射热计和热释电传感器属于热传感器的范畴。热传感器缺乏光电传感器的灵敏度，通常响应速度较慢，但光谱响应范围较广。

热瞄准具：工作原理是红外热成像技术，它将热信息和物体发出的相关红外波长转换成图像。

热电偶传感器：基于塞贝克效应（即两种不同金属交界处的温度变化产生与温度变化成正比的电动势）。常用的热电偶材料有铋–锑、铁–康铜和铜–康铜。

热电堆传感器：由多个热电偶串联而成。单个热电偶的响应度非常低，因此为了提高响应度，几个结点串联起来形成热电堆。

吞吐量（爆炸物探测）：分析样本的速率。

飞行时间激光测距仪：一束窄脉冲激光射向预定的目标。目标距离是通过测量激光脉冲传播到目标并返回所花费的时间而得到的。

痕量探测（爆炸物探测）：只需要微量的炸药，无论是气相还是颗粒形态的炸药。主要的痕量探测方法包括离子迁移光谱、电子鼻、腔衰荡光谱、表面等离子体共振和表面增强拉曼光谱。

紫外激光诱导荧光技术（生物战剂探测）：一种很有前途的激光雷达技术，可以实现对生物战剂的快速安全距离外探测。UV–LIF 激光雷达利用生物分子的固有荧光，可以对生物战剂和背景噪声进行显著区分。

真空光电二极管：由放置在真空外壳中的阳极和阴极组成。当被照射时，阴极释放出被带正电的阳极吸引的电子，从而产生与光强度成正比的光电流。

垂直腔面发射激光器：在垂直腔面发射激光器的情况下，光腔沿着注入电流的流动方向。在这种情况下，激光束从晶片的表面而不是其边缘射出。这两个反射镜或者作为二极管结构的一部分被外延生长，或者被分开生长，然后键合到激活区的半导体芯片。

垂直外腔面发射激光器：垂直腔面发射激光器的一种变体，其谐振腔由放置在二极管结构外部的反射镜构成，从而在谐振腔中引入自由空间区域。

活粒度取样器（生物战剂探测）：工作原理是在气流向保持在固定距离处的冲击面偏转之前，使其加速通过一个喷管。

虚拟冲击器（生物战剂探测）：属于活粒度采样器的广泛类别。虚拟冲击器将颗粒按大小分成两股气流。传统冲击器的冲击面被虚拟的静止空间或缓慢运动的空气所取代。大颗粒在收集探头中被捕获，而不是撞击到表面。

  虚拟 PTZ 摄像机：也称为 360°摄像机，有时也称为 ePTZ（电子 PTZ）摄像机，由几个高分辨率的固定摄像机组成，安装在一个通常是圆顶的外壳中。由各个摄像头拍摄的图像拼接在一起，提供了一个 360°的全景。

  网络摄像机：通过互联网直接或间接连接到计算机或计算机网络的数字摄像机。

  X 射线扫描仪：利用 X 射线通过不同材料的透射和散射强度来构建隐藏对象的图像。

关 于 作 者

阿尼尔·K. 马伊尼博士是旁遮普工程学院（现为 PEC 大学）电子和通信专业的工程学毕业生，之后在印度北方邦 Amity 大学获得电子和通信专业博士学位。1978 年 3 月至 2014 年 6 月，他在国防研究和发展组织（DRDO）历任多个职位。在退休时，他已经是杰出的科学家，并担任德里激光科学技术中心主任的职位，该中心是印度政府国防部下属的首要研发机构。他拥有超过 36 年的研发经验，在电子学、激光和光电子技术相关的多学科担任团队负责人、项目总监和主管。他将不同类型的电子系统、光电传感器和定向能激光系统应用于国防与国土安全应用方面，取得了多项创新成果。在他的指导下开发了高压电子系统、用于国土安全的激光系统、用于反恐和镇压叛乱的非致命性激光眩目器、用于安全处理爆炸物的激光弹药处理系统、狙击手定位传感器、激光爆炸物探测器、激光栅栏、用于光电对抗的激光系统，以及用于测试电光制导精确打击弹药的光电模拟器和传感器。他以著者和编著者身份撰写了 18 本书，在国内外期刊、杂志上发表了 150 多篇研究论文和技术文章，以发明人和共同发明人身份持有 9 项专利。目前，他是一名国防科学技术顾问。